D1830088

Ilse Gutjahr (Hrsg.)
Werner Sonntag
und weitere Sporttreibende

SPORT UND VOLLWERT-ERNÄHRUNG

ISBN 978-3-89189-108-7
3. Auflage 2014
© 2004 by emu-Verlags- und Vertriebs-GmbH, Lahnstein
Alle Rechte, auch die des auszugsweisen Nachdrucks und der fotomechanischen Wiedergabe, vorbehalten.

Umschlaggestaltung und Layout: Kösel, Krugzell
Gesamtherstellung: Kösel, Krugzell

Inhaltsverzeichnis

Erfahrungsberichte aus der Praxis

Vorwort

Ilse Gutjahr

Warum machen wir ein Buch über das heiße Thema „Sport und Vollwerternährung“? Weil die Verunsicherung so groß ist. Weil die richtige Information fehlt. Weil Nahrungsmittel- und Pharma-Industrie den Sportbereich erobert haben und widersprüchlichste Empfehlungen in Umlauf bringen.

Denken Sie bei dem Wort Sport auch an Olympische Spiele, Bestleistungen, Weltrekorde, Sekundenbruchteile und Dopingmittel? Ende 2003 kam in USA eine Dopingaffäre ungeahnten Ausmaßes ans Licht. Ein bisher unbekanntes anabolisches, also muskelbildendes Steroid konnte identifiziert werden: THG, Tetrahydrogestrinon. Entwickelt von der Nahrungsergänzungsmittelfirma Balco. Viele amerikanische Leichtathleten haben mit THG gedopt. Ungedopten Sportlern bleibt dagegen keinerlei Chance. Wachstumshormone gehören auch bei uns und in anderen europäischen Ländern zum Alltag vieler Leistungssportler. Die gesundheitlichen Nachteile und Risiken sind bekannt. Trotzdem werden sie gehandelt und verordnet.

Wir möchten mit diesem Buch „normale“ Sportler erreichen, die Spaß an Bewegung und gutem Essen haben. Was ist gutes Essen? Es soll schmecken und alles enthalten, was der Organismus zur Gesunderhaltung und Leistung braucht. Sport allein genügt nicht. Wie oft lesen wir von Spitzensportlern, die plötzlich von einer ernährungsbedingten Zivilisationskrankheit, wie zum Beispiel dem Herzinfarkt, hinweggerafft wurden. Bewegung und vitalstoffreiche Vollwerternährung gehören untrennbar zusammen. Diesen Zusammenhang kennen jedoch viele, durchaus gesundheitsbewusste Profi- und Amateursportler nicht. Deshalb dieses Buch.

Informationen über optimale Gesundheit, angemessene sportliche Leistungen sowie Freude an Bewegung haben wir für Sie aufgeschrieben. Besonders danken möchte ich Werner Sonntag, Journalist und Läufer seit Jahrzehnten. Hier schreibt ein Profi der Szene. Seine profunden Kenntnisse und persönlichen Erfahrungen machen dieses Buch zu einem unentbehrlichen praktikablen Handbuch für jeden an Sport, Bewegung und Ernährung Interessierten.

Danke auch an alle „Mitschreiber“, die im zweiten Teil des Buches zu Wort kommen und ihre sportlichen Aktivitäten sowie Ernährungsgewohnheiten schildern. Es erreichten uns weit über 100 Zuschriften von Hobbysportlern. Aus Platzgründen müssen wir uns mit einer Auswahl begnügen.

Mein herzlicher Dank geht auch an Dr. med. Jürgen Birmanns, ärztlicher Leiter des „Dr.-Max-Otto-Bruker-Hauses“ in Lahnstein und 2. Vorsitzender der Gesellschaft für Gesundheitsberatung GGB. Die mir am wichtigsten erscheinenden Fragen beantwortete er geduldig im nachfolgenden Interview.

Ich selbst würde mich als überwiegend „flotten Geher“ bezeichnen. Meine Frischluft-Touren Laufen zu nennen, ist stark übertrieben. Wenn irgend möglich, drehe ich jeden Tag meine Runden. Manchmal schon morgens um fünf Uhr, denn ich bin eine Frühaufsteherin. So hat eben jeder seine Leidenschaften!

Lassen Sie sich anstecken vom Sport, der guten vollwertigen Ernährung und damit von Gesundheit und Lebensfreude.

Ilse Gutjahr
1. Vorsitzende der Gesellschaft
für Gesundheitsberatung GGB e.V.

Dr. med. Jürgen Birmanns

Sport und Ernährung

Interview mit Ilse Gutjahr

Dr. med. Jürgen Birmanns

Welche Rolle spielt Bewegung/Sport für die Gesundheit?

Das Wort „Sport“ kommt vom lateinischen „disportare“ = sich zerstreuen, sich vergnügen. In der Sportmedizin wird darunter jegliche vermehrte körperliche Aktivität zu Heilzwecken verstanden.

Sport kann in der Prävention, Rehabilitation und Therapie eingesetzt werden. Als Folge eines individuell angepassten körperlichen Trainings kommt es zu positiven Anpassungseffekten in fast allen Organsystemen. Die Adaptationen des Organismus betreffen die Muskulatur, das Skelett, das Nervensystem, die Atmungsorgane, das Endokrinium, den Blutkreislauf und das Herz. Im Vordergrund stehen jedoch die Steigerung der Lebensfreude und die Stärkung des Wir-Gefühls im Sinne der sozialen Integration.

Bewegungsarmut ist ja ein typisches Kennzeichen unserer technisierten Welt. Der gesundheitliche Wert des körperlichen Trainings muss daher nicht besonders betont werden. Systematische sportliche Betätigung ist in jedem Fall zu empfehlen.

Im vorindustriellen Zeitalter spielte das Problem einer ausreichenden Bewegung nicht die Rolle wie heute. Die erste Eisenbahn in Deutschland fuhr um 1835. Auch das Automobil (1883) war für die meisten Menschen damals ein Wunderding.

Sind aus ärztlicher Sicht alle Sportarten gleichermaßen zu empfehlen?

Nach Trimming und Jogging erleben wir derzeit die Walking-Welle (Fast-Walking, Power-Walking, Nordic-Walking). Fitness, Wellness und Anti-Aging sind vorübergehende Modeerscheinungen. Schuh- und Bekleidungshersteller und Anbieter von Supplementen (künstliche Vitaminpräparate und Nahrungsergänzungsmittel) nutzen die Gunst der Stunde für ihr gewinnbringendes Geschäft. Risikoreiche Extremsportarten, zum Beispiel free-climbing, Riesen-Triathlon oder Ironman führen zu einer selbstsüchtigen Isolationstendenz. Es drohen Überlastungsschäden und ernsthafte Verletzungen. Geeignete Bewegungsarten für die Prophylaxe sind Gehen, langsames Laufen, Radfahren, Schwimmen, Bergwandern, Skilanglaufen und Tanzen.

Wenn ein Bodybuilder Gewichte stemmt, um Mr. Universum zu werden, funktionalisiert er sein Handeln, sein Streben ist zweckgerichtet.

Welche Krankheiten könnten trotz Vollwertkost bei Bewegungsmangel entstehen?

Hier gilt das Motto: „Vollwertkost ist nicht alles, aber ohne Vollwertkost ist alles nichts!“ Es ist notwendig, darauf hinzuweisen, dass die Stoffwechselstörungen, die durch den Verzehr raffinierter Kohlenhydrate und anderer denaturierter Nahrungsmittel entstehen, durch körperliche Bewegung nicht verhütet oder ausgeglichen werden können. Ohne Zweifel führt Bewegungstherapie zu einer Verbesserung der Ausdauer, Kraft, Schnelligkeit und Beweglichkeit. Die konsequente Durchführung einer vitalstoffreichen Vollwertkost stellt jedoch das Fundament dar. Die Vollwertkost bietet den Boden, auf dem Gesundheit wachsen kann – sie ist die unabdingbare Basis.

Durch Bewegungsmangel allein entsteht niemals eine Zivilisationskrankheit wie z. B. Arteriosklerose oder Fettsucht. Voraussetzung ist natürlich, dass der Mensch eine naturbelassene Vollwertkost zu sich nimmt.

Reicht die Vollwerternährung für überdurchschnittliche sportliche Leistungen?

Die Vollwertkost ist eine wichtige Grundlage, um kontinuierlich sportliche Leistungen zu erbringen, ohne dabei degenerative Schäden zu erleiden. Sie versorgt den Organismus mit allen notwendigen biologischen Wirkstoffen, die zum reibungslosen Ablauf der Stoffwechselvorgänge unentbehrlich sind. Die zusätzliche Einnahme von Elektrolytgetränken, Vitaminpräparaten oder Eiweißkonzentraten ist nicht nur unnötig, sondern vielfach sogar von gesundheitlichem Nachteil.

Extremleistungen mit Hilfe von Doping (Aufputschmittel, Hormone) sind für instinktgebundene und naturverbundene Menschen, die sich an die Schöpfungsgesetze anlehnen, ja ohnehin nicht erstrebenswert.

Hochleistungssportler, die Dopingmittel einnehmen oder sich spritzen lassen, leiden unter einem krankhaften Geltungsstreben und haben schwere Minderwertigkeitskomplexe.

Ein Ruderer und ein Zehnkämpfer, die mich einmal in der Sprechstunde aufsuchten, berichteten über sehr gute sportliche Leistungen mit der Vollwertkost. Außerdem waren sie im Vergleich zu herkömmlich ernährten Sportlern weniger verletzungsanfällig; auch die Ausdauer (Ermüdungswiderstandsfähigkeit) war besser.

Muss bei Leistungssport und Vollwertkost tatsächlich außergewöhnlich viel getrunken werden? (Tage vorher „schon abfüllen"!?)

So wie der Hunger die Nahrungsaufnahme steuert, so regelt der Durst die Trinkmenge. Dies gilt natürlich auch für den Sportler. Da der Vollwertköstler mit der Frischkost in Form von Gemüse und Obst schon relativ mehr Flüssigkeit als der Zivilisationsköstler zu sich nimmt, ist das Trinkverhalten ohnehin anders. Zudem hat Kochsalz (NaCl) in der Naturküche nur eine untergeordnete Bedeutung (Brotbacken, Kartoffeln salzen). Der Verzehr gesalzener Speisen (Fleisch, Wurst, Fisch usw.) führt zu verstärktem Durst.

Beim Zubereiten schmackhafter Vollwertspeisen werden viel mehr frische, aromatische Gewürz- und Gartenkräuter verwendet.

Der „vollwertige Sportler“ löscht seinen Durst mit klarem Wasser. Wasser ist das einzige „biologische Lösungsmittel“, das dem Zellstoffwechsel voll zur Verfügung steht. Wasser ist ein echtes Getränk. Fruchtsäfte oder Milch sind keine Getränke, sondern Teilnahrungsmittel bzw. flüssige Nahrungsmittel.

Für Ausdauersportler, wie z. B. Marathonläufer oder Radrennfahrer, ist es selbstverständlich, dass sie während und nach dem Wettkampf Flüssigkeit zu sich nehmen, um die über die Schweißsekretion verlorenen Mineralstoffe und das Wasser auszugleichen. Bei schwerer körperlicher Arbeit beträgt die Schweißsekretion bis zu 1,5 l/Std. Es wäre jedoch falsch, die Schweißmenge vor der sportlichen Betätigung mathematisch zu berechnen und sich vorher „abzufüllen“. Leistungsabfall und Belastung von Herz und Nieren wären die Folge.

Welche Rolle spielt der Sport in der Geschichte der Medizin?

Friedrich Ludwig Jahn (1778–1852), bekannt als Turnvater Jahn, und Moritz Schreber (1808–1861), die Schreber-Gärten tragen seinen Namen, haben das Turnen und die Heilgymnastik hierzulande populär gemacht.

Die komplexe Physiotherapie nach Kneipp (1821–1897) beruht auf fünf Wirkprinzipien. Eines davon ist die Bewegung.

Die gesamte Naturheilkunde ist ohne das Heil- und Ordnungsprinzip der Bewegung undenkbar. Die alten Naturheilärzte wussten: „Eine Funktion, die nicht geübt wird, verkommt. Wer rastet, der rostet.“

In der Diätetik und Hygiene der hippokratischen Medizin (Hippokrates von Kos, 460–370 v. Chr.) spielte der rhythmische Wechsel von Schlafen und Wachen, Bewegung und Ruhe eine bedeutende Rolle. Die Bäder im antiken Rom bestanden aus mehreren Abteilungen, unter anderem gab es einen Turnplatz und ein Schwimmbecken zur Körper- und Gesundheitspflege.

Und schon die Medizin in den alten Hochkulturen (altindische und chinesische Medizin) legte Wert auf meditative Therapie wie Yoga und Tai-Ji-Quan (so genanntes Schattenboxen).

Im Gegensatz zur heutigen Apparate- und Rezeptemedizin bedient sich die biologische Medizin „genuiner“ Naturfaktoren, also Wärme und Kälte, Licht und Luft, Wasser und Erde, Bewegung und Ruhe, Ernährung und Heilpflanzen. Die in jedem Organismus innewohnenden Heilkräfte werden durch milde unspezifische Reize angesprochen (Reiz-Regulations-Prinzip).

Welche Bedeutung hat Bewegung/Sport für Dich persönlich?

Als Ganzheitsarzt integriere ich die Bewegungstherapie in den Therapieplan für jeden Patienten. Es vergeht kein Praxistag, an dem ich nicht mit meinen Patienten über das regelmäßige Gehen in der freien Natur spreche.

Damals zur Schulzeit war ich Marathonläufer. Mein Ehrgeiz trieb mich dazu, die Strecke von 42,195 km unter 3 Stunden zu laufen.

Da ich den Reiz „immer weiter laufen“ und die Sucht, täglich zu trainieren, aus meiner Vergangenheit gut kenne, kann ich Sportsüchtige verstehen, die das Leistungsprinzip vom Beruf auf ihre „Freizeit“, die ja richtiger „Unfreizeit“ heißen müsste, übertragen.

Der Drang zu trainieren, steigert sich bis zur Sucht. Das Denken und Fühlen dreht sich nur noch um ein Thema. Das Familienleben und Freundschaften werden vernachlässigt. Eines Tages – nach einem Lauf von 65 km –, der mich so viel Kraft kostete, dass ich zwei Tage im Bett verbrachte, stellte ich mir zwei fundamentale Sinnfragen, die für mich wegweisend wurden: Wo läufst Du hin? Vor wem läufst Du weg? Ich hatte mich in der Oberstufe des Gymnasiums in eine von allen Jungs begehrte Mitschülerin verliebt. Weil ich Angst hatte, dass meine Liebe nicht erwidert würde, und ich mich außerdem nicht für liebenswert hielt, „rannte ich weg“. Ich lief weg, so weit ich nur konnte, um mich der Begegnung nicht stellen zu müssen. Beim Laufen hatte ich keine Hemmungen; es lief ja gut! Heute muss ich über mich schmunzeln.

Ich bin glücklich, dass ich durch die Begegnung mit Herrn Dr. M. O. Bruker im Umgang mit mir und meinen Mitmenschen ehrlicher geworden bin. Heute freue ich mich, dass wir wandernd oder mit dem Fahrrad die herrliche Natur, die zu jeder Jahreszeit ihre Reize hat, beobachten dürfen.

Vor allem der Seele wegen
ist es nötig, den Körper zu üben.

Jean-Jaques-Rousseau

Es ist der Geist.
der sich den Körper baut.

Friedrich Schiller

Werner Sonntag

Vollwertig Sport treiben!

Werner Sonntag beim Graubündner Marathon.

Hier ist die Rede davon, „vollwertig" Sport zu treiben. Gibt es einen „vollwertigen" und einen „minderwertigen" Sport? Nicht in dem Sinne, dass Sport prädikatisiert werden könnte, sehr wohl aber unter dem Aspekt, dass in den Sport die Lebensweise einbezogen wird. „Vollwertig" ist ein Begriff aus der neueren Ernährungswissenschaft; vollwertige Nahrung ist eine vitalstoffreiche Ernährungsform auf vegetarischer Basis mit einem hohen Anteil unerhitzter Frischkost. Verwendet werden natürliche Produkte, die nur insoweit bearbeitet werden wie unumgänglich, und so schonend zubereitet wie nur möglich. Die Neubildung „Vollwertiger Sport" stellt eine Verbindung zwischen Lebensweise, insbesondere vollwertiger Ernährung, und Sporttreiben her.

Erst ohne Ethik ist Sport Mord

Sport unterliegt, wenn man ein Wort von Baron de Coubertin, dem Begründer der Olympischen Spiele der Neuzeit, zugrundelegt, dem Prinzip „Schneller, höher, stärker". Genügt uns das? Im Zuschauersport hat das alte „Citius, altius, fortius", zumindest für die Medien und ihr Publikum, scheinbar nach wie vor Geltung. Doch die Verfallszeit von Rekorden ist immer kürzer geworden. Bei Läufen, ob auf der Tartanbahn oder im alpinen Skilauf, kann im Prinzip nur noch die Elektronik den Sieger ermitteln. Die meisten olympischen Disziplinen sind ohnehin überhaupt nicht rekordfähig. In vielen Sportarten muss von mehreren Richtern nach einem komplexen

Die Doping-Problematik macht deutlich, wie sehr die sportliche Leistung durch Manipulation gefährdet ist.

Punkt- oder Regelsystem entschieden werden. Sport ist schon daher weit mehr als „schneller, höher, stärker“ (oder weiter); vor allem aber würde die Verfolgung dieses Prinzips ohne ethisches Regulativ in letzter Konsequenz zur Inhumanität führen (Nach Hans Lenk: „Die achte Kunst“). Und doch droht diese Gefahr. Das Streben nach Höchstleistung im Sport, dessen Kommerzialisierung und Professionalisierung sowie das nationale Prestige haben zu Erscheinungen des Siegens um jeden Preis geführt, insbesondere den Preis der Gesundheit. „‚Natürlich‘ und ‚gesund‘ im Sinne der Fülle menschlicher Bewegungs- und Ausdrucksmöglichkeiten ist damit der moderne Leistungssport kaum, umso weniger, je weiter die eindimensional maximierte Leistungsfähigkeit sich entwickelt“ (Christian Graf von Krockow: „Sport“).

Die Doping-Problematik macht deutlich, wie sehr die sportliche Leistung durch Manipulation gefährdet ist. Nur mit Mühe kann durch Schutzbestimmungen und Dopingkontrollen versucht werden, die hemmungslose Orientierung allein am Wettkampfziel aufzuhalten; dabei ist immer wieder einzig die Spitze des Eisbergs sichtbar geworden. Im Breitensport wird zwar (noch) kein Doping mit auf der Verbotsliste stehenden Substanzen betrieben, aber die Manipulation des Körpers durch Pharmazeutika ist verbreitet. Untersuchungen haben ergeben, dass eine Anzahl Marathonläufer schon prophylaktisch insbesondere Muskelrelaxantia, Analgetika oder Aspirin schluckt. Nach einer repräsentativen Stichprobe, erhärtet durch Urinproben, beim Swiss Alpine Marathon des Jahres 2000 (Strecken über 78 und 42,195 km) nahmen 31 der 253 befragten Läuferinnen und Läufer 48 Stunden vor und während des Laufes ein Schmerzmittel oder einen nicht-steroidalen Entzündungshemmer ein, acht verwendeten Asthmasprays. Allerdings liegt der Gebrauch von Schmerzmitteln und Entzündungshemmern bei diesen Läufern nur unwesentlich über dem Durchschnitt der schweizerischen Bevölkerung. Nahrungsergänzungsmittel wie Mineralstoffe und Vitamine wurden vor dem Lauf von 44 Prozent der Befragten eingenommen, 33 Prozent nehmen sie regelmäßig auch während der Trainingsphase ein. Die Einnahme solcher Mittel wird von 14 Prozent als sehr wichtig für die persönliche Leistungsfähigkeit erachtet, während 17 Prozent diese als überhaupt nicht wichtig einstufen. Beim Jungfrau-Marathon 1998 war allerdings ein weit höherer Prozentsatz des Medikamentenverbrauchs ermittelt worden. Danach sei bei jedem dritten Teilnehmer der Studie ein Schmerzmittel nachgewiesen worden; jedoch wird die Methodik der Studie angezweifelt.

Bei Läufen in den USA findet man in dem Läuferbeutel, der die Startnummer, Informationen, Prospekte und Warenproben enthält, zuweilen auch eine Schmerztablette; beim New York Marathon 2003 wurde „Tylennol" lanciert, ein Mittel, das gezielt für Läufer gegen Muskelkrämpfe und Muskelschmerzen entwickelt worden ist. Das Mittel soll Erstteilnehmern einen schmerzfreien Lauf ermöglichen. Körpersignale werden damit unterdrückt. Außer der Tablette vorher verabreichten Posten im Ziel gleich bei den Getränkeständen etwa 10 000 dieser Schmerztabletten. Der Produzent von Tylennol ist am Sponsoring verschiedener Marathonläufe, wie auch des New-York-Marathons, beteiligt – aus gutem Grund. Aus einem Sportmagazin fiel mir neulich ein Beutelchen Magnesium entgegen.

Zwischen der verbotenen Dopingsubstanz Coffein und dem Konsum von Coca-Cola oder Guarana auf Langstreckenläufen besteht nur ein quantitativer Unterschied. Die Doping- und Substitutionsproblematik veranschaulicht auch die Einseitigkeit von Ernährungsratgebern, wenn sie allein darauf abzielen, die Ernährung von Sporttreibenden, vom Fitness-Sportler bis zum Rekordhalter, der Erreichung sportlicher Best- und Höchstleistungen unterzuordnen. „Bedarfsangepasste" Ernährung, die allein den sportlichen Bedarf meint, muss so gesehen einseitig sein und einer gesunden Ernährung widersprechen.

In diesem Buch wird eine andere, am Menschen orientierte Sichtweise vertreten: Danach wird sportliche Leistung subjektiv erst dann optimal erbracht, wenn auch die nicht sportspezifischen Voraussetzungen stimmen. Vielleicht nähern wir uns damit wieder der ursprünglichen olympischen Idee, die keine Berufsathleten duldete und bis in die dreißiger Jahre äußerst rigide vertreten wurde. Der Mensch ist nun einmal nicht in erster Linie 100-m-Läufer oder Dau-

„Coole" Namen für Energy-Drinks. Aus dem Kleingedruckten auf der Dosenrückseite: Warnhinweis. Wegen des erhöhten Koffeingehalts, nur in begrenzten Mengen konsumieren. Für Kinder, Diabetiker, schwangere Frauen und Koffeinempfindliche nicht geeignet …

erleister, Hochspringer oder Ringer, Skater oder Triathlet. Er benötigt zu seiner sportlichen Existenz nicht nur Training, nämlich die Anpassung des Körpers an erhöhte Anforderungen, im Leistungssport dazu die mentale Kraft, Herausforderungen zu bewältigen, und im Hochleistungssport wahrscheinlich eine spezifische Begabung; vor allem aber brauchen Sporttreibende das, was jeder Mensch braucht, auch wenn dies für einen großen Teil der Weltbevölkerung noch immer eine Wunschvorstellung ist: eine qualitativ ausreichende Ernährung.

Wer für natürliche Ernährung auch und gerade für leistungsorientierte Sportler wirbt, hat keinen leichten Stand. Denn Sporttreibende ernähren sich im Prinzip nicht anders als der Rest der Bevölkerung, und wer sportlichen Erfolg hat – und sei es, dass er zum erstenmal einen Marathon besteht oder die Sportabzeichen-Prüfung ablegt –, dem ist mit Argumenten schwer beizukommen. Weshalb sollte er seine Ernährung umstellen? Der (von mir hoch geschätzte) Dauerlaufpionier Dr. med. Ernst van Aaken verkündete, man dürfe als Läufer alles essen, nur von allem nicht viel. Das klingt sehr pragmatisch, doch eine brauchbare Ernährungsleitlinie ist dies nicht, weil auch eine kalorisch knappe Ernährung Unterversorgung mit lebenswichtigen Stoffen nicht verhütet, sondern unter Umständen sogar verstärkt.

Vor allem aber brauchen Sporttreibende das, was jeder Mensch braucht, eine qualitativ ausreichende Ernährung.

Arsen nicht mehr gefragt – Anschauungen wandeln sich

Auch der Sport unterliegt dem Wandel von Anschauungen und Erkenntnissen. Der Marathonsieger der ersten Olympischen Spiele der Neuzeit, Spiridon Louis, soll sich unterwegs mit Wein gelabt haben. Das fiele heute, außer auf einem geselligen Wein-Marathon wie dem Médoc, keinem Marathonläufer mehr ein. Erschöpften Marathonläufern der Olympischen Spiele Anfang des 20. Jahrhunderts half man mit ein wenig Arsen auf die Sprünge. Populäre und auf Popularität schielende Medien – das sind die meisten – haben es gern, wenn sie Sportlern attestieren können, keine Asketen zu sein. Als Beweis für die „Normalität“ wird dann angeführt, dass dieser oder jener Sportler zur Zigarette greife. Mit solchen Sportlern können sich bewegungsarme und fehlernährte Normalbürger am ehesten identifizieren. Viele Artisten auf dem Fußballfeld zieht es, wie einer ausplauderte, der es wissen muss, der Fußballer-Küchenchef Roy Kieferle aus Dobel im Schwarzwald, zu Steaks und Pommes frites, und Kieferle kämpft nicht nur mit Töpfen und Pfannen um eine Ernährungsumstellung, sondern vor allem mit den Hirnen der ihm anvertrauten Kostgänger.

Klipp und klar ist festzuhalten: Man kann sportliche Höchstleistungen auch mit der miserabelsten Ernährung vollbringen, sofern sie nur ausreichend Grundnährstoffe liefert, und das tun auch Fritten, Schnitzel und Traubenzucker. Der Trainingsstand ist allemal ausschlaggebend für die Erzielung sportlicher Leistungen. Man kann auch mit absolut toter Astronautennahrung ins Weltall aufbrechen und wahrscheinlich wieder zurückkehren. Ehe jemand empört das Buch zuschlägt: Es fragt sich immer nur, wie lange und verletzungsfrei Leistungen bei Fehlernährung erbracht werden.

Bei kritischer Aufmerksamkeit kann die Lektüre des Sportteils der Tageszeitung aufschlussreich sein, denn da die Medien jeden verbalen Rülpser eines Berufssportlers registrieren, bleibt auch kein Kreuzbandriss eines prominenten Sportlers, keine Medikation gegen Asthma unbemerkt, erst recht kein Todesfall auf dem Fußballfeld oder auf der Tour de France. Als ich diese Bemerkung geschrieben hatte, sah ich im Fernsehprogramm die Nachrichten. Da war von einem Berufs-Fußballspieler die Rede, der in seiner Vertragszeit fünfzehnmal erkrankt war und fünfmal operiert worden war. Der Mann war 23 Jahre alt. Erschwert wird die Meinungsbildung über den Wert der Ernährung von Berufssportlern allerdings dadurch, dass diese noch weit vor der sonst üblichen Frühverrentung aus dem Beruf scheiden und sich an irgendeinen Schreibtisch oder ihre Vermögensverwaltung begeben. Mit anderen Worten: Die meisten erleben während ihrer aktiven Zeit noch nicht die Folgen fehlerhafter Ernährung. Der Automatismus – erst die Zahnschäden, dann die Rückenprobleme – ist in der Regel erst nach 20, häufig 30 Jahren erkennbar.

Erschwert wird die Meinungsbildung über den Wert der Ernährung von Berufssportlern allerdings dadurch, dass diese noch weit vor der sonst üblichen Frühverrentung aus dem Beruf scheiden.

Allerdings verschieben sich die Folgen ernährungsbedingter Krankheiten auf ein immer jüngeres Lebensalter. Dies zeigt sich insbesondere beim Herzinfarkt; von den 360 000 Infarkten im Jahr verlaufen 144 000 tödlich. „Früher waren bei einer Latenzzeit der Arteriosklerose von 15 bis 20 Jahren mit reichlicher und ungesunder Ernährung fast nur alte Leute vom Herzinfarkt betroffen“, teilte Dr. med. Eberhard Windler vom Universitätskrankenhaus Eppendorf mit. Nicht selten müssen Kinder für ihre Eltern büßen; sie sind bereits von Geburt an geschädigt und bekommen Mineralstoffarmut in die Wiege gelegt, die zu frühen Zahnschäden und schließlich zur Osteoporose führt. Nach einer so langen Zeit der Entwicklung von Schäden durch falsche Ernährung können dann gewöhnlich das Alter und der „Verschleiß“ für Beschwerden verantwortlich gemacht werden oder wird zum Beispiel der Herzinfarkt eines ehemaligen Leistungssportlers, vor dem ja angeblich der Sport bewahrt, schlicht als Schicksalsschlag bezeichnet. Es sind Außenseiter gewesen, medizinische oder sportliche, die bei der Ursachensuche das Auftreten solcher Erkrankungen und häufiger orthopädischer Beschwerden, sofern sie nicht auf Fußfehlstellungen und falschem Schuhwerk beruhen, auf die Ernährung zurückführen.

Woher kommt die Energie des Sportlers?

Die Ernährung liefert, um es technisch auszudrücken, den Betriebsstoff für körperliche Leistungen. Daher ist der Stellenwert der Ernährungsqualität im Sport entsprechend hoch anzusetzen, auch wenn das häufig nicht getan wird. Jedoch ist ein Organismus weit mehr als ein Motor, der nur nach physikalischen und chemischen Gesetzen arbeitet. Tote Materie kann man berechnen, lebendige nicht. Das Prinzip des Hochleistungssports ist es ja, in den Bereich des Nicht-mehr-Berechenbaren, zuweilen sogar der autonomen Reserven, vorzustoßen. Wie im Sport müssen wir auch in der Ernährung davon ausgehen, dass wir bei weitem nicht alles wissen. Es mag gelingen, synthetische Nahrung herzustellen; aber da wir nicht wissen können, ob die natürliche Nahrung auf dem Acker und im Garten nicht noch unbekannte Vitalstoffe enthält – wir müssen vielmehr davon ausgehen –, kann synthetische oder denaturierte Nahrung nicht auf Dauer den Bedarf unseres Organismus ausreichend abdecken.

Erforderlich sind für alle Menschen die Energiequellen Kohlenhydrate, Fett und Eiweiß. Zur Gewinnung von Energie aus diesen

Grundnährstoffen benötigen wir Vitamine, und zwar fett- und wasserlösliche – sie konnten erst 1911 isoliert werden –, zu den Leistungen des Organismus Mineralstoffe, nämlich Spurenelemente, dazu Wasser als Ersatz für Wasserverluste; denn der Körper des Menschen besteht zu etwa 60 Prozent aus Wasser, und viele endokrine Vorgänge erfordern Wasser. Gehirn, Leber und Muskeln sind gegen Wasserverluste besonders empfindlich. Bliebe die Flüssigkeitszufuhr länger als etwa eine Woche völlig aus, würde dies zum Tode führen.

Faserstoffe (Ballaststoffe), die allein in pflanzlichen Lebensmitteln enthalten sind, erfüllen wichtige Funktionen im Verdauungssystem. Lange Zeit ist ihre Rolle unterschätzt worden. Erst die zunehmenden Erkrankungen an Darmkrebs haben die Aufmerksamkeit auf diese ernährungsphysiologisch scheinbar unnützen Stoffe gelenkt. Überwiegend ist das Getreide, ein Grundnahrungsmittel der Menschheit, seiner vitalen Bestandteile beraubt worden, dabei eben auch der angeblich unverdaulichen Fasern. Heute füllt man sie in bunte Schachteln und verkauft die Kleie als Mittel gegen Verstopfung. So funktioniert Ernährungstechnologie. Dieses Beispiel eignet sich auch dafür, den Unterschied zwischen Reformhaus-Angebot und Vollwert-Ernährung klarzumachen.

Faserstoffe (Ballaststoffe), die allein in pflanzlichen Lebensmitteln enthalten sind, erfüllen wichtige Funktionen im Verdauungssystem.

Zahlreiche Ernährungsbücher, seit den achtziger Jahren insbesondere im Hinblick auf den Sport, befassen sich ausführlich mit der Funktionsweise der Nahrungsverwertung. Daher nur kurz der Vorgang des Energiestoffwechsels: Die chemische Energie, die beim Nährstofftransport zu den Muskeln entsteht, wird als Adenosintriphosphat (ATP) in allen Zellen gespeichert; dieser biosynthetische Vorgang findet in den Mitochondrien, den „Kraftwerken" der Körperzellen, statt. Kommt es zu einer Muskelkontraktion, wird ein Phosphatrest (P) abgespalten, und es bildet sich Adenosindiphosphat (ADP), das dem Muskel als Energie für die Kontraktion zugeführt werden kann. Da diese Energie nur für wenige Sekunden reicht, muss neues ATP gebildet werden. Dies wird durch das in Leber und Niere gebildete und in den Muskeln gespeicherte Kreatinphosphat (KP) erreicht. Auf diese

Weise entsteht aus dem Zerfall und der Wiederherstellung von ATP ein Kreislauf, der jedoch ebenfalls nur für kurzfristige Belastungen ausreicht. Ohne Zufuhr von Sauerstoff (anaerobe Energiegewinnung) ist der Kulminationspunkt der Adenosintriphosphatase (abgekürzt ATPase) bereits nach etwa 40 Sekunden erreicht; das ist jedoch nur dann möglich, wenn nach wenigen Sekunden – durch die anaerob-laktazide Energiebereitstellung – Glukose abgebaut wird, was jedoch nicht vollständig geschieht. Dabei entsteht Milchsäure (Laktat), die rasch zur Ermüdung führt. Früher begründete man die Ermüdung und die Muskelschmerzen (Muskelkater) nach längeren Läufen ebenfalls mit der Milchsäureanhäufung, bis man entdeckte, dass es sich hierbei um Mikrotraumen, die reversible Zerstörung von Muskelzellen, handelt – ein Beispiel dafür, wie sehr auch die relativ junge Sportmedizin im Fluss ist. Die anaerob-alaktazide Energiebereitstellung endet nach einer Belastungsdauer von etwa einer Minute; auf diese Weise also ist ein 800-Meter-Lauf im Wettbewerb möglich. Bei darüber hinausgehenden Belastungen ist die ständige Sauerstoffzufuhr (aerobe Belastung), und zwar von Anfang an, erforderlich. Einzig dadurch kann die Glukose vollständig abgebaut werden. Glukose ist in Form von Glykogen, dem Ergebnis der Kohlenhydratzufuhr, in der Leber und den Muskeln gespeichert. Einzig durch die aerobe Energiebereitstellung ist auch der Abbau von Fettsäuren möglich. Erst die aerobe Belastung erlaubt eine Dauerleistung, und sie vor allem hat einen prophylaktischen Wert im Gesundheitssport. Wie bei einem Motor wirkt auch hier das Prinzip: Wer Vollgas gibt, braucht erheblich mehr Treibstoff. Die Glykogenspeicher stellen zwar rasch und viel Energie zur Verfügung, aber sie erschöpfen sich und zwar je nach der Intensität der Belastung früher oder später. Marathonläufer zum Beispiel müssen darauf achten, nicht mit maximal möglicher Geschwindigkeit zu starten, weil sie sonst gerade mit einem solchen Schnellstart, mit forcierten Überholvorgängen und Zwischenspurts ihre Glykogenvorräte verschleudern würden (Feuern Sie daher als Zuschauer beim Stadtlauf die Läufer niemals mit „Schneller!“ an).

Wie bei einem Motor wirkt auch hier das Prinzip: Wer Vollgas gibt, braucht erheblich mehr Treibstoff.

Bei einer Dauerleistung wird, wenn nicht sofort ein Höchstmaß an Glykogen beansprucht wird, gleichzeitig auch der Fettstoffwechsel in Gang gesetzt. Von etwa einer Stunde Dauerleistung an übernimmt er zu immer größeren Teilen die Energieversorgung. Das erst in unserer Zeit so verteufelte Fett ist im Körper ein in der Praxis nahezu unerschöpflicher Energiespeicher; selbst ein idealgewichtiger Mann, der nur einen Körperfettanteil von 10 Prozent hat, oder eine Frau mit einem Fettanteil von 20 Prozent könnte, wenn es allein auf die Energiezufuhr ankäme, mit dem Körperfettvorrat mindestens eine Woche lang ununterbrochen laufen. Beim zweiten Fastenmarsch 1964 in Schweden, 500 Kilometer von Kalmar nach Stockholm, legten 19 Männer täglich je 50 Kilometer zurück, dabei nahmen sie täglich nur je 4 Deziliter Fruchtsaft zu sich. Sie verloren in diesen zehn Tagen im Durchschnitt 7 Kilogramm Körpergewicht, kamen jedoch in bester Verfassung an (Kurt Biener: „Sporthygiene und präventive Sportmedizin“). Beglückt stellte der Berichterstatter fest, „dass es in uns selbst mehr Kräfte gibt, als uns bewusst war, physische Kräfte und heilende Kräfte“ („Der Vegetarier“ 2/1965). Das beste Mittel, Körperfett zu eliminieren, bleibt also die Ausdauerleistung.

Fett hat jedoch den Nachteil, dass es beim Stoffwechsel sehr viel mehr Sauerstoff verbraucht als die Glukose. Da das Sauerstoffaufnahmevermögen je nach Trainingsstand und Alter begrenzt ist, verringert sich die Leistung, sobald die Energie überwiegend aus den Fettreserven gewonnen wird. Auf diese Weise kommt es während des Marathons bei Unerfahrenen häufig zu einem Einbruch zwischen Kilometer 32 und 38, dann nämlich ist bei ihnen das Glykogen verbraucht (die obere Begrenzung ist deshalb gewählt, weil dann Adrenalinausschüttungen infolge des nahe gerückten Ziels die Regie übernehmen können). Der 10 000-m-Läufer Dieter Baumann zum Beispiel, ein Mensch, der immerhin zu kämpfen gelernt hat, ist bei der kritischen Marke in Hamburg aus seinem ersten Marathon ausgestiegen. Marathonläufer sprechen hier von einer „Mauer“ oder dem „Mann mit dem Hammer“.

Physiologisch ereignet sich dabei, dass die Glykogenreserven nahezu erschöpft sind und der Körper zur Energiegewinnung auf die Fettreserven angewiesen ist. Früher wurde von „Umschalten“ gesprochen. Als ob man erst nur mit dem Kohlenhydratstoffwechsel, nach dessen Erschöpfung aber nur mit dem Fettstoffwechsel liefe! Ein Beispiel für die Mängel einer ausschließlich analytischen Sichtweise. Wegen des bei der vermehrten Fettverbrennung erhöhten Sauerstoffbedarfs verlangsamt sich die Geschwindigkeit. Der Einbruch muss jedoch nicht zwangsläufig erfolgen, wenn die Glykogenkapazität zum einen durch Training erhöht, zum anderen die Vorräte durch eine angepasste Geschwindigkeit, bei langen Ausdauerleistungen auch durch Kohlenhydratzufuhr unterwegs, „gestreckt“ werden. Es gibt viele Läufer, die nach einiger Erfahrung keinen Einbruch mehr erleiden. Bei 100-km-Läufen zeigt sich, dass die Krise zwischen km 32 und 38 völlig ausbleibt. Die Ursache ist: Es wird von Anfang an im „steady state“, im Sauerstoffgleichgewicht, und mit größtmöglicher Schonung der Glykogenspeicher gelaufen. Es kommt also bei Schnellkraft-, Kraft-Ausdauer- und Ausdauerwettbewerben darauf an, mit gefüllten Glykogenspeichern an den Start zu gehen und zudem solche Kohlenhydrate zu bevorzugen, die eine möglichst langfristige Versorgung und damit einen intakten Kohlenhydratstoffwechsel gewährleisten. Einfachzucker zum Beispiel wirkt sehr rasch, darauf beruht die zumindest in der Vergangenheit beliebte Wirkung des Traubenzuckers, kann jedoch eine Dauerleistung erheblich beeinträchtigen.

In unsportlichen Bevölkerungsschichten hat sich der Glaube an die Wunder-Proteinquelle Steak bis heute erhalten.

Bei sehr anstrengenden Belastungen greift der Körper zur Energiegewinnung auch auf das körpereigene Eiweiß zurück. Radrennfahrer und danach in der Frühzeit der Volkslaufbewegung auch Läufer verzehrten daher am Tage vor dem Start noch ein Steak. In der Ausschreibung zum 1. Schwarzwaldmarathon 1968, einem der traditionsreichsten in Deutschland, wurden unter „Training“ als Vor-Wettkampfernährung „Obst und hochwertiges Fleisch“ empfohlen. In unsportlichen Bevölkerungsschichten hat sich der Glaube an die Wunder-Proteinquelle Steak bis heute erhalten. Der im Leistungssport erhöhte Eiweißbedarf hat so manche und so manchen veranlasst, zu Eiweißpräparaten zu greifen. Berüchtigt für hemmungslose Eiweißzufuhr ist die Bodybuilder-Branche.

Die Zergliederung der Energiegewinnung ist wichtig für Forschung und Medizin. In den üblichen Sporternährungsfachbüchern verleitet sie jedoch dazu, Details physiologischer Vorgänge als das Ganze zu nehmen. Doch das Ganze ist, wie schon Aristoteles erkannte, allemal mehr als die Summe seiner Teile. Die wissenschaftliche Analyse – das ist die Crux unserer tradierten Ernährungslehre – verführt dazu, jeweils nur einzelne Faktoren, die an der Nahrungsverwertung beteiligt sind, im Auge zu haben. Dr. med. Peter Konopka, Spezialist für Radrennsport, bemerkt in einem Ratgeber:

„Überhaupt sollte man nicht nur wissenschaftlich belegbare und messbare Daten gelten lassen, sondern auch praktische Beobachtungen." Infolge isolierter Betrachtungsweisen werden Stoffe wie Kreatin, um eine jüngere Mode heranzuziehen, isoliert und supplementiert. All und jedem werden Vitamine zugesetzt, denn sie sind ja so „gesund", und bei Bonbons nehmen sie Eltern das schlechte Gewissen. Wechselwirkungen, zum Teil schädliche, werden bei der Substitution nicht bedacht. Wie hoch eine dem Individuum entsprechende Dosierung von Wirkstoffen sein müsste, um dem Körper wirklich zu dienen, ist auch der Wissenschaft nicht bekannt; Professor Joseph Keul in Freiburg war, als ich ihn Anfang der achtziger Jahre darauf ansprach, so ehrlich, dies zuzugeben. Die Wissenschaft ist seither nicht weiter. Eine Substituierung, wenn sie denn bei einem Mangel wirklich angezeigt sein sollte, kann nicht mehr als ein Notbehelf, ein Anschub der natürlichen Nahrungsverwertung, sein.

So wie es keine „Psycho-Tricks" gibt, mit denen man hohe Leistungen herauskitzeln kann, gibt es auch keine Geheimrezepte für eine leistungsfördernde Ernährung. Dies wird von den Herstellern und Händlern so genannter Nahrungsergänzungsmittel nur versprochen. Die beste Ernährung, nämlich die der Gesunderhaltung dienende, ist auch die beste Sporternährung. Manches, was als spezifische Sporternährung empfohlen wird, fällt schlicht in den Bereich des Aberglaubens.

Bereits in der Antike schrieb man bestimmten Nahrungsmitteln leistungsfördernde Wirkungen zu. Im Gegensatz zu der überwiegend von pflanzlicher Kost lebenden Bevölkerung in Griechenland versprachen sich Ringer Kraftzuwachs, wenn sie das Fleisch starker Tiere verzehrten, und Läufer größere Schnelligkeit, wenn sie das Fleisch schneller Tiere bevorzugten. Man sieht, der moderne Werbeslogan, Fleisch sei ein Stück Lebenskraft, ist eine Anleihe aus vorwissenschaftlicher Zeit. In manchen Zeitaltern, erst recht in der „galanten Zeit" des 17. und 18. Jahrhunderts, erhoffte man sich die Stärkung der Manneskraft durch bestimmte Nahrungsmittel, die als Aphrodisiaka galten. Derartige Ernährungszusammenhänge sind inzwischen in den Bereich des Kuriosen verwiesen. Doch die naiven Fehlschlüsse von früher sind nicht vergessen, sie werden nur raffinierter präsentiert. Die Werbesprache hängt ihnen ein wissenschaftliches Mäntel-

Im Gegensatz zu der überwiegend von pflanzlicher Kost lebenden Bevölkerung in Griechenland versprachen sich Ringer Kraftzuwachs, wenn sie das Fleisch starker Tiere verzehrten, und Läufer größere Schnelligkeit, wenn sie das Fleisch schneller Tiere bevorzugten.

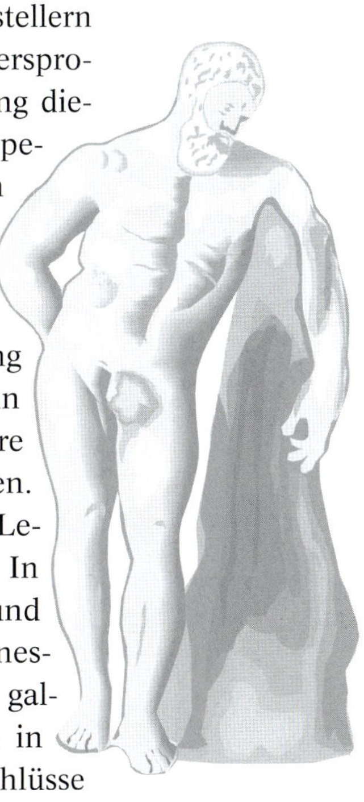

chen um. Aktuell: Im Jahr 2000 seien in Asien mindestens 24 Millionen Stück des Hippocampus, des Seepferdchens, gehandelt worden, so dass alle 32 bekannten Seepferdchen-Arten auf der Roten Liste bedrohter Arten stünden, schreibt der „Spiegel“ (Nr. 45/2002). Der Grund: Die Tiere werden zerstoßen, mit Ginsengwurzel vermischt und als Pillen der „chinesischen Medizin“ auf den Markt gebracht. Zweimal täglich zehn Pillen, und alles steht zum Besten.

Da das Gedächtnis der Medien eng begrenzt ist, kann es passieren, dass angebliche wissenschaftliche Erkenntnisse binnen kurzer Zeit durch neue Erkenntnisse derselben Qualität konterkariert werden. Auf diese Weise haben alle Recht. Und dies ist ja wohl auch so gewollt.

Es scheint, dass in vielen Bereichen, nicht zuletzt dem der Medizin, aber auch im Sport, die ganzheitliche Auffassung vom Menschen, die das Denken großer Gesundheitslehrer auszeichnet, verloren gegangen ist. „Der menschliche Organismus, unsere Welt und der Kosmos stellen zu komplexe Gebilde dar, als dass man sie mit den kleinen Schritten der Wissenschaft vollständig erfassen könnte“ (Konopka). „Doch die Ernährungswissenschaft ist keineswegs exakt, und die Wissenschaftler sind sich selten über ihre Ergebnisse einig“ (Robert P. Heaney).

Drei Aspekte der Gesundheit

Wer den Menschen als Ganzheit und nicht einzelne Organe und Funktionen im Blick hat, kommt zu der Einsicht, dass Gesundheit drei Aspekte hat, den geistig-seelischen, den der Ernährung und den der Bewegung. Erst wenn alle drei Komponenten im Lot sind, nämlich in einer Homöostase, der Balance zwischen Gefährdung und anhaltender Bewältigung latenter Bedrohungen, kann man von Gesundheit sprechen. Ein Defizit auf einem Gebiet kann zumindest indirekt oder auf Dauer auch die beiden anderen Komponenten beeinträchtigen. Gesundheit wird nach der Weltgesundheitsorganisation (WHO) nicht mehr nur als Freisein von Krankheiten, sondern als ein positiver Zustand betrachtet.

Leibesübungen in der Antike waren bei aller durchaus vorhandenen ethischen Unzulänglichkeit geprägt von geistig-seelischen Leitbildern. „Während heute eine Leistungsvorstellung von Harmonie in der Lebensführung weitgehend fehlt, war diese im Altertum und im Mittelalter in Form einer umfassenden Lebensordnungslehre allgegenwärtig, sie gab dem Menschen Vorschriften und Ratschläge zur Lebensführung (Diätetik). Ärzte waren sowohl für die Belehrung Gesunder als auch für die Heilung Kranker zuständig. Die durch Erfahrung gewonnene Diätetik wurde im Zuge der Ver(-natur-)wissenschaftlichung der Medizin vor allem im 19. und 20. Jahrhundert als unwissenschaftlich abgetan, das Leitbild der alten Lebensordnungslehre ging verloren und wurde durch nichts Neues ersetzt. Die Menschen wurden bis heute zunehmend orientierungslos. Die moderne Apparate- und Rezeptemedizin ist kaum in der Lage, dem Menschen Hilfen zu einer umfassenden Lebensführungskunde zu geben.“ Zu diesem niederschmetternden Ergebnis ist der Sportpädagoge Professor Gerhard Treutlein (Heidelberg) gekommen.

Die moderne Apparate- und Rezeptemedizin ist kaum in der Lage, dem Menschen Hilfen zu einer umfassenden Lebensführungskunde zu geben.

Unser seelisches Wohlbefinden kann sowohl durch schicksalhafte Ereignisse als auch durch Stimmungen und unangemessenes Verhalten beeinträchtigt werden. Unabwendbare Schicksalsschläge bewältigen wir besser und dauerhafter, wenn wir über seelische Stabilität verfügen. Sie ist nicht allein das Produkt seelischer Prozesse, sondern kann auch durch Ernährung und Bewegung beeinflusst werden. Wer stets hastig irgend etwas in sich hineinstopft, um sich zu verpflegen, muss sich gegebenenfalls über Magenprobleme nicht wundern. Wer sich durch Übertraining nur Disstress auflädt, macht die positiven Wirkungen der Anstrengung zunichte. Seelische Hygiene, gesunde Ernährung und Eustress durch Bewegung sind verschiedene Facetten einer vielgestaltigen Befindlichkeit, die wir Wohlbefinden nennen.

Zu einer ganzheitlichen Sicht des Begriffs Gesundheit kann man über jede seiner drei Säulen gelangen. Daher sollte man die Funktion und Tragfähigkeit keiner Säule gering schätzen. Sportler achten häufig wenig auf ihre Ernährung und unterschätzen psychische Einflüsse. Ernährungsbewusste vernachlässigen nicht selten das Bewegungstraining, und Experten der Psyche haben sich jahrzehntelang kaum um Ernährung und Bewegung gekümmert. Hat man im Bemühen um Erlangung oder Erhaltung von Gesundheit erst einmal einen Ansatz gefunden, besteht die Chance, auch zu den beiden anderen Komponenten gesunden Lebens zu finden. Ein automatischer

Prozess ist dies keineswegs. Isolierte Betrachtungsweisen sind das erkenntnistheoretische Problem unserer Tage; die zeitgenössischen Philosophen, wahrscheinlich bewegungsarm und schlecht ernährt, haben dies nur noch nicht erkannt.

In diesem Buch wird der Versuch unternommen, Sport und Ernährung nicht wie üblich als ökotrophologisches Rechenexempel zu verstehen, nämlich, um es modisch auszudrücken, vom zu erreichenden Output auf den notwendigen Input zu schließen. Vielmehr wird auf der Basis der Erkenntnisse von Dr. med. Max Otto Bruker und seiner Gesellschaft für Gesundheitsberatung (GGB) eine ganzheitliche Betrachtungsweise angestrebt.

Brauchen wir überhaupt Sport?

Dazu gehört, Begriffe auf ihren Wert abzuklopfen. Was ist Sport? Brauchen wir überhaupt Sport? Schließlich ging es jahrhundertelang auch ohne, und Leibesübungen, wenn man darunter eine gezielte Aktivität versteht, beschränkten sich auf einen sehr kleinen Teil der Bevölkerung. Das schließt nicht aus, dass viele Spiele, die im Mittelalter und in der beginnenden Neuzeit von den Bürgern betrieben wurden, auch körperliche Aktivität verlangten. Der Sport unserer Tage erfüllt, gesellschaftlich gesehen, zwei Aufgaben, den der Unterhaltung und den der Kompensation. Früher hat man ihm auch ethische, charakterbildende Werte beigemessen. Das ist wohl nach der Hitler-Zeit, in der Sport wichtiger als die intellektuelle Bildung war, nach dem Missbrauch zu politischen Zwecken, zum Beispiel in der DDR und anderen totalitären Staaten, und nach der Kommerzialisierung des Sports im Kapitalismus nicht mehr gut möglich, wiewohl sportliche Betätigung sehr wohl hohe soziale und die Persönlichkeit prägende Qualitäten hat.

Der Unterhaltungszweck liegt schon in seinem Namen. „Sport“ leitet sich von dem lateinischen Verb disportare her, das bedeutet: sich zerstreuen. Der englische Begriff sports, der im ersten Drittel des 19. Jahrhunderts von Fürst Pückler-Muskau in die deutsche Sprache eingeführt worden ist („Briefe eines Verstorbenen“), war nicht exakt definiert; er stand ganz allgemein für Freizeitvergnügungen wie zum Beispiel auch die feudalen Fuchsjagden, die heute im Fokus der englischen Sozialkritik stehen. Entsprechend misstrauisch wurde der Sport in deutschen Landen aufgenommen, denn hier gaben die Turner (abgeleitet von dem ritterlichen Turnier) den Ton an. Die turnerischen Übungen waren keineswegs, wie es heute den Anschein hat, nur auf das Geräteturnen beschränkt, sondern umfassten auch Kraftsportarten und solche Disziplinen, die später der Leichtathletik zugeschrieben wurden. Erst im Verlauf der Ausdifferenzierung der Leibesübungen reduzierte sich das Turnen auf Geräte und Gymnastik. Der Sport wurde allmählich zum Oberbegriff jeglicher zweckfreier körperlicher Betätigung nach Regeln. Das ging nicht ohne Konflikte ab. Fast wäre an der deutschen, stark national gesinnten Turnerschaft die Teilnahme deutscher Athleten an den ersten Olympischen Spielen der Neuzeit im Jahr 1896 in Athen gescheitert. Noch heute ist an der – in anderen Ländern unbekannten – dualen Organisationsstruktur die unterschiedliche Historie der Leibesübungen in Deutschland erkennbar.

Der Sport wurde allmählich zum Oberbegriff jeglicher zweckfreier körperlicher Betätigung nach Regeln.

Der Gesundheitsgedanke im Sport wird der Antike zugeschrieben, wiewohl er sicher nicht so im Vordergrund stand, wie humanistisch Gebildete gern unterstellen. Zu diesem Missverständnis hat das auf eine Feststellung, und noch dazu auf eine falsche, verkürzte Wort des römischen Schriftstellers Iuvenal „Mens sana in corpore sano" beigetragen. Iuvenal hatte in den „Satiren" geschrieben, nachdem er Beispiele für törichte Wünsche genannt hatte, man überlasse den Göttern selbst, uns das wahrhaft Ersprießliche zu gewähren, und bitte sie nur um einen gesunden Geist in einem gesunden Körper. Das ist etwas anderes als „Ein gesunder Geist wohnt (nur) in einem gesunden Körper".

Immerhin aber gab es in der Geschichte der Leibesübungen tatsächlich gesundheitspolitische Aspekte: Der antike Gesetzgeber Lykurg hatte im Stadtstaat Sparta angeordnet, dass die Mädchen dieselben Übungen wie die Jungen zu vollbringen hätten, nämlich damit sie als Frauen gesunde Kinder zur Welt brächten. Im Mittelalter hatten Ritter ihre körperlichen Fähigkeiten zu trainieren; Ringen gehörte zu den „sieben Behendigkeiten" der „ritterlichen Tugenden". Im 18. Jahrhundert bezogen in Deutschland die Philantropen, an

Rousseau anknüpfend, Leibesübungen in ihr Erziehungskonzept ein, in der Schweiz der Volkserzieher Pestalozzi. Aufgeklärte und aufklärende Ärzte wie Johann Peter Frank (1745–1821, „System einer vollständigen und medicinischen Polizey", 1780) und Christoph Wilhelm Hufeland (1762–1836, „Makrobiotik oder Die Kunst, das menschliche Leben zu verlängern", 1796) wiesen auf den gesundheitlichen Wert von Leibesübungen hin, ebenso Philosophen wie Arthur Schopenhauer („Ohne tägliche gehörige Bewegung kann man nicht gesund bleiben" in „Aphorismen zur Lebensweisheit") und Friedrich Nietzsche (sinngemäß: Misstraue jedem Gedanken, der nicht im Freien geboren ist), Schriftsteller wie Johann Gottfried Seume („... bin der Meinung, dass alles besser gehen würde, wenn man mehr ginge" in „Mein Sommer", 1805). GutsMuths, Jahn und andere popularisierten Bewegungsspiel, Laufen und Turnen. Insbesondere Jahn verfolgte mit Leibesübungen nationale Ziele, denn für die von ihm geforderte Wehrbereitschaft mussten die jungen Männer gesund sein. Aus dieser Richtung stammt der Ausdruck „Körperertüchtigung", den mancher zu Recht nicht mehr hören kann. Kein Jugendlicher betreibt Sport, weil er sich „ertüchtigen" möchte, sondern weil es ihm Freude macht, und die sollte man ihm nicht durch altväterische Zeigefinger-Gesten rauben, sonst erreicht man pädagogisch das Gegenteil.

Sebastian Kneipp

Der Gesundheitsgedanke dominierte dann die Aktivitäten in den im 19. Jahrhundert gegründeten Turn- und Sportvereinen, ob sie nun national gesinnt oder, mit der Bildung der Sozialdemokratie, links gerichtet waren. Mit der Industrialisierung also und den schlechten Lebensbedingungen der Fabrikarbeiter und ihrer Familien übernahmen die Leibesübungen eine kompensatorische Funktion. Auf weite Strecken wird diese heute auf der Vereinsbasis, in der Gesundheitspolitik ohnehin, stärker betont als der ursprüngliche Charakter der Zerstreuung, des Disportare, was sich in den Medien nicht im Entferntesten widerspiegelt. Schon Sebastian Kneipp („So sollt ihr leben") hatte sich keineswegs nur auf die Wasserkur beschränkt, sondern auch zur Anstrengung bei Spaziergängen geraten. „Wie kräftigend Spaziergänge der bezeichneten Art auf den Menschen wirken, sieht man unter anderem an den Märschen der Soldaten, welche in einer die Muskeln anstrengenden Gangart, beladen mit Gepäck und Waffen, oft weite Strecken zurücklegen müssen. Wenn dabei keine

Überanstrengung der Leute stattfindet, so ist das eine für die Gesundheit recht wohltätige Übung."

Seither ist das Ausmaß der Bewegung in den Industriegesellschaften infolge der Verkehrsmittel, insbesondere dann der Motorisierung, und der Überhandnahme sitzender, zuweilen stehender Tätigkeiten immer mehr zurückgegangen. Dr. M. O. Bruker warnte auch in dieser Hinsicht bereits in den siebziger Jahren („Schicksal aus der Küche"): „Die Maschine nimmt dem Menschen die belastende körperliche Arbeit ab, was zu einem neuen Krankheitsfaktor führt, der Bewegungsarmut." Besonders erschreckend sind die Folgen bei Kindern und Jugendlichen. 80 Prozent aller Kinder sind zwar irgendwann einmal Mitglied in einem Sportverein. Aber im selben Atemzug äußert Professor Klaus Bös (Universität Karlsruhe), noch nie seien so viele Kinder motorisch auffällig gewesen wie heute. Einerseits lernten sie so früh wie nie zuvor komplexe Fertigkeiten wie Schwimmen, Skilauf, Inline-Skating, andererseits hätten sie Probleme mit den Grundfertigkeiten wie Laufen, Werfen, Springen, Klettern. In der Untersuchung, die Bös im Jahr 2002 bundesweit mit fast 1500 Kindern im Alter zwischen sechs und elf Jahren vorgenommen hat, kommt er auf einen Tagesablauf, der sich aus neun Stunden Liegen, neun Stunden Sitzen und fünf Stunden Stehen zusammensetzt. Nur eine einzige Stunde lang findet Bewegung statt, davon nur 15 bis 30 Minuten intensiv.

Organe, die wenig beansprucht werden, verkümmern.

Organe, die wenig beansprucht werden, verkümmern. Leistungen gehen zurück. Andererseits kann man durch Training das vorhandene Potenzial erheblich ausweiten und genetische Nachteile ausgleichen. Die Herzleistung wird ökonomisiert, die Vitalkapazität zumindest in jüngerem und mittlerem Alter erhöht. In der Zeit vor der Industrialisierung waren breite Schichten überwiegend auf ihre eigenen Füße angewiesen. Kinder vom Lande liefen, wie heute noch in Afrika, stundenweit in die Schule. Auch die heute so erfolgreichen kenianischen Marathonläufer sind nicht als Berufsläufer auf die Welt gekommen. Indiofrauen in den Anden legen noch heute in einer Art Joggingschritt zweimal in der Woche an die 15 Kilometer zum Markt und wieder zu ihrer Hütte zurück. Das sind 60 Kilometer in der Woche, mit 20 weiteren Kilometern im Alltag das Trainingspensum eines ambitionierten Marathonläufers.

Anthropologisch gesehen, ist der Mensch, dessen evolutionären

Ahn es als Australopithecus von den Bäumen in die Savanne gedrängt hat, nicht auf eine überwiegend sitzende Lebensweise angelegt. Die Änderung unserer Lebensgewohnheiten durch Fahren statt Gehen, Laufen und Steigen macht, übertragen auf das Zifferblatt einer Uhr, nur Sekunden der Menschheitsgeschichte aus. Sie reichen nicht im Entferntesten, eine evolutionäre Anpassung zu bewirken. Nach wie vor drängt es uns, Lebensraum zu erobern, auch wenn man diese Eroberung heute bestenfalls Tourismus nennt. Nach wie vor unterliegen wir denselben Bedürfnissen wie unsere Vorfahren, durchschießen uns dieselben Reflexe und endokrinen Reaktionen – Kampf- oder Flucht-Impuls –, nur dass wir keine Verwendung mehr dafür haben, haben dürfen. Ähnlich groß wie die Schäden durch Fehlernährung sind die Nachteile, die durch Bewegungsmangel entstehen. Bereits vor zwei Jahrzehnten wurden diese Schäden auf 30 bis 40 Prozent der Kosten des Gesundheitswesens insgesamt hochgerechnet. Dieser Prozentsatz dürfte heute zu niedrig angesetzt sein.

Auch den Krankenkassen ist längst klar, dass ein großer Teil der Beschwerden in den Industriegesellschaften schlicht auf Bewegungsmangel zurückzuführen ist.

Im Zeitalter der Motorisierung hat vor allem der Sport die Aufgabe übernommen, Bewegung zu gewährleisten oder dies zumindest zu versuchen; ihm kommt daher, auch wenn dies über den unterhaltenden Spektakeln des Zuschauersports häufig verloren geht, eine eminent wichtige kompensatorische Funktion zu. Man mag dies bedauern, weil Sport ja im Grunde genommen etwas Zweckfreies ist, hat er sich doch aus dem Spiel entwickelt (Friedrich Schiller: „Denn, um es endlich auf einmal herauszusagen, der Mensch spielt nur, wo er in voller Bedeutung des Worts Mensch ist, und er ist nur da ganz Mensch, wo er spielt“ in „Über die ästhetische Erziehung des Menschen“, 15. Brief). Doch kann man sich auch im Sport auf Hölderlin berufen: „Wo aber Gefahr ist, wächst das Rettende auch“ („Patmos“). Warum sollte im Sport angesichts der Gefahr motorischer Verkümmerung nicht auch „Rettendes“ zu sehen sein?

Auch den Krankenkassen ist längst klar, dass ein großer Teil der Beschwerden in den Industriegesellschaften schlicht auf Bewegungsmangel zurückzuführen ist. Oftmals werden heute Patienten über ihre Krankenkasse zum Walking oder in das Fitness-Studio geschickt. Nebenbei: Waren Krankenkassen ursprünglich dazu geschaffen, Risiken durch Krankheit wie die Heilungskosten und die

Kosten von Arzneimitteln, Arzthonoraren und Krankenhausaufenthalten abzudecken, so finanzieren sie heute dazu hin Maßnahmen, die in den Bereich der privaten Gesundheitsvorsorge fallen und im Grunde auch dahin gehören. Auch dieser für sich richtige Gedanke der Prävention und Rehabilitation hat die Kosten des Gesundheits-, besser Krankheitswesens in die Höhe getrieben.

Sport allein genügt nicht

Dr. Max Otto Bruker

So begrüßenswert die Kompensation des zunehmenden Bewegungsmangels mit Hilfe des Sports auch ist, – es entsteht leicht der Eindruck, es genüge, Sport zu treiben, wenn man gesund bleiben wolle. Genau das ist falsch. Dr. Max Otto Bruker, den ich für einen der wichtigsten Gesundheitslehrer des 20. Jahrhunderts halte, vergleichbar mit Kneipp und Bircher-Benner, nur noch umfassender orientiert, hat bereits in seinem Buch „Leben ohne Herz- und Kreislaufkrankheiten" (früher „Sich schützen vor dem Herzinfarkt") ausgeführt: „Behindert man Tiere an ihrer gewohnten Bewegung, so entwickelt sich keine Fettsucht, solange sie ihre natürliche Nahrung bekommen. Entsprechend entsteht auch beim Menschen durch Bewegungsmangel allein niemals eine Fettsucht oder Arteriosklerose, solange er noch eine Vollwertkost zu sich nimmt. Andererseits lässt sich die Ablagerung von krankhaften Fetten durch ausreichende körperliche Betätigung verringern oder beseitigen. Entsprechend kann auch angenommen werden, dass durch Sport, der die Sauerstoffdurchströmung aller Körperzellen und besonders des Herzmuskels verbessert, eine krankhafte Ablagerung von Stoffwechselprodukten erschwert wird. Insofern ist auch zur Vorbeugung des Herzinfarktes eine systematische sportliche bzw. körperliche Betätigung auf jeden Fall zu empfehlen. Andererseits muss aber sofort auf die große Gefahr aufmerksam gemacht werden, die in dieser Empfehlung liegt. Die Stoffwechselstörungen, die durch den Verzehr raffinierter Kohlenhydrate und anderer denaturierter Nahrungsmittel entstehen, können durch körperliche Bewegung nicht verhütet oder ausgeglichen werden. Wenn Sport mit falscher Ernährung kombiniert wird, schützt er nicht vor den Degenerations- und Ablagerungskrankheiten und vor anderen ernährungsbedingten Zivilisationskrankheiten. Dies ist deutlich auch daran abzulesen, dass Sportler in gleichem Maße an Gebissverfall leiden und im Alter ebenso von Wirbelsäulenveränderungen und Gelenkschäden, Gallensteinen, Herzinfarkt, Thrombose und Arteriosklerose befallen sind wie die übrige Bevölkerung. Umso mehr aber ist eine Kombination von richtiger Ernährung mit ausreichender körperlicher Betätigung zu empfehlen.“ Prägnanter ist das Problem auch später von anderen nicht beschrieben worden.

Die Kasuistik hat sich seither auf beängstigende Weise vergrößert. In offenbar kürzeren Zeitabständen ereignet sich, dass junge kräftige Männer bei der Ausübung ihres Sportes den Sekundenherztod sterben, ohne dass jedoch in den Medien die Frage gestellt würde: Weshalb? Jim Fixx, als Verfasser von „Das komplette Buch vom Laufen“ bei Millionen in aller Welt bekannt, fiel beim Lauftraining tot um. Hier wenigstens wurde auf die Vorgeschichte, genetisches Erbe, Fettleibigkeit, Rauchen, journalistischen Disstress, hingewiesen. Durch Laufen hatte er alles in den Griff gekriegt; über seine Ernährung erfahren wir nichts. In einem Fall wie dem aufsehenerregenden Tod der Siebenkämpferin Birgit Dressel, Diplom-Sportlehrerin, 1987 im Alter von 26 Jahren war freilich eindeutig Medikamentenmissbrauch samt leichtfertiger ärztlicher Verordnung (dokumentiert im „Spiegel“ 37/1987) die Ursache. Nach einer jüngeren Schätzung eines Experten sterben in Deutschland jährlich 16 000 Menschen, fast doppelt so viel wie im Straßenverkehr, an den iatrogenen Wirkungen von Pharmazeutika; laut Jürgen Frölich, dem Leiter des Instituts für Klinische Pharmakologie an der Medizinischen Hochschule Hannover, sind es nach Übertragung einer schwedischen Studie auf Deutschland gar jährlich 58 000.

Seitdem der Marathon zum Volkssport geworden ist und bei den City-Marathons 10 000 bis 35 000 Menschen auf einmal starten, davon bis zu einem Drittel zum ersten Mal, liefern Todesfälle – alle paar Jahre einer – weiteres Anschauungsmaterial für Brukers Erkenntnis.

Seitdem der Marathon zum Volkssport geworden ist und bei den City-Marathons 10 000 bis 35 000 Menschen auf einmal starten, davon bis zu einem Drittel zum ersten Mal, liefern Todesfälle – alle paar Jahre einer – weiteres Anschauungsmaterial für Brukers Erkenntnis. Wenn, wie im Jahr 2002 in Berlin, ungefähr 26 000 Läufer gesund das Ziel erreichen, einer aber einige hundert Meter davor tot zusammenbricht, kann das nicht an der Anstrengung liegen, 42 Kilometer zu bewältigen, auch an ermüdeten Muskeln und hohem Laktat stirbt man nicht; vielmehr manifestiert sich hier dramatisch eine endogene Schädigung, die nicht im Geringsten auf den Sport zurückzuführen ist. Der Umkehrschluss: Sport allein kann solche Schädigungen auf Dauer nicht verhüten.

Der Sportler und sein Ernährungsberater.

Diese Erkenntnis ist offenbar nicht so neu. Günther Stolzenberg („Die gesunde Kost für Sport und Rekord", 1985) zitiert aus den fünfziger Jahren einen Beamten des französischen Gesundheitsministeriums, Professor Dr. med. Pierre Delore: „Die Ernährung hat auf die Gesundheit einen viel größeren Einfluss als Bewegung und Sport." Wenn man diesen Gedanken ernst nimmt, dann hat sich die Medizin unter gesundheitspolitischem Aspekt ungleichmäßig entwickelt, indem sie an Hand des Sports viele sportmedizinische Erkenntnisse, jedoch vergleichsweise wenige der Ernährung beigesteuert hat. Eine nennenswerte deutschsprachige ernährungsmedizinische Literatur gibt es erst seit den achtziger Jahren. Die Ratgeberteile von Laufmagazinen werden von sportspezifischen Fragen beherrscht. Während Magazine für die einzelnen Sportarten ihren Hauptinhalt damit bestreiten, den Lesern physiologische Kenntnisse und Trainingskonzepte zu vermitteln, lassen Ernährungsthemen häufig die Verbindung zur Praxis vermissen. Abgesehen davon, dass das Thema Sport und Ernährung immer aktuell ist, sobald es sich um Werbung für Sporternährungsprodukte handelt. Die Industrie hat hier einen beträchtlichen Teil der Information für die Öffentlichkeit übernommen. Selbst bei wissenschaftlichen Publikationen kann man nicht sicher sein, ob sie nicht zumindest unabsichtlich durch die Fragestellungen der Hersteller beeinflusst sind.

Die Ernährung hat auf die Gesundheit einen viel größeren Einfluss als Bewegung und Sport.

Wenn wir innehalten, könnte es scheinen, als würde hier wieder nur eine Kulturkritik ausgebreitet – von Provokationen lässt sich bei der Darstellung unserer Ernährungssituation offenbar so gut leben wie durch deren Lobpreisung („Noch nie so gut ernährt"). Kommen wir daher schleunigst zu dem Gegenentwurf, der das Thema dieses Buches ist, der Vollwerternährung im Sport. Thematisiert hat sie bereits 1986 Christine Ederer, eine ehemalige Leistungssportlerin (Skilanglauf): „Gleichzeitig mit den Änderungen der Essgewohnheiten hat sich ein Bewegungsmangel in der Bevölkerung verbreitet, der unmittelbar diese Erkrankungen (Anm.: Zum Beispiel Stuhlverstopfung, Stoffwechselstörungen, Erkrankungen des Bewegungsapparates, Arteriosklerose, Thrombose und Herzinfarkt) noch begünstigt. Es ist unschwer zu erkennen, dass eine Kombination aus gesunder, vollwertiger Ernährung und Sport eine große Rolle bei der Gesunderhaltung und für die Leistungsfähigkeit unseres Körpers spielt. Wer regelmäßig Sport treibt, weiß selbst, dass eine gesunde, bedarfsdeckende Ernährung die Voraussetzung für die physische Leistungsfähigkeit ist."

Vollwerternährung ist inzwischen ein Gütesiegel, und es wird auch Produkten und Konzepten aufgeklebt, die ihr keineswegs zuzurechnen sind. Dies ist darauf zurückzuführen, dass der Begriff seinem Ursprung, den Untersuchungen von Professor Werner Kollath, entfremdet worden ist, die Vollwerternährung häufig nur an der Deklaration bestimmter Lebensmittel festgemacht wird und von Bedarfswerten ausgeht. Inzwischen wird von verschiedenen Varianten der Vollwerternährung gesprochen.

Noch Anfang des 20. Jahrhunderts starben auch in Deutschland, wie zum Beispiel die Eintragung in einem Kirchenbuch im Allgäu belegt, Menschen des Hungers.

In früheren Jahrhunderten hatte man sich über Ernährung nur insoweit Gedanken machen müssen, als es darum ging, wie beschafft man sie? Als Todesursache wurde im 19. Jahrhundert in den ärmeren Schichten „Auszehrung" diagnostiziert. Noch Anfang des 20. Jahrhunderts starben auch in Deutschland, wie zum Beispiel die Eintragung in einem Kirchenbuch im Allgäu belegt, Menschen des Hungers. Ernährungsbedingte Krankheiten wie die Gicht suchten vor allem die Oberschicht heim. Und ob nun im Mittelalter Angehörige des hohen Adels an Gift, durch das Schwert oder an zu vielen fetten Kapaunen starben, musste keinen sonderlich kümmern. Für die breiten Volksschichten war auch die Frage, ob pflanzliche Ernährung Vorzüge vor dem Fleischverzehr habe, nicht relevant. Wieder waren es nur wenige, die sich Fleisch leisten konnten, und selbst im nicht notleidenden, aber zur Sparsamkeit gezwungenen Bürgertum wurde nur einmal in der Woche der „Sonntagsbraten" aufgetischt (mein Großvater zum Beispiel, als preußischer Beamter mit gesichertem, wenn auch kargen Einkommen, hatte für neun Kinder zu sorgen). Das Gebot der katholischen Kirche, am Freitag kein Fleisch zu essen, war für die meisten leicht zu erfüllen. Auf Fleisch ganz zu verzichten, bestand keine diätetische Notwendigkeit.

Der Vegetarismus entwickelte sich daher Mitte des 19. Jahrhunderts folgerichtig aus ethischen Motiven, wobei wir nicht vergessen sollten, dass es bereits bei den Juden die Sekte der Essener gab, die vegetarisch lebte und der auch Jesus Christus angehörte; in der Frühzeit des Christentums, das sich später bis zum heutigen Tag um die tierischen Mitgeschöpfe wenig geschert hat, bekannten sich die Nazoräer zum Vegetarismus. Erst in der Zeit des Wohlstands sind zu den ethischen ganz stark auch ernährungsphysiologische, ökologische und soziale Begründungen gekommen. Die Anthropologie hat ebenfalls einen Beitrag geleistet. Die tierischen Ahnen des homo, der vor etwa 40000 Jahren zum homo sapiens, dem vernunftbegabten Menschen, geworden ist, hatten in den Bäumen gelebt und stiegen in die Savanne, um dort, sich auf die Hinterbeine aufrichtend, nach Aas zu suchen. Insofern ist der Streit darüber, ob der Mensch ein Pflanzen- oder ein Fleischesser sei, müßig. Es kommt darauf an, in welcher Evolutionsstufe man den Begriff der Menschwerdung ansetzt. Anthropologisch gesehen gilt dieser als Omnivore, als Alles-Esser. Man kann jedoch mit Sicherheit Übereinkunft darüber herstellen, dass zumindest die Ahnen, die Primaten, Pflanzenesser waren.

Ernährungsphysiologisch ist der Fleischverzehr keineswegs notwendig, er bringt in dieser Hinsicht vielmehr Probleme, zumal da er sich überwiegend auf Muskelfleisch beschränkt.

Ernährungsphysiologisch ist der Fleischverzehr keineswegs notwendig, er bringt in dieser Hinsicht vielmehr Probleme, zumal da er sich überwiegend auf Muskelfleisch beschränkt. Wer isst heute noch die durch Umweltschäden vergiftete Leber? Davor ist ausdrücklich gewarnt worden. Vollwertig im Sinne einer ausgewogenen Ernährung wäre Fleisch erst dann, wenn das ganze Tier mit Haut und Haaren gegessen würde. Was aus dem Munde von Dr. M. O. Bruker wie eine Pointe und damit überzogen klang, ist wissenschaftlich mit einem Beispiel zu belegen. Wer kleine Fische wie Sardinen isst, hat eine gute Quelle für Calcium. Das kommt aber lediglich daher, dass solche Fische mitsamt den calciumreichen Gräten gegessen werden.

Im Allgemeinen wird Tierfleisch gebraten oder gekocht, so dass relativ wenig Vitalstoffe mehr erhalten sind. Dem Verzehr rohen Fleisches stehen häufig ziemliche ästhetische und psychologische Hemmnisse entgegen, gibt es doch eine Menge Fleischesser, die Fleisch nur dann essen können, wenn die Herkunft vom Tier unter Sauce und Beilagen nicht mehr erkennbar ist. Und erst recht möchte keiner mehr das Tier, das er isst, töten; dies wird als letztes Stadium nach der Massentierhaltung und der Tiermast der Tötungsindustrie der Schlachthöfe überlassen (Upton Sinclairs „Roman aus Chicagos Schlachthäusern“ aus dem Jahr 1924, „Der Sumpf“, ist noch immer aktuell: „Alles ging so geschäftsmäßig vor sich: Schweinefleisch nach mathematischen Formeln, vermittels Maschinen zubereitet. Dennoch konnte selbst der prosaischste Zuschauer nicht umhin, an die Tiere zu denken … Niemand vermochte lange das Schauspiel zu betrachten, ohne auf philosophische Gedanken zu verfallen“). Der beträchtliche Fleischverzehr in den Industriestaaten hat zu einer Eiweißmast geführt.

Hippokrates, griechischer Arzt, * auf Kos um ca. 460 v. Chr., † Carissa um 370 v. Chr., gilt auf Grund seiner genauen Beobachtung und Beschreibung der Krankheitssymptome sowie einer kritischen, spekulationslosen Diagnostik als Begründer der wissenschaftlichen Medizin der Antike. Der so genannte hippokratische Eid ist Vorbild des Ärztegelöbnisses.

Hippokrates aus Kos, dem die Begründung der Medizin als Erfahrungswissenschaft zugeschrieben wird, hat in seiner ganzheitlichen Sicht des Menschen auch die Diätetik im Blick gehabt. Sein ethisches Postulat, das im Eid des Hippokrates fortlebt, sieht die Aufgabe des Arztes darin, die Kräfte der Natur im Heilungsprozess zu unterstützen. Er hat den noch immer gültigen Satz geprägt: „Eure Lebensmittel sollen Heilmittel und Heilmittel eure Lebensmittel sein.“ Nach ihm war es ebenfalls ein griechischer Arzt, Asklepiades, der hundert Jahre vor Christus bei seinen Patienten Einfluss auf die Ernährung, gegebenenfalls auch durch zeitweiligen Verzicht auf sie, zu nehmen versuchte. An der Schwelle des Mittelalters zur Neuzeit differenzierte Philippus Theophrastus Paracelsus von Hohenheim (1493–1541) die Nahrung danach, ob sie „sonnenenergiereich“ sei. Paracelsus, der heute als einer der größten Ärzte in der Medizingeschichte gilt, war zu seiner Zeit ein Außenseiter unter seinen Kollegen.

Die Industrialisierung im 19. Jahrhundert griff auch auf die Erzeugung von Lebensmitteln über; natürliche Lebensmittel, so wie sie der Ackerbau jahrtausendelang geliefert hatte, wurden nun „veredelt“. 1784 machte sich der Chemiker Franz Carl Achard in Berlin-Kaulsdorf daran, aus der bis dahin nur als Viehfutter genutzten Runkelrübe Zucker herzustellen; sein Lehrer, Siegesmund Marggraf, hatte den hohen Zuckergehalt der Rübe entdeckt. 1802 nahm die erste Rübenzuckerfabrik der Welt in der niederschlesischen Ortschaft Cunern (Kreis Wohlau) die Produktion auf. Vordem hatte man Rohrzucker aus Mittel- und Südamerika einführen müssen. Ohnehin ist der Zucker in Mitteleuropa erst seit dem 10. Jahrhundert bekannt. Als Luxus blieb er dem Adel vorbehalten (Teuteberg und Wiegelmann: „Unsere tägliche Kost“). Beim Magisterschmaus 1617 zu Leipzig wurde den feudalen Gästen „Marcipan, Mandeltordt, Confect und anderes“ aufgetischt, den niederen Ständen hingegen Obst. Da sich jedoch jede Schicht immer an der nächst höheren orientiert, wurden auch, so weit dies materiell möglich war, Ernährungsgewohnheiten übernommen. Zwischen 1700 und 1775 verachtfachte sich in England der Zuckerverbrauch, der Zucker blieb aber noch wenigen Verwendungsweisen vorbehalten. In den deutschen Ländern entfielen Ende des 18. Jahrhunderts jährlich gerade einmal 1000 Gramm auf den Kopf der Bevölkerung. Heute werden jährlich pro Kopf etwa 35 Kilogramm Fabrikzucker verzehrt (in der ehemaligen DDR wurde in den achtziger Jahren ein Pro-Kopf-Verbrauch von 40 Kilogramm erreicht), wobei es immer schwerer geworden ist, den „versteckten“ Zucker ausfindig zu machen.

Buchtipp: Fakten zum Thema Zucker.

Die Bezeichnung „Fabrikzucker“ hat Dr. M. O. Bruker deshalb gewählt, weil der übliche Ausdruck „Industriezucker“ die Vermutung aufkommen lässt, es handle sich um Zucker, der in der Nahrungsmittelindustrie verarbeitet werde. In den USA entfallen auf den Kopf der Bevölkerung 47 Kilogramm Fabrikzucker. Vielleicht ist es kein Zufall, dass von der dortigen Food and Drug Administration (FDA) der „Freispruch“ des isolierten Zuckers gekommen ist, wobei die FDA keine eigenen Untersuchungen angestellt hat, sondern das Resümee aus 1029 Studien gezogen hat; ob von der Industrie bezahlte darunter waren, ist nicht geprüft worden. Auf diesen Konsum leerer Kohlenhydrate – im Gegensatz zu natürlichen Lebensmitteln liefert isolierte Saccharose keine Vitamine, sondern zieht sie zur Verstoffwechslung ab – hat sich unser Körper in hundertfünfzig bis allenfalls zweihundert Jahren nicht im Mindesten einrichten können.

Obwohl einsichtige Ernährungswissenschaftler und Mediziner das Problem durchaus erkannt haben und Stoffwechselkrankheiten wie die Volkskrankheit Diabetes nicht von ungefähr gekommen sind, spielt der Fabrikzucker in der Sporternährung eine sehr große Rolle. Die Wirkung von „Sportgetränken“ und „Energieriegeln“ basiert zu einem großen Teil auf der raschen Energiemobilisation durch die raffinierten Kohlenhydrate von Saccharose und Stärke. Der raffinierte und damit isolierte Zucker ist ein dramatisches Beispiel der Nahrungsveränderung innerhalb ganz kurzer Zeit, die aber immerhin ausreicht, deren Wirkungen sichtbar werden zu lassen. Das Problem der Erkennung und Aufklärung besteht in wirtschaftlichen Abhängigkeiten, denen Wissenschaftler, Mediziner wie Journalisten unterworfen sind, sofern sie nicht im Verlauf ihrer eigenen Emanzipation eines Tages ausbrechen.

Eine andere Nahrungsveränderung ist durch die Mahltechnik bewirkt worden. Es gelang im 19. Jahrhundert, Getreide haltbar zu machen. Man musste nur bestimmte Bestandteile des Korns, die zur Verderbnis führen, beseitigen. Das waren Keimling, Keimschildchen, Aleuronschicht, Samenschale und Fruchtschale. Der reine Mehlkörper konnte nicht mehr verderben – nur eben um den Preis, dass aus dem Auszugsmehl fast sämtliche Vitalstoffe entfernt waren, vor allem das hochwertige Eiweiß des Getreidekeims, ungesättigte Fettsäuren, fettlösliche Vitamine, Mineralstoffe, Spurenelemente, Vitamine des B-Komplexes, insbesondere das wichtige Vitamin B1. „Damit machte man das Mehl lagerfähig, aber auch zu einer ‚Mehlkonserve', die kaum noch lebenswichtige Vitalstoffe enthielt. Dies war die Geburtsstunde der ernährungsbedingten Zivilisationskrankheiten", erkannte Dr. M. O. Bruker.

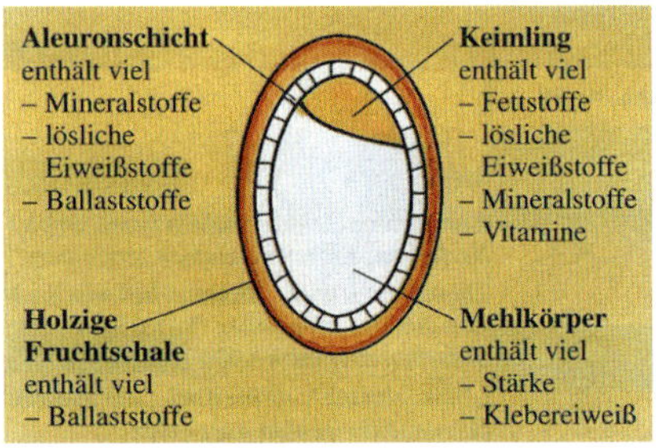

Inhaltsstoffe des vollen Getreidekorns.

Wieder war es zunächst die Oberschicht, die es sich leisten konnte, das „feine" Weißmehlgebäck zu verfrühstücken, während das Volk noch Schwarzbrot aß oder, wie zum Beispiel bei Peter Rosegger nachzulesen ist, den Sterz löffelte, in Italien die Polenta. Danach ging man zu oftmals schwerer Arbeit, von Verdauungsproblemen ist nichts bekannt geworden. Wir sollten uns später im Hinblick auf die Vorwettkampf-Ernährung im Sport daran erinnern. Der soziale Fortschritt brachte mit sich, dass auch Bürger und schließlich auch Kleinbürger und Proletarier zumindest in dieser Beziehung den Standard der Oberschicht erreichten. Man musste nicht mehr das „grobe" Schwarzbrot essen, es wurde zumindest zum Graubrot, das dann später, nach einer Umkehr des Denkens, häufig mit Vollkornbrot verwechselt worden ist.

Industrialisierung der Nahrungserzeugung bedeutete von Anfang an zwangsläufig Denaturierung. Napoleon III. hatte, um seine Armee versorgen zu können, ein künstliches Streichfett, das die in Massen schwer zu beschaffende und nicht lagerfähige Butter ersetzen konnte, entwickeln lassen. Es war die Margarine. Millionen von Menschen konnten sich in den zwanziger und dreißiger Jahren des 20. Jahrhunderts die „gute Butter" – so lautete die populäre Bezeichnung – nicht mehr leisten. Ich selbst mochte später, als ich sie mir leisten konnte, die „gute Butter" wegen ihres Eigengeschmacks gar nicht, da ich ja mit der eher geschmacksneutralen und immer gleichbleibenden Sanella als Brotaufstrich aufgewachsen war. Der Ruf der Margarine als Streichfett für arme Leute war, als sich in den Jahren nach dem Zweiten Weltkrieg die Zeiten besserten, dem Umsatz nicht gerade förderlich. Da kam die medizinische Erkenntnis gerade recht, dass ein hoher Blutfettgehalt einen Risikofaktor für arteriosklerotische Veränderungen darstelle und dieser hohe Blutfettgehalt durch tierische Fette bewirkt werde. Das Cholesterin wurde zum Fetisch (oder „Fettisch"?). Unterstellt wurde, dass Margarine kein tierisches Fett enthalte, was nur für ein zunächst winziges Segment, das der Pflanzenmargarine, zutrifft.

Buchtipp: Fakten zum Thema Cholesterin.

Die Margarine konnte auf diese Weise vom Ersatz der teuren „guten Butter" zum diätetischen Nahrungsmittel, der angeblich gesünderen Alternative zum tierischen Erzeugnis Butter, werden. 10 Gramm Butter enthalten 24 mg Cholesterin. Da der Körper täglich etwa 300 mg bis 480 mg Cholesterin aus der Nahrung aufnimmt, kann man sich vorstellen, wie wenig relevant ein Klacks Butter für den Cholesterinwert ist. Doch mit der in der Arztpraxis kritiklos übernommenen Cholesterin-Theorie, durch deren auf Konsensuskonferenzen festgelegte und mehrfach erniedrigte Grenzwerte bei uns ungefähr drei Viertel aller Menschen behandlungsbedürftig gemacht worden sind, ist das Marketingziel erreicht worden; heute bevorzugen die meisten Deutschen als Brotaufstrich Margarine statt Butter. Ein absolut künstliches Nahrungsmittel, nämlich Öl aus Ölsaaten und häufig Tierfetten mit Lösungsmitteln extrahiert, hocherhitzt und raffiniert, entlecithiniert, entschleimt, entsäuert, gebleicht, desodoriert, umgeestert, gehärtet, fraktioniert und mit chemischen Zusätzen angereichert (Bruker: „Cholesterin"), hat bei vielen ein seit Jahrtausenden bekanntes, vitalstoffreiches Fett verdrängt, das gesättigte und ungesättigte, zum Teil hochungesättigte Fettsäuren in ausgewogener Zusammensetzung, wie die Muttermilch, enthält.

In dem latenten Prozess der Denaturierung unserer Nahrung haben wir im letzten Jahrzehnt eine neue Stufe nach unten erlebt, den Markt der so genannten Nahrungsergänzungsmittel, den man nicht anders als eine Grauzone der Ernährung nennen kann. Da sie weder Nahrungs- noch Arzneimittel sind, unterliegen sie weder dem Lebensmittel- noch dem Arzneimittelrecht. Für die USA schätzt Professor Burckhardt Viell (Berlin), ausgehend von früheren Zahlen, diesen

Markt umgerechnet auf 80 Milliarden Euro. In Deutschland werden für schätzungsweise 3 Milliarden Euro im Jahr solche industriell gefertigten Präparate geschluckt. Global gesehen kann man durchaus der Meinung sein, dass dort, wo Hunger herrscht, auch Vitamine und Mineralien fehlen und damit die Nützlichkeit von Nahrungsergänzungsmitteln begründen. Doch wo Kinder verhungern, hilft nur Nahrung und nicht Nahrungsergänzung.

800 Millionen leiden an Übergewicht.

Der Markt der Nahrungssubstitution, zu dem sich die so genannten nährstoffangereicherten und die funktionalen Nahrungsmittel gesellen (durch Zusätze, die über die Deckung des Nährstoffbedarfs hinausgehen, eine Funktion ausübend), breitet sich in Gesellschaften aus, deren Ernährungsproblem vor allem darin besteht, dass die Menschen im Nahrungsüberfluss leben, nämlich schlicht zu viel Falsches essen – 800 Millionen leiden an Übergewicht. Dabei bevorzugen sie denaturierte Nahrungsmittel und Extrakte statt „Lebensmittel". Es ist ein Aberwitz, dass einerseits Naturprodukte durch „Veredelung" erst wichtiger Bestandteile beraubt werden und andererseits dann Teile dieser ganzheitlichen Produkte industriell isoliert und konzentriert als Präparate, zum Beispiel als Apfelessigdragees oder Knoblauchkapseln, auf den Markt gebracht werden.

Die Reklame weckt und fördert die Illusion, man brauche nur dieses oder jenes Präparat, am besten viele Präparate, zu sich zu nehmen, um jedem Mangel vorzubeugen und sogar das Leistungsvermögen zu steigern. Extrakte und Konzentrate aus Gemüse und Obst stellen nach Aussage der Deutschen Gesellschaft für Ernährung keine Alternative zum täglichen Verzehr von Gemüse und Obst dar. „Nur bei direktem Verzehr der gesamten Frucht wird wirklich das ganze Spektrum an essenziellen Nährstoffen und sekundären Pflanzenstoffen aufgenommen", sagt Dr. Bernhard Watzl von der Bundesforschungsanstalt für Ernährung, Karlsruhe. Genau das haben die ersten Gesundheitsberater (GGB) Ende der siebziger Jahre von Dr. M. O. Bruker erfahren.

Alkohol ist inzwischen zum fast alltäglichen Volksnahrungsmittel geworden; er muss daher in die Bilanz der Grundnährstoffe aufgenommen werden, auch wenn er eben nichts liefert, was der Körper verwerten könnte. Das aktuelle DHS-Jahrbuch (Deutsche Hauptstelle für Suchtgefahren) gibt den Pro-Kopf-Verbrauch an alkoholischen Getränken mit knapp 153 Litern im Jahr an; Deutschland liegt damit in der Spitzengruppe. Die direkten und indirekten Kosten für alle dadurch verursachten Krankheiten werden auf 20,6 Milliarden Euro geschätzt (Schäden durch Alkohol-Kriminalität sind dabei nicht berücksichtigt). Im Gegensatz zu früheren Generationen, in denen Sportler in dieser Hinsicht als Vorbild galten, kommt dem Sport heute, was den Alkohol angeht, kaum noch eine präventive Bedeutung zu. Es bleibt ja nicht dabei, dass Sieger Schaumweinflaschen nur öffnen, um einander vollzuspritzen. Einrichtungen des Sports multiplizieren trotz Beschränkung die Alkoholwerbung, für die jährlich über eine halbe Milliarde Euro ausgegeben wird.

In nicht wenigen Nahrungsmitteln, nicht nur in der Schwarzwälder Kirschtorte oder im Tomaten-Ketchup, auch in Nahrungsergänzungsmitteln, ist Alkohol enthalten. Der wissenschaftliche Hinweis, dass das Glas Rotwein – neuerdings auch auf Weißwein erweitert – das HDL-Cholesterin (die high density lipoproteins) erhöhe, wird als Freibrief für den ungehemmten Konsum genommen. Die „Alcopop"-Getränke haben das Einstiegsalter der Droge auf die Zeit der Pubertät heruntergesetzt. Wegen einer Zahl von angeblich 16 000 Grippetoten im Jahr einer Epidemie (die Zahl ist als pure Fiktion entlarvt worden, siehe „Gesundheitsberater" 12/2003) wird sofort die Alarmglocke geläutet und zur Grippeschutzimpfung aufgerufen – kommt der Alarm deshalb? Die Zahl der alkoholbedingten Todesfälle dagegen wird von der Deutschen Hauptstelle für Suchtgefahren mit 73 700 im Jahr angegeben, in der Altersgruppe der 35 bis 65 Jahre alten Männer ist danach jeder vierte Todesfall alkoholbedingt. Da läutet nichts – außer der Sterbeglocke.

Eine neue Bedrohung der Gesundheit dräut im Nahrungsbereich durch die Genmanipulation von Saatgut herauf, die schon jetzt nicht ausreichend kontrolliert werden kann und daher liberalisiert wird, sowie durch die Ionen-Bestrahlung zur Haltbarmachung von Lebensmitteln.

Besonders Maisprodukte sind auf Genmanipulation zu überprüfen.

Solche technologischen und wirtschaftlichen Entwicklungen sind das Ergebnis gedanklicher Prozesse, die ihren geistesgeschichtlichen Niederschlag finden. Diese erkenntnistheoretischen Prozesse sind keineswegs nur negativ zu sehen. Wer wollte nach Kreuzzügen und Hexenprozessen das Zeitalter der Aufklärung als Irrweg ansehen! Sehr viele Denkprozesse des 19. Jahrhunderts, aber selbst auch noch der Gegenwart sind von dem „cartesischen Denken" beeinflusst, der streng rationalistischen Anschauung des französischen Philosophen René Descartes (1596–1650), der strikt zwischen Körper und Seele unterschied und durch seine mechanistische Auffassung – der Organismus als Maschine, einbezogen auch seelische Vorgänge – die Welt zu erklären hoffte. Wem dies zu weit hergeholt erscheint, sollte sich an Dr. M. O. Brukers Auffassung vom ärztlichen Beruf erinnern; er sah in ihm eben nicht nur wie fast alle seine Kollegen dessen naturwissenschaftliche Grundlagen, sondern hielt die Medizin auch für eine Geisteswissenschaft. Ein Beispiel für die nachhaltigen Folgen von Descartes: In der Zeit des Übergangs von der Manufaktur zur Industrialisierung befasste sich der Chemiker Justus von Liebig (1803–1873) außer mit der Chemie auch mit Fragen der Ernährung und des Stoffwechsels von Pflanzen und Tieren. Doch sein Denken war zeitgemäß geprägt von der analytischen Betrachtungsweise, der Reduktion biologischer Vorgänge auf einzelne Wechselwirkungen. Es nimmt daher nicht Wunder, dass er außer seinen Entdeckungen auf dem Gebiet der Chemie eben auch „Liebigs Fleischextrakt" erfand, der gewissermaßen die spätere Massentierhaltung voraussetzte, und ebenfalls in guter Absicht ein Ersatzpräparat für die Muttermilch konstruierte. Bedenklich ist, dass die Betrachtungsweise des 19. Jahrhunderts, wie man an den Nahrungsergänzungsmitteln sieht, noch immer nicht als überwunden gelten kann.

Eine Gegenbewegung entsteht

Doch genau in dieser Zeit des Beginns der industriellen Nahrungsproduktion und des Justus von Liebig liegen Wurzeln einer Gegenbewegung, und es hat den Anschein, als werde diese umso stärker, je größer die gesundheitliche Bedrohung ist. Samuel Hahnemann (1755–1843) hatte die Homöopathie begründet, der Landwirt Vinzenz Prießnitz (1799–1851) die heilende Wirkung feuchter Umschläge beobachtet, der Fuhrmann Johann Schroth (1800–1856) dazu die Umstimmung des Organismus durch so genannte Entschlackung bezweckt. Der Pfarrer Sebastian Kneipp (1821–1897) hatte sich mit Wasseranwendungen nach Johann Siegesmund Hahn, einem naturheilkundigen Arzt aus dem 18. Jahrhundert, kuriert und entwickelte in Wörishofen seine ganzheitliche Heilmethode, kombiniert aus Wasseranwendung, Phytotherapie und Ordnungstherapie.

Um 1830 bildete sich in den USA eine vegetarische Bewegung, an der Spitze Sylvester Graham, nach dem das bereits aus den zwanziger Jahren bekannte Graham-Brot benannt ist (vielleicht brauchen wir auch Bruker-Brötchen?). 1847 wurde in England die „Vegetarian Society" gegründet, die erste vegetarische Vereinigung; sie hat den Begriff des Vegetarismus geschaffen und verbreitet. Vorher hatte man von pythagoreischer Lebensweise gesprochen; Pythagoras hatte die pflanzliche Ernährungsweise ethisch begründet. Eine kurzgefasste Geschichte des Vegetarismus von der Antike über Leonardo da Vinci bis zu zeitgenössischen Filmschauspielern gibt Günther Stolzenberg (1907–1995), Sportlehrer und in den achtziger Jahren hervorragender Altersläufer, in „Weltwunder Vegetarismus". In Deutschland gründete Gustav von Struve (1805–1870) zusammen mit J. W. Zimmermann, Eduard Baltzer, Theodor Hahn und Emil Weilshäuser im Jahr 1868 in Stuttgart die Vegetarische Gesellschaft. Weitere Vereinigungen folgten.

Geistesgeschichtlich ist diese Bewegung sicherlich auf ein neues Verhältnis der Europäer zur Natur zurückzuführen, gekennzeichnet durch Goethes Gedankengänge: „Natur! Wir sind von ihr umgeben und umschlungen – unvermögend, aus ihr herauszutreten, und unvermögend, tiefer in sie hineinzukommen … Sie spricht unaufhörlich mit uns, und verrät uns ihr Geheimnis nicht. Wir wirken beständig auf sie, und haben doch keine Gewalt über sie." War das Mittelalter noch von dem biblischen Gedanken „Macht euch die Erde untertan!" beherrscht, so trug das Zeitalter der Aufklärung zur Entdeckung der Natur bei. Berge wurden nicht mehr als tödliche Barrieren angesehen, sondern als Ziele des Entdeckerdrangs; der Alpinismus, die zweckfreie Besteigung von Gipfeln auf dem Pfade von Petrarca, begann sich zu entfalten. Rousseaus Erziehungsroman „Emile" hat ganze Generationen, auch die frühen Vegetarier, beeinflusst. Die deutsche Romantik schöpfte aus der Natur, in Deutschland entstand die Wanderbewegung.

Nun ist vegetarische Ernährung, die hier geistesgeschichtlich einzuordnen versucht wird, nicht mit vollwertiger Ernährung gleichzusetzen, auch wenn Prof. Georg Neumann („Ernährung im Sport") die

Bei fast allen Distanz- und Gepäckmärschen belegten Vegetarier Spitzenplätze.

Vollwerternährung nur als Variante der vegetarischen Ernährungsweise betrachtet; aber umgekehrt ist vollwertige Ernährung primär vegetarisch, weil Fleisch in zubereiteter Form eben nicht vollwertig ist. Der Vegetarismus ist Teil einer Reformbewegung, die Mitte des 19. Jahrhunderts entstand und insbesondere um die Wende zum 20. Jahrhundert rege Aktivität entfaltete, prominente Bundesgenossen findend. Die Künstlerkolonie Monte Veritá im Tessin, die 1893 gegründete Obstbau-Kolonie Eden in Oranienburg, der Ausdruckstanz wie die Reformmode, der Jugendstil, die Nacktkultur – alles Versuche, zu natürlichem Leben zurückzufinden. Zu jener Zeit bediente sich der Vegetarismus des noch jungen Sports, um die Vorzüge der vegetarischen Ernährung hervorzuheben. Vegetarisch lebende Sportler nahmen an für damalige Verhältnisse extremen Dauerleistungen teil; bei fast allen Distanz- und Gepäckmärschen belegten Vegetarier Spitzenplätze, wozu sicher auch deren sonstige solide Lebensweise beigetragen haben mag. Ihre Erfolge wurden entsprechend bekannt gemacht, unter anderem auf Ansichtspostkarten.

Karl Mann, nach eigenem Bekunden im Alter von sieben Jahren schwächlich und blass, siegte unter anderem 1902 beim Distanzmarsch Dresden–Berlin über 202 km in 26:52 Stunden (dies wäre umgerechnet auch heute noch eine überdurchschnittliche Leistung von 24-Stunden-Läufern); zu jener Zeit hatte er sich seit über acht Jahren vegetarisch ernährt. Kurt Nippe war Meisterschaftsgeher über 100 km, Sieger in den Distanzmärschen 1906 Magdeburg–Berlin über 135 km und 1907 Brandenburg–Berlin über 65 km und anderen Marschwettbewerben. Der Schwergewichtler Emerich Rath war ein Universal-Talent, er siegte bei zehn Armeegepäckmärschen über 50 km, nahm am Marathon der Olympischen Spiele 1908 in London und 1912 in Stockholm teil, siegte als Rennruderer, war 1912 Deutscher Amateur-Boxmeister, war Ringer, Faltbootfahrer, Bergführer und Skilehrer. Seit dem 20. Lebensjahr, seit 1903, hat er vegetarisch gelebt. Vegetarier waren auch die Distanzgeher Martin Rehayn und Heinrich Otto (Dr. med. Heinrich Meng aus Basel), der Leichtathlet Robert Pasemann, der Südafrikaner Mac Arthur, Marathonsieger der Olympischen Spiele 1912, der finnische Langstreckenläufer Hannes Kolehmainen, Marathonsieger der Olympischen Spiele 1920, drei Goldmedaillen für weitere Laufwettbewerbe und sechs Weltrekorde, der Finne Albin Stenroos, Marathonsieger der Olympischen Spiele

1924, der Algerier Boughera Mohamed El-Quafi, Marathonsieger der Spiele von 1928, und viele andere mehr.

Freilich war es auch die Zeit der „Natur-Apostel“, verschrobenen wirkender Gestalten mit wallendem Haar, die sich alles Heil von ihrer Lebensweise, auch der vegetarischen, versprachen. In der Zeit, da sich in Mitteleuropa und den USA bereits die Mehrheit der Bevölkerung von denaturierter Zivilisationskost ernährte, kamen Menschen, die da ausscherten, leicht in den Geruch, absonderlich zu sein.

Sportler freilich konnten sich leisten, Ernährungsaußenseiter zu sein, wenn sie nur Leistung erbrachten. Und das taten sie. Überblickt man die zwanziger Jahre, eingeschränkt die dreißiger und dann wieder die fünfziger und sechziger Jahre, so kann man eine hohe Affinität von Sportlern zu besonderen Ernährungsweisen beobachten. Offenbar herrschte bei Menschen, die beträchtliche körperliche Leistungen vollbrachten, eine besondere Sensibilität für die Bedürfnisse des Körpers, zuweilen auch nur vermeintliche, vor.

Carl Diem, * 24. 6. 1882 in Würzburg, 1920 Mitbegründer der dt. Hochschule für Leibeserziehung in Berlin, organisierte 1936 die XI. Olympischen Spiele in Berlin. 1947 gründete er in Köln die Sporthochschule. Gerade in jüngster Zeit wurden, ob seiner ungeklärten Rolle bei den Nationalsozialisten, manche nach ihm benannte Straßen und Sporthallen umbenannt.

Sport und Ernährung waren bereits in der griechischen Antike ein zentrales Thema gewesen. Epiktet mahnte: „Da musst du gute Ordnung halten, nach Vorschrift essen, dich süßen Backwerks enthalten, nach Vorschrift zur festgesetzten Stunde deine Übungen machen, in Hitze wie in Kälte, auch darfst du nichts Kaltes trinken und keinen Wein.“ Der Sportpionier Carl Diem schreibt in seiner „Weltgeschichte des Sports“: „Ursprünglich war die Sportdiät sehr einfach und streng, später wurde sie reichlich und verfeinert. Wenn wir den Berichten glauben dürfen, war sie zunächst vegetarisch und bestand aus getrockneten Feigen, Weizengebäck, frischem Käse und einem eingesäuerten Gerstenbrot, wie es auch die Römer unter dem Namen ‚Polenta‘ aßen.“ Berichte besagen, dass die Athleten der Frühzeit sich von einfacher Bauernkost ernährten, wie noch bis Mitte des 20. Jahrhunderts die Hirten Arkadiens oder der anderen griechischen Gebiete. Erst zu Anfang des 5. Jahrhunderts v. Chr. trat der Fleischgenuss dazu.

Diem fasst zusammen: „Die Frage nach der Diät wurde lebhaft diskutiert, besonders von den besten Köpfen der medizinischen Wissenschaft, wie Herodikos von Selymbria und Hippokrates. Herodikos, von dem die erste Schrift über dieses Thema stammt, betonte: ‚Speisen und körperliche Übungen unterstützen sich gegenseitig zum Zwecke der Gesundheit', und charakterisierte den Durchfall als Zeichen der Überanstrengung. Bereits Hippokrates hat seinen Zweifel an allgemeingültigen Richtlinien ausgesprochen, als er in seinen Diätschriften von Athleten sprach, deren Konstitution für Fleischgenuss ungeeignet sei. Namentlich Galen hat auch in der Diät das Natürliche wieder zur Geltung bringen wollen, doch ohne Erfolg. Mit dem Verfall des griechischen Volkes starb auch die Gymnastik der Antike an Verweichlichung dahin." Die militärischen Leistungen der römischen Legionen wurden überwiegend mit Getreidenahrung vollbracht.

Der Weg zur Vollwertkost

Bei der Entwicklung des in Deutschland und anderen europäischen Ländern im 19. Jahrhundert noch sehr jungen Sports dominierte zunächst die Entfaltung der Kraft; infolgedessen wurde ernährungsphysiologisch die Eiweißzufuhr betont. Dieses Stadium ist heute noch längst nicht abgeschlossen, und es gibt Unterschiede der Auffassung sogar zwischen der US-amerikanischen und der deutschen Literatur. Es ist sicher kein Zufall, dass sich vegetarisch lebende Sportler eher dem Ausdauersport zuwandten und damit eine gerade heute hochaktuelle Symbiose begründeten. Oder machte vielleicht der Ausdauersport aus Fleischessern Vegetarier? Noch fehlte es jedoch an Konzepten, während wir heute in Form von mehreren Dutzend Diäten zu viele haben.

Der Schweizer Arzt Maximilian Bircher-Benner (1867–1939) entdeckte Ende des 19. Jahrhunderts, dass lebensfrische Pflanzennahrung die Selbstheilungskräfte des Menschen aktiviere. Als junger Arzt hatte er noch, wie sein Sohn Ralph erzählt, einer Arbeiterfrau nach der Untersuchung ihrer Kinder gesagt: „Es fehlt ihnen nichts als kräftige Nahrung. Da haben Sie einen Fünffrankenthaler. Kaufen Sie Fleisch!" Damit war er der damals vorherrschenden und bis in die Gegenwart reichenden Ansicht gefolgt. Aus seiner Energielehre, die der in den Pflanzen gebundenen Sonnenenergie den Rang eines Lebenselixiers gibt, folgerte eine völlige Umkehrung der Nährwertskala; Pflanzennahrung rückte auf den obersten Rang, Fleisch auf den untersten. Seine Studien führten ihn zu der auch damals schon vertretenen Einsicht in die krankmachende Wirkung von zu viel Harnsäure. Sie ist heute ein wichtiger Parameter bei der Blutuntersuchung. Versteht sich, dass Bircher-Benner, der 1897 ein Sanatorium am Zürichberg gründete, von seinen Kollegen angefeindet wurde. Sie sind längst vergessen; Bircher-Benner dagegen lebt schon dank seinem Bircher-Müsli medizingeschichtlich weiter.

Erkenntnisse wie diese sind nach wie vor aktuell und kehren in manchen zeitgenössischen Reflexionen wieder: „Die Rückkehr ins Reich der Ordnungen bedeutet Selbstüberwindung. Selbstüberwindung ist ein psychotherapeutischer Akt hohen Ranges. Ihm folgt ein anderes psychotherapeutisches Geschehnis: die Aufhellung der Empfangsorgane für den geistigen Einfluss durch die Entgiftung des Gesamtorganismus, des Blutes und des Gehirns ... Ein undefinierbares Mangelgefühl beginnt sich bei ungeordneter Nahrung geltend zu machen und treibt den Menschen zur Esssucht. Der Organismus darbt bei scheinbarem Überfluss. Er befindet sich in der Lage eines Ausbeuters, der es mit einer goldarmen Gesteinsader zu tun hat. Er muss viel Material verarbeiten, um ein Körnchen Gold zu erhalten. Mit dem Vielessen kommt eine unheilvolle Belastung über die Verdauungs- und Stoffwechselorgane. Die Regulatoren werden überbeansprucht und kommen mit der Zeit zu Schaden ... Man glaubt, dass es ‚wissenschaftlich' sei, den Kranken in seinen Ernährungsgewohnheiten nicht zu stören, ihm nur symptomatisch ein Mineral- oder Vitaminpräparat zu verabreichen. Es fehlt aber niemals nur an dem einen Nährfaktor, sondern stets an vielen Faktoren, am Gesamtgleichgewicht und an der Organisation ... Es bedarf einer Horizonterweiterung der Medizin, es bedarf ‚neuer Ärzte'."

Wer Dr. M. O. Bruker gekannt hat, glaubt, ihn zu hören, und doch ist hier Bircher-Benner zitiert worden. So nahtlos ist das Kontinuum der Naturheillehre, so verwandt sind sich Gesundheitslehrer – verwandt in ihren Einsichten, ihrem Mut, sich gegen medizinische Konventionen zu stellen, und damit auch in der für notwendig erachteten Kompromisslosigkeit.

Bircher-Benners Sohn Ralph befasste sich medizinisch mit der Ernährung im Hochleistungssport. Mit seiner Schrift „Höchstleistungskost für Sport, Berg, Eis, Wüste und Dschungel" trat er der Auffassung entgegen, dass Athleten unbedingt einer eiweißreichen Nahrung bedürften. In einem 1958 veröffentlichten Aufsatz erwähnt er, der deutsche Arzt Dr. Bälz in Japan habe beobachtet, dass Rikschazieher die durchaus geschätzte Fleischnahrung beiseite geschoben hätten, wenn sie eine große Tagesleistung zu vollbringen hatten, und dafür Vollreis bevorzugt hätten. Der erwartungsgemäß hohe Fleisch- und Eiweißkonsum während der Olympischen Spiele 1936 in Berlin sei nur dadurch zustande gekommen, dass die Athleten sich erst nach ihrer Leistung daran, zumal an Gratiskost, gütlich getan hätten. Die Trainingskost sei erheblich weniger fleisch- und eiweißreich gewesen.

In den zwanziger Jahren verfasste Walter Sommer (1887–1985) seine Ernährungslehre („Das Urgesetz der natürlichen Ernährung"), mit der er nicht nur Gekochtes, sondern auch das Brotbacken rundweg ablehnt. Der Landarzt Joseph Evers wurde über Erfolge einer naturbelassenen Kost mit Rohkostanteil zum Spezialisten für Multiple Sklerose. Sein Resümee: „In 45-jähriger Tätigkeit als Arzt habe ich immer wieder feststellen können, dass durch Umstellung unserer Ernährung in mehr natürlichen Formen und durch weise Einschränkung unserer Genussmittel sämtliche Stoffwechselkrankheiten zu bessern beziehungsweise zu heilen sind. Das ist ja auch eigentlich selbstverständlich. Denn wenn die Ursache einer Krankheit – hier die falsche Ernährung – beseitigt wird, dann muss der Körper von sich aus die Krankheit bessern, beziehungsweise wenn der Zerstörungsprozess noch nicht zu weit vorangeschritten ist, die Krankheit heilen."

In den fünfziger Jahren, nach der Zeit der Isolierung und Nahrungsknappheit, verbreitete sich auch in Westdeutschland die lactovegetabile Ernährungsform des finnischen Physiologen Are Waerland (1876–1955). Sie kam offenbar gerade Ausdauersportlern entgegen. Ich habe 1968 vor meinem ersten Marathon erlebt, wie sich Meinrad Nägele, ein Langlaufpionier, zum Verdruss des Hoteliers in seinem Hotelzimmer die Kruska nach Waerland bereitete. Rohkost und Getreide sowie Kartoffeln in der Schale sind bevorzugte Lebensmittel der Waerland-Kost. Sie hat später an Bedeutung verloren, nachdem eine wissenschaftlich begründete Ernährungsform, die Vollwertkost, Fuß zu fassen begonnen hatte.

Der Begriff „Vollwert" ist erstmals von Werner Kollath (1892–1970), Ordinarius für Hygiene und Bakteriologie an der Universität Rostock, verwendet worden. Kollaths großes Thema waren „Zivilisationsbedingte Krankheiten und Todesursachen", ein Thema, das er von Anfang an gesundheitspolitisch verstand. 1924 hatte er begonnen, den Einfluss der Nahrung auf die Gesundheit zu erforschen und den Ursachen chronischer Erkrankungen nachzuspüren, soweit sie nicht durch bakterielle oder virale Infektionen zu erklären waren. Dabei entdeckte er, dass die übliche Zivilisationskost chronische Mangelzustände hervorruft. Lebensnotwendige Substanzen werden dann im eigenen Körper gewissermaßen zur Notversorgung abgebaut. Dieses „halbwertige" Dasein bezeichnete er als Mesotrophie. Nahrungsexperimente mit Ratten bestätigten seine Theorie. Wer immer sich mit Ernährung, Sporternährung eingeschlossen, befasst, kann nicht umhin, sich mit ihm auseinander zu setzen.

Werner Kollath, Hygieniker und Bakteriologe, gilt als Begründer der modernen Vollwert-ernährungslehre.

Kollath ist etwas geglückt, das man geistes- und medizingeschichtlich mit epochalen Werken wie Hahnemanns Homöopathie, Krafft-Ebings Psychopathia sexualis, Freuds Psychoanalyse und Rudolf Steiners Anthroposophie vergleichen kann. Dabei konnte Kollath das Ergebnis seiner Forschung und der daraus resultierenden Kulturkritik – „Der Mensch ist das einzige Lebewesen, das seine Nahrung zerstört, bevor es sie isst" – nur unter denkbar ungünstigen Umständen präsentieren. „Die Ordnung unserer Nahrung" im Umfang von nur 85 Seiten erschien 1942, als jedermann andere Sorgen um die Ordnungen in der Welt hatte als die der Nahrung mit „Eiserner Ration" im Brotbeutel. Von den 1200 Exemplaren wurden 600 als Jahresgabe der Deutschen Zahnärztlichen Gesellschaft verteilt. Erst 1950 konnte das Werk, nun beträchtlich erweitert, die Öffentlichkeit erreichen.

Kollath selbst hat im Vorwort zur 5. Auflage seine Absicht dargelegt, die unübersehbare Ernährungsliteratur, die seinerzeit von der Vitaminlehre beherrscht wurde, in leicht fassliche Grundbegriffe zu unterteilen. Dabei bemühte er sich, nicht nur, wie in der Wissenschaft üblich, vom Detail auf das Ganze zu schließen (induktiv), sondern auch deduktiv zu arbeiten, nämlich von der Ganzheit her Einzelheiten zu untersuchen. Er entwickelte eine Tabelle, in der die unterschiedliche Wertigkeit von Lebens- und Nahrungsmitteln – diesen Unterschied machte er – systematisiert ist. Für unentbehrlich hielt er die unerhitzten Lebensmittel. Dabei unterschied er die völlig natürlichen, die mechanisch veränderten und die fermentativ veränderten Lebensmittel. Ihnen stellte er die Gruppen der Nahrungsmittel gegenüber, die zwar zur Erhaltung des Lebens, nicht hingegen zur

Erhaltung der Gesundheit ausreichen, es sind die erhitzten, die konservierten und die präparierten Nahrungsmittel. Die präparierten stufte er als nicht empfehlenswert ein. Sein Leitsatz lautet: „Lasst unsere Nahrung so natürlich wie möglich!“ Als das wichtigste pflanzliche Lebensmittel erachtete er das Getreide („Getreide und Mensch – eine Lebensgemeinschaft“) und als das Kriterium für den Vollwert die Keimfähigkeit. Anfang der fünfziger Jahre tat er den Schritt vom Laboratorium in die Küche, er setzte seine theoretischen Erkenntnisse in die Praxis um. Das Ergebnis war das „Kollath-Frühstück“, ein Brei aus geschrotetem Getreide. Unter dessen Vorzügen nannte er: „Übermäßige Anstrengungen, wie sie von Schwerarbeitern, Sportlern, Kraftfahrern (Anm.: Gemeint sind offenbar die damaligen Lkw-Fahrer) usw. verlangt werden, können leichter bewältigt werden.“ Dazu trage das lange anhaltende Sättigungsgefühl bei.

Einer seiner Schüler schrieb: „Man muss sich vorstellen, dass in den fünfziger Jahren Vollwerternährung kaum Anhänger hatte und Schulmedizin und Ernährungswissenschaftler diese Ernährungslehre ablehnten. Warum sollten naturbelassene Lebensmittel gesünder sein als hochwertige Konserven? Warum sollte man Ballaststoffe mit der Nahrung aufnehmen, wenn sie doch nur Ballast darstellen, und warum sollten leicht verdaulicher Zucker und leicht verdauliche Backwaren aus weißem Mehl ungesund sein? Keiner meiner jungen Kollegen kann sich heute vorstellen, wie damals gegen Kollath argumentiert worden ist und wie schwer es war, seine fortschrittliche Ernährungslehre demgegenüber zu vertreten“ (Helmut Anemueller in „Vollwerternährung – aber richtig“).

Auf Kollath baute Dr. med. Max Otto Bruker (1909–2001) auf. Seine Bedeutung besteht über sein ärztliches Wirken hinaus darin, dass er als Arzt für innere Medizin die Grundsätze Kollaths jahrzehntelang klinisch erprobte und dokumentierte, die Ursachensuche statt symptomatischer Linderungsbehandlung zum Prinzip erhob, im Sinne einer Ganzheitsmedizin sowohl ernährungsbedingte als auch lebensbedingte Krankheiten im Auge hatte und schließlich ein hervorragender effizienter Gesundheitslehrer gewesen ist. Dabei hatte er einen weiten gesellschaftspolitischen Horizont, der vom Protest gegen den Bau von Atomkraftwerken – mit dem Megaphon in der Hand – bis zur zinsfreien Wirtschaft reichte. Vor unpopulären Betrachtungsweisen schreckte er nicht zurück. Zum Beispiel widersprach er der verbreiteten Theorie über die Entstehung und Verbreitung von Aids, wandte sich gegen überflüssige Impfungen und bekannte sich zum Pazifismus. In zahlreichen Büchern vertrat er Auffassungen, die im Widerspruch zur konventionellen Medizin stehen, lehnte jedoch sektiererische Auffassungen, die zum Beispiel bei Steiner vorkommen, ab. In vielem war er seiner Zeit voraus, wie sich, für manche überraschend, immer wieder herausstellt. Da er nicht durch Industrieaufträge zu bestechen war, wurden Prozessandrohungen gegen ihn angestrengt (durch die Zuckerindustrie) und unzutreffende Behauptungen (Jutta Ditfurth) verbreitet, wogegen wiederum er sich gerichtlich zur Wehr setzen musste. In fortgeschrittenem Alter gründete er außer dem emu-Verlag (Ernährung, Medizin, Umwelt) 1978 die Gesellschaft für Gesundheitsberatung (GGB), die Gesundheitsberater ausbildet und der auch dieses Buch zu danken ist.

Auf Bircher-Benner und Kollath baute Dr. med. Max Otto Bruker (1909–2001) auf.

Die Gesundheitsberater (GGB) verbreiten Brukers Gedanken innerhalb ihrer beruflichen Möglichkeiten. Sie sind dabei verpflichtet, sich sowohl an Brukers Gebot wie auch an die gesetzlichen Bestimmungen zu halten, nämlich keine Krankheitsberatung zu treiben, sondern zu raten, wie man gesund bleiben könne. Der Name seiner von ihm angestrebten „Gesundheitskasse“, die das Gesundbleiben prämiieren sollte, ist von den Allgemeinen Ortskrankenkassen usurpiert worden. Über Mikrowellengeräte las man in „Mens Health“, beim Erhitzen des Gemüses in diesen Geräten gingen wertvolle Inhaltsstoffe verloren; bei Brokkoli seien es bis zu 97 Prozent (nach „New Scientist“). Das war im Januar 2004, von Dr. Bruker erfuhr man das 25 Jahre früher.

In Österreich verbreitete Willi Dungl (1937–2001), der sich bei Bruker informiert hatte, auf höchst effiziente Weise den Gedanken vollwertiger Ernährung nach Kollath/Bruker und einer im Einklang mit der Natur stehenden Lebensweise. Der ehemalige Sanitätsunteroffizier des Bundesheeres wurde für seine Verdienste mit dem Professorentitel geehrt. Das fiele einmal einem deutschen Ministerium ein, einen Außenseiter auf diese Weise auszuzeichnen!

Der badische Zahnarzt Dr. med. dent. Johann G. Schnitzer hat sich seit 1960 mit Ernährung befasst. Als er in dem Schwarzwalddorf Mönchweiler die Zahnarztpraxis seines Vaters übernahm, bekam er die ersten Folgen der Zivilisationskost nach dem Zweiten Weltkrieg zu sehen. Im Alter von drei Jahren sei kaum ein Kind ohne Zahnschäden gewesen. Daraufhin begann er eine Aufklärungsaktion, für die er sich später „wegen unerlaubter Werbung für die Praxis“ vor einem Berufsgericht verantworten musste. Die „Aktion Mönchweiler“ gipfelte in einer Ernährungsumstellung und einer Befragung von 4702 Personen über die Auswirkungen dieser Umstellung. Schnitzer betonte die Frischkost und machte sich um die Entwicklung von Vollkorn-Backrezepten und Getreidemühlen verdient. Mit zunehmender Kommerzialisierung wurde der Name Schnitzer zu einem Markenzeichen. Eine Zeitlang arbeitete er auch mit Dr. M. O. Bruker zusammen. Schnitzer machte wie andere auch die Erfahrung, dass eine bisher „klare, zielgerichtete Entwicklung diffus“ geworden ist. Als er feststellen musste, dass seine Backrezepte verändert und sein Name unerlaubt verwendet wurden, verkaufte er 1984 seine Firma und widmete sich fortan schriftstellerischer und beratender Tätigkeit.

Von der Gesellschaft für Gesundheitsberatung (GGB) spaltete sich 1980 eine Gruppe ab, die sich im „Verband für Unabhängige Gesundheitsberatung e. V.“ zusammenschloss und wie Bruker selbst eine universitäre Anbindung anstrebte. Diese Gruppe wird wissenschaftlich durch Professor Dr. rer. nat. Claus Leitzmann und seine Mitarbeiter vertreten. Mit den Grundlagen der Vollwerternährung hatten sich Leitzmann und einige seines Kreises bei Dr. M. O. Bruker vertraut gemacht. Die differenzierte Kollath-Tabelle wurde später von Leitzmann und Mitarbeitern modifiziert und auf nur vier Wertstufen reduziert. Das als Standardwerk geltende Buch „Vollwerternährung“ gibt nur die reduzierte Fassung wieder.

Einer, der ebenfalls von Kollath gelernt hat, ist Dr. med. Helmut Anemueller. Seine grundsätzliche Anschauung zeugt davon, dass im Grunde alle dasselbe wollen. „Zur Erhaltung oder Wiederherstellung der Gesundheit ist jedoch selbstverantwortliches praktisches Handeln von größter Bedeutung – vor allem mit Hilfe der echten Naturheilverfahren und insbesondere durch das persönliche Bemühen, die Ernährung optimal auszurichten, Genussmittelmissbrauch aufzugeben und den Organismus durch Körpertraining abzuhärten, zu kräftigen und widerstandsfähiger zu machen. Naturmedizin muss in diesem Bereich ihren Schwerpunkt finden. Der Patient muss sich selbst einbringen, er muss aktiv und vernünftig handeln“ („Vollwerternährung – aber richtig“).

Bei aller Gemeinsamkeit derjenigen, die unsere Ernährung reformieren möchten, zeigen sich jedoch gravierende Unterschiede. Zum Beispiel hat Bruker das Kalorienzählen abgelehnt. Anemueller setzt dagegen: „Wird beispielsweise verbreitet, Kalorien spielten bei vollwertiger Ernährung keine Rolle oder pasteurisierte Frischmilch sei bereits ein ‚totes Nahrungsmittel', ist dies purer Unsinn. Bei meinen Vorlesungen über Ernährungstherapie mit Vollwerternährung… müsste ich scheitern, würde ich solche Auffassungen auch nur andeutungsweise darstellen." Doch einer, der mit alledem nicht das Geringste zu tun hat, der Ernährungspsychologe Professor Dr. Volker Pudel, bewirbt seine „Pfundskur", die von den daran beteiligten Medien emporgejubelte „erfolgreichste Gesundheitsaktion Deutschlands", damit: „Es ist also nicht so wichtig, zu erkennen, wie viele Kalorien wir essen, sondern welche Sorte von Kalorien wir zu uns nehmen" („Die Pfundskur"). Differenzierter hat dies Dr. M. O. Bruker seinen ersten angehenden Gesundheitsberatern vor 25 Jahren erklärt. Das bedeutet keineswegs, dass man darauf los essen kann – mehr, als der Körper verbraucht. Körperliche Bewegung ist unabdingbar.

Wer Unkonventionelles verbreitet, muss in der Wissenschaft scheitern.

Dr. Anemueller hat jedoch eine Wahrheit ausgesprochen: Wer Unkonventionelles verbreitet, muss in der Wissenschaft scheitern. Mag sein, dass ihm die Nachwelt Gerechtigkeit widerfahren lässt.

Ein Begriff ist diffus geworden

Das semantische Phänomen, dass Begriffe diffus werden, sobald sie populär geworden sind – wir kennen das aus der Psychologie und der Psychiatrie –, hat sich auch auf die Vollwertkost erstreckt. Der Markt hat sich des Begriffes „vollwertig" bemächtigt, Kollaths Definitionen scheinen vergessen zu sein. „Die ideale Vollwerternährung für höchste Ansprüche", hieß es in einer Reklame über „Müsli-Vitamin-Riegel".

Man mag die Ansicht vertreten, selbst wer sich nach einem aufgeweichten Begriff der Vollwertkost ernähre, sei noch immer besser daran als die Masse der Bevölkerung, die sich mit der üblichen Zivilisationskost begnüge. Doch wie gefährlich die Unverbindlichkeit ist, zeigt sich zum Beispiel an einer Aktion wie der „Pfundskur". Hier wird der Eindruck erweckt, wenn man Übergewicht vermeiden wolle, komme es darauf an, Fett zu sparen. Nun ist es zwar in der Tat gerade im Sport üblich, den Fettanteil der Nahrung zugunsten der Kohlenhydrate zu reduzieren; aber wer zum Fettsparen schlechthin aufruft, erreicht, dass gerade Lebensmittel mit essenziellen Fettsäuren weggelassen werden. Man verzichtet auf Nüsse, weil sie ja so fetthaltig sind, tauscht die vitalstoffreiche Butter gegen das Industrieprodukt Margarine, lässt bei Pellkartoffeln und Quark das Leinöl weg, isst jedoch bedenkenlos weiterhin Wurst und Schokolade. Im extremen Fall könnte auf diese Weise die notwendige Fettzufuhr nur noch über die versteckten minderwertigen Fette erfolgen, Hauptsache, sie sei sparsam.

Das Müsli, das Bircher-Benner erfunden und Kollath als Frühstück empfohlen hat, ist zum Müsli aus der Tüte verkommen.

Das Müsli, das Bircher-Benner erfunden und Kollath als Frühstück empfohlen hat, ist zum Müsli aus der Tüte verkommen. Die gute Absicht, die Menschen zum Verzehr unerhitzten Getreides mit all seinen Vitalstoffen zu bewegen, wird in das Gegenteil verkehrt. Die bei der industriellen Herstellung hoch erhitzten Getreideflocken enthalten im Vergleich zum frisch geschroteten Korn nur noch einen Bruchteil an Vitaminen und Mineralstoffen. Hierher gehört auch die absichtliche sprachliche Verwechslung von natürlichem Zucker und raffiniertem Zucker durch die Reklame der Zuckerindustrie. Interessant sind auch unterschiedliche Anschauungen bei Krankenkassen. Die AOK mit Professor Dr. Pudel als Galionsfigur der Ernährungsberatung segelt unter dem Motto „Nur Fett macht fett“. Bei der Kaufmännischen Krankenkasse, deren Prospekt mir gerade in die Hand kommt, erklärt eine Obermedizinaldirektorin, der menschliche Körper sei imstande, aus Kohlenhydraten Energie in Form von Glykogen zu speichern oder auch selbst Fett zu bilden. „Aus dieser Tatsache erklärt sich, dass Personen, die viel Mehlspeisen, Kuchen, Süßspeisen – deren Hauptbestandteile Kohlenhydrate sind – essen, zum Dickwerden neigen.“ Ich befürchte, dass Gesundheitsberaterinnen und -berater der GGB ob dieser altvertrauten Erkenntnis das Gähnen ankommt. Doch es gibt eben sehr viele AOK-Versicherte, wie ich auch, und dort macht eben nur Fett fett.

Dr. M. O. Brukers Ernährungslehre kurz gefasst

Ein persönliches Wort: Ich bin zu der Überzeugung gekommen, dass Dr. M. O. Bruker mit der sein Lebenswerk bewahrenden und fortsetzenden Gesellschaft für Gesundheitsberatung GGB e.V. die Ursprünglichkeit des Begriffes Vollwertkost am kompromisslosesten und damit eindeutigsten bewahrt hat. Dr. Brukers Ernährungskonzept, mag manchen auch ein Hauch vorgeblicher Orthodoxie stören, ist nach wie vor die verständlichste umfassende Handlungsanleitung. Seine Ratschläge klingen sehr schlicht; doch darin besteht ihr Vorzug. Sein Konzept wird hier mit dem Text der GGB, damit größtenteils mit seinen eigenen Worten, wiedergegeben. Vielen, die sich primär mit der Ernährung und nicht mit dem Sport befasst haben, sind die entsprechenden Informationen bekannt. Doch diejenigen, die vom Sport herkommen, benötigen diese Grundlage.

„Die meisten Zivilisationskrankheiten sind ernährungsbedingt", sagte Dr. M. O. Bruker. Deshalb sollten Sie, so empfiehlt er, vier Dinge täglich zu sich nehmen, vier andere dagegen grundsätzlich meiden.

Die Speisen, die Sie meiden sollten, wenn Sie gesund bleiben oder werden wollen:

1. Alle Auszugsmehlprodukte wie Graubrot, Weißbrot, Teigwaren, Pudding, Kuchen.
2. Alle Zuckerarten, die in der Fabrik hergestellt sind, im Klartext: gewöhnlicher weißer oder brauner Verbrauchszucker, industriell hergestellter reiner Trauben- und Fruchtzucker und alle Genuss- und Nahrungsmittel, die damit gesüßt sind, wie süße Gebäcke, Kuchen, Marmeladen, Schokolade, Bonbons, Pralinen, Speiseeis usw.
3. Alle raffinierten Fette (sämtliche Margarinesorten und gewöhnliche Öle).
4. Magen-, Darm-, Leber- und Galleempfindliche sollten zusätzlich meiden: Alle Säfte aus Obst und Gemüse, gleichgültig, ob sie selbst hergestellt oder gekauft wurden, und gekochtes Obst, Trockenfrüchte, Kaffee, grünen und schwarzen Tee.

Die Speisen, die täglich gegessen werden sollten, sind:
1. Vollkornbrot, möglichst verschiedene Sorten.
2. Drei Esslöffel Getreide in Form eines Frischkorngerichts.
3. Eine Frischkostbeilage, bestehend aus rohem Obst und Salaten aus rohen Gemüsen.
4. Naturbelassene Fette, d. h. Butter und durch Kaltpressung gewonnene unraffinierte Öle.

Alles andere braucht nicht, kann aber gegessen werden.

Das Frischkorngericht wird aus einer einzelnen Getreideart oder aus einer Getreidemischung, zum Beispiel Roggen, Weizen, Gerste, Hafer und Hirse, hergestellt. Von dieser Mischung werden 3 Esslöffel durch die Getreidemühle, in einem Mixapparat oder in einer alten Kaffeemühle grob geschrotet. Das Mahlen muss jedes Mal frisch vor der Zubereitung vorgenommen werden. Das gemahlene Getreide wird mit ungekochtem, kalten Leitungswasser zu einem Brei gerührt und 5–12 Stunden stehen gelassen. Die Wassermenge wird so berechnet, dass nach der Quellung nichts weggegossen zu werden braucht. Nach 5–12 Stunden wird dieser Brei genussfähig gemacht durch Zusatz von frischem Obst je nach Jahreszeit, Zitronensaft, 1 Teelöffel Honig (nur manchmal; regelmäßig Honig kann Karies erzeugen), 1 Esslöffel Sahne, geriebenen Nüssen nach Art des Bircher-Benner-Müslis. Solange verfügbar, sollte man immer einen Apfel hineinreiben und sogleich untermischen, bevor er braun wird. Der geriebene Apfel macht den Frischkornbrei besonders luftig und wohlschmeckend. Es ist ohne Belang, zu welcher Tageszeit dieser Brei genossen wird.

Zubereitung nach Dr. Evers: 3 Esslöffel Roggen oder Weizen (wegen der verschiedenen Keimzeiten keine Mischung) werden über Nacht (etwa 12 Stunden) mit ungekochtem, kalten Wasser eingeweicht. Am Morgen werden die Körner in einem Sieb mit frischem Wasser gespült. Tagsüber bleiben sie trocken stehen. In der zweiten Nacht werden sie wieder mit Wasser übergossen, am nächsten Morgen wieder gespült. Dieser Vorgang wird so lange fortgesetzt (im

Durchschnitt drei Tage), bis die Körner keimen und die Keimlinge ca. $^1/_3$ Zentimeter lang sind. In der Keimzeit sollen die Körner möglichst bei Zimmertemperatur stehen (d. h. nicht zu kalt und nicht zu warm). Diese gekeimten Körner können mit Zutaten versehen werden, wie beim Frischkornbrei angegeben. Sie sind gründlich zu kauen.

So einfach die Ratschläge klingen, zur Umsetzung bedarf es der Information, weil sich häufig Fragen ergeben. Die Werbung ist bemüht, Unsicherheit zu verbreiten. „Ursüße" zum Beispiel, ist das nun etwas anderes als Rohr- und Rübenzucker? Nein, sie zählt zur wertlosen Saccharose. Die unerhitzte Frischkost, in der herkömmlichen Ernährungslehre als Rohkost bezeichnet, sollte wegen der leichteren Verdaulichkeit, der Aktivierung und Vermehrung der weißen Blutkörperchen als Reaktion auf gekochte Nahrung, zu Beginn der Mahlzeit genommen werden; diese Verdauungsleukozytose tritt nach dem Verzehr von unerhitzter Frischkost nicht auf. Grundsätzlich hat Dr. M. O. Bruker den Verzehr von Milch für entbehrlich gehalten, was nicht nur im Hinblick auf die verbreitete Milchunverträglichkeit, sondern auch anthropologisch zu begründen ist; schließlich ist der Mensch das einzige Lebewesen, das die Milch anderer Lebewesen trinkt. Das Milch-Marketing hat vor langer Zeit versucht, den Milch-Absatz mit Hilfe des Sports zu fördern. Dies musste jedoch fehlschlagen; kein Sportler wird vor der sportlichen Leistung Milch zu sich nehmen. Vor Jahrzehnten habe ich wie viele andere vor einem Volkslauf über 10 Kilometer, den die örtliche Molkerei unterstützt hatte, von dem freigiebigen Angebot, sich vorher mit Milch zu stärken, Gebrauch gemacht. Dies tut man nur einmal; die Milchwirtschaft hat das wohl einsehen müssen. Der Alterssportler Dr. Adolf Weidmann, der noch im Alter von über 90 Jahren 100 Kilometer in etwa 22 Stunden zurückgelegt hat, führte zwar als Verpflegung eine Flasche Milch mit sich; doch er lief die 100 Kilometer nicht, sondern marschierte sie.

Auf die Basisernährung kommt es an

Bei sehr vielen sportlichen Leistungen ist die Ernährung vor einem Wettkampf nicht relevant; sie darf nur nicht behindern.

Wenn wir uns nun der Sporternährung zuwenden, unterscheiden wir zwischen Basisernährung, Vorwettkampf- und Wettkampfernährung. Es liegt auf der Hand, dass die Wettkampfernährung vor allem für Ausdauerwettbewerbe, wo während der Leistung Nahrung aufgenommen wird, relevant ist. Bei anderen Sportarten wird höchstens während einer Pause etwas verzehrt. Die körperlichen Aktivitäten werden (nach Hollmann) unterschieden in Ausdauer, Kraft, Schnelligkeit, Flexibilität und Koordinationsvermögen. Dabei gibt es, wie sich versteht, eine Anzahl Zwischenstufen. Bei einem Berglauf zum Beispiel ist sehr stark auch Kraft erforderlich, bei einem Mannschaftsspiel auch Ausdauer, bei einem Ausdauerwettbewerb auch Schnelligkeit. Bei sehr vielen sportlichen Leistungen ist während eines Wettbewerbes keine Nahrungszufuhr erforderlich oder, wie beim Lauf über Kurz- und Mitteldistanzen, auch nicht möglich, bei einer noch größeren Zahl von Disziplinen ist auch die Ernährung vor einem Wettkampf nicht relevant; sie darf nur nicht behindern.

Für alle Sporttreibenden ist dagegen die Basisernährung wichtig; bei vollwertiger Ernährung muss sie nicht einmal für einzelne Disziplinen variiert werden. Dauerläufer brauchen volle Glykogenspeicher und infolgedessen eine erhöhte Kohlenhydratzufuhr. Dies wird durch eine vegetarische Ernährung, durch die all die versteckten Fette in Fleisch und Wurst vermieden werden, unterstützt. In Sportarten, die sich auf Kraftentfaltung gründen oder gar reine Kraftdisziplinen sind wie zum Beispiel Gewichtheben, ist der Eiweißverbrauch höher. Er ist jedoch nicht so hoch, als dass er nicht schon durch die normale Zivilisationskost mehr als gedeckt würde. Die Zufuhr auch von rein pflanzlichem Eiweiß ist ausreichend. Veganern (Menschen, die sich allein von pflanzlicher Kost ernähren), empfehlen ernährungsmedizinische Autoren, sich darauf kontrollieren zu lassen, ob genügend Eiweiß und Mineralstoffe zugeführt werden.

Die vitalstoffreiche Vollwertkost ist, wie in diesem Buch exemplarisch dokumentiert wird, gerade für Sporttreibende ein Gewinn. Die Bilanzierung der Nahrungszufuhr zeichnet ein ausgewogenes Ernährungsprofil. „Bei Berücksichtigung aller leistungsfördernder Gesichtspunkte zur Zusammenstellung einer ökologisch und ökonomisch sinnvollen Basisernährung im Sport ergibt sich eine überwiegend ovolactovegetabile, rohkostreiche Ernährungsweise auf Vollwertbasis. Mit ihr ist eine ausreichende Energiezufuhr gesichert, wobei einerseits der Appetit, andererseits die Gewichtskontrolle genügend genaue Regler sind. Sie bietet andererseits biologisch hochwertige Grundnährstoffe in großer Menge und im optimalen Verhältnis untereinander. Eine hohe Versorgung mit lebensnotwendigen Vitaminen, Mineralstoffen und Spurenelementen wird durch sie gewährleistet" (Prof. Klaus Jung in „Arzt + Sport" 4/1992).

Die Reklame oder auch überlieferte Volksweisheit macht uns glauben, dass bestimmte Lebensmittel besonders gesund seien. Ein Fehler in der Betrachtungsweise. Auch so genannte gesunde Lebensmittel können zur Fehlernährung führen. Es kommt auf die Vielseitigkeit der Nahrung an und auf naturbelassene Lebensmittel mit hoher Qualität. Je nährstoffarmer die Nahrung insgesamt ist – nämlich infolge eines hohen Anteils minderwertiger Nahrungsmittel –, desto schwieriger wird es, diese Balance der Zufuhr an Nährstoffen, Vitaminen, Mineralstoffen und Ballaststoffen zu erreichen. Einzelne „gesunde" Lebensmittel können daran nichts ändern, und auch so genannte gesunde Lebensmittel können, wenn immer nur wenige Sorten gegessen werden, die Ernährung einseitig machen.

Umstellung ist ein allmählicher Prozess

Eine in diesem Sinne vollwertige Ernährung ist zugleich eine hervorragende Sporternährung. Probleme können sich bei der Umstellung ergeben, und so manches Argument gegen Vollwertkost im Sport beruht schlicht auf ungenügender Kenntnis und fehlender Geduld. Wer seine übliche Ernährung von Nahrungsmüll auf Vollwertkost umstellt, einschließlich des Frischkornbreis, muss eventuell mit einer Anpassungsphase rechnen. Schwierigkeiten werden vermieden, wenn die Umstellung *konsequent* erfolgt. Es ist erstaunlich, wie oft sonst intelligente Menschen zum Beispiel den Frischkornbrei mit dem Bemerken ablehnen, sie vertrügen ihn nicht. Da ist immer nachzufragen, wie oft der Betreffende die „Unverträglichkeit" festgestellt hat. Wegen der notwendigen Anpassung zumal von Magen-Darm-Empfindlichen sollte man tunlichst nicht sowohl auf einen bevorstehenden Marathon trainieren als auch gleichzeitig die Ernährung umstellen. Jeder einigermaßen trainierte Läufer weiß, zum Marathon sollte man nichts Neues einführen, weder in neuen Schuhen laufen noch ein Kleidungsstück tragen, das man noch nie am Leib gehabt hat. Das gilt auch für die Ernährung. Mit einem kleinen Unterschied: In neuen Laufschuhen Marathon zu laufen, führt mit hoher Wahrscheinlichkeit zu schmerzhaften Druckstellen und Blasen. Sie machen schließlich das Weiterlaufen unmöglich. Wer am Marathontag erstmals zu Vollkornbrot statt der gewohnten Weißmehlbrötchen oder gar zum Frischkornbrei greift, dem passiert nichts Schlimmeres, als dass er vielleicht ein Druckgefühl bekommt, möglicherweise eine verstärkte Darmgasbildung (Meteorismus), und schließlich schleunigst in die Büsche oder eines der Toilettenhäuschen aufsuchen muss. Das kostet Zeit, Übleres geschieht nicht.

Frischkost verträgt sich nicht mit Fabrikzucker.

Zweckmäßig ist, die Umstellung zunächst damit zu beginnen, dass die Stoffe der Negativliste weggelassen werden. Wer keinen Fabrikzucker, in welcher Form auch immer, konsumiert, hat dann auch kein Problem, den Anteil an unerhitzter Frischkost zu erhöhen. Klinische Beobachtungen haben ergeben, dass die Unverträglichkeit von Vollkornprodukten und Frischkost in kurzer Zeit verschwindet, wenn isolierte Zucker aus der Kost *konsequent* gestrichen werden. Auch gekochtes Obst und Säfte aller Art sowie Trockenfrüchte sind imstande, eine solche Unverträglichkeit hervorzurufen. Das anfängliche Verlangen nach Süßem lässt sich durch Lebensmittel mit natürlichem Zuckergehalt wie Obst befriedigen.

Die Umstellung setzt gediegene Information voraus, denn gerade gegen die Getreidekost werden alle paar Jahre neue Schreckensmeldungen verbreitet. Erst war es das Mutterkorn, im Jahr 2002 waren es die Lektine und Fraßgifte, mit denen das Getreide behaftet sei und die (laut dem Lebensmittelchemiker und nach eigener Einschätzung „Querdenker" Udo Pollmer) die menschliche Gesundheit schädigen könnten. „Isoliert man bestimmte Stoffe aus Lebensmitteln und führt sie in unphysiologisch hohen Dosen dem menschlichen Organismus zu, kann jeder Stoff, zum Beispiel auch jedes Vitamin, die Gesundheit beeinträchtigen" (Dr. med. Jürgen Birmanns, ärztlicher Leiter des Dr.-M.-O.-Bruker-Hauses in Lahnstein). Eine Zeitlang sind auch Einwände gegen den hohen Anteil unerhitzter Frischkost erhoben worden; Blattpflanzen seien infolge der Immissionen schadstoffhaltig. Empfohlen wird in der Tat, Gemüse, Salat und Obst aus ökologisch einwandfreiem Landbau zu beziehen.

Übrigens ist das der einzige Faktor, der Mehrkosten bei der Vollwerternährung verursacht; mehr als ausgeglichen werden sie insbesondere durch das Weglassen von Fleisch und Einsparungen bei Genussmitteln. Noch immer ist es jedoch besser, Salat aus nicht kontrolliertem Anbau zu verzehren, als ihn aus Sorge um mögliche Immissionen ganz wegzulassen. Der ernährungsphysiologische Wert ist höher anzusetzen als ein möglicher Nachteil. Es kommt darauf an, das Immunsystem durch vollwertige Ernährung zu stärken und nicht, es durch Vermeidung untüchtig zu machen. Vor Jahrzehnten bereits riet Dr. M. O. Bruker Gesunden, täglich ein Drittel der Nahrung als Frischkost zu sich zu nehmen. Je kränker ein Mensch, desto größer sollte der Frischkostanteil sein. Inzwischen empfiehlt die Deutsche Gesellschaft für Ernährung fünfmal am Tag Frischkost. Wieder einmal ist Dr. Bruker, wenn er auch drei Mahlzeiten am Tag für ausreichend hielt, bestätigt worden.

Ein unabhängiger Sportarzt, der schon seit Jahren eine hohe Kompetenz auf dem Gebiet der Sporternährung hat, Dr. Peter Konopka, ist zu der Erkenntnis gekommen: „Selbst auf die Gefahr hin, in den Verdacht zu geraten, sprachliche Anleihen aus dem Reformhaus-Deutsch aufzunehmen, ist für den Sportler eine natürliche Basisernährung zu fordern, die zum überwiegenden Teil aus hochwertigen, ‚lebendigen‘ Nahrungsmitteln besteht und alle notwendigen Stoffe in harmonischem Verhältnis beinhaltet. Die Natur bietet unserem Organismus seit Jahrmillionen die Grundnährstoffe, Mineralstoffe, Spurenelemente und Vitamine in einem bestimmten, bewährten Verhältnis an – und unser Organismus ist dieses harmonische Angebot gewöhnt. Er ist dabei am gesündesten und funktioniert auf diese Weise am besten“ („Sport, Ernährung, Leistung“). Nun ja, am „Funktionieren“ muss man sich nicht stören; der Sportarzt spricht damit auch Ambitionierte an, denen die Effizienz, auch der Ernährung, über alles geht.

Noch immer ist es jedoch besser, Salat aus nicht kontrolliertem Anbau zu verzehren, als ihn aus Sorge um mögliche Immissionen ganz wegzulassen.

Substitution ist überflüssig, manchmal schädlich

Es versteht sich, dass eine vollwertige Basisernährung jegliche Substitution, die Zufuhr isolierter Substanzen wie Vitamine und Mineralstoffe, überflüssig macht. Sportmediziner, die trotz Empfehlung der Vollwertkost als Basisernährung meinen, zumindest bei bestimmten Sportarten nicht ohne Nahrungsergänzung auskommen zu können, orientieren sich offensichtlich am Hochleistungssport. Wie schon erwähnt, ist es unmöglich, das geeignete Verhältnis solcher Wirkstoffe zueinander, wie es im Organismus und in Lebensmitteln in ausgeglichener Weise besteht, auch nur annähernd für synthetische Substanzen zu bestimmen. Jegliche Dosierungsanweisung bedeutet, mit der Stange im Nebel herumzufahren.

In einem der renommierten Fachbücher, „Ernährung im Sport“ von Georg Neumann (erschienen „mit freundlicher Unterstützung der Firmen Multipower, Polar und Vitamalz“), lesen wir: „Da Unsicherheiten über den realen Vitamin- und Mineralstoffbedarf bestehen, substituieren über die Hälfte der Athleten, zumindest in den USA, ungezielt und unspezifisch Mineralstoffpräparate mit Vitaminen als Nahrungsergänzung.“ Manche Präparate, überdosiert genommen, werden glücklicherweise ausgeschieden; da wird im günstigen Falle nur teurer Urin produziert. Andere Präparate hingegen, zum Beispiel Vitamin E (Tocopherol), werden bei Überdosierung als schädlich eingestuft; der genaue Bedarf ist jedoch nicht bekannt (Neumann). Die FAZ registrierte in den achtziger Jahren einen „Vitamin-E-Rausch“.

Schauen wir uns zum Beispiel die Argumentation eines Sportmediziners beim V. Stuttgarter Mineralstoffsymposium 1992 für die Supplementierung an (Merke: Solche Symposien haben meistens einen wirtschaftlichen Hintergrund). Professor Dr. med. Heinz Liesen sieht fünf wesentliche Probleme bei der Ernährung von Sportlern: Zu geringe Kalorienaufnahme im Verhältnis zur Trainings- und Wettkampfbelastung, zu wenig komplexe Kohlenhydrate, zu viel Fett und Alkohol, zu viel raffinierte und konzentrierte Lebensmittel, ungünstige Zubereitung und Speisenzusammenstellung. Was die Kalorienversorgung angeht, so ist eine kalorische Unterversorgung das Prinzip bei Aktivitäten, die mit niedriger Körpermasse erbracht werden sollen, so von Mädchen und jungen Frauen beim beruflichen

Ballett-Tanz und in den technisch-kompositorischen Sportarten wie Kunstturnen, Rhythmischer Sportgymnastik und Eiskunstlauf. Das ständige „Hungern“ führt dazu, dass die Fettreserven sehr klein sind (meist unter 5% der Körpermasse). Die Begrenzung auf 1200 bis 1700 kcal. in der täglichen Gesamtenergieaufnahme erfordert nach Ansicht eines Mediziners (Neumann) die Aufnahme vollwertiger Nahrungsmittel. Hierbei sind konzentrierte Kohlenhydrate wie Haushaltszucker, Marmelade, Pralinen, Kuchen, Gebäck, Limonaden, Cola-Getränke u. ä. zu meiden. Sie haben nach Neumann eine niedrige Nährstoffdichte. Zu bevorzugen sind Nahrungsmittel mit hoher Nährstoffdichte wie Vollkornbrot, Obst, Gemüse und Mineralwasser. Eine kalorische Unterversorgung während eines Wettbewerbes dagegen ist, abgesehen von extremen sportlichen Leistungen wie dem Ironman, mehrtägigen Läufen oder der Tour de France, zu vernachlässigen. 100-Kilometer-Läufer zum Beispiel sind sehr froh, wenn sie 500 Gramm Fett oder mehr verloren haben. Liesen meint denn wohl auch nicht die Nahrungsmenge, sondern sieht die Gefahr, dass Mineralstoffe und Vitamine, auch einzelne essenzielle Aminosäuren, Fettsäuren oder essenzielle Substanzen wie L-Carnitin nicht mehr ausreichend vorhanden sind. Jedoch bei konsequenter vollwertiger Ernährung bleibt das Verhältnis notwendiger Mikronährstoffe erhalten. Wer statt einer ganzen Scheibe Vollkornbrot mit Butter eine halbe verzehrt, nimmt Mineralstoffe und Vitamine in demselben Verhältnis zu sich, wie wenn er eine ganze Scheibe nähme. Nicht auf die absolute Zahl, sondern auf das Verhältnis kommt es an. Ein simples physiologisches Beispiel: Beim Marathon wetteifern Menschen mit bis zu etwa 50 Zentimeter Unterschied in der Körperlänge; sie haben bei gleichem Leistungsstandard die gleichen Chancen. Der 1,90 Meter große Mann hat zwar längere Beine, jedoch mehr Gewicht zu transportieren.

Was die Kalorienversorgung angeht, so ist eine kalorische Unterversorgung das Prinzip bei Aktivitäten, die mit niedriger Körpermasse erbracht werden sollen, so von Mädchen und jungen Frauen beim beruflichen Ballett-Tanz und in den technisch-kompositorischen Sportarten wie Kunstturnen, Rhythmischer Sportgymnastik und Eiskunstlauf.

Liesen sieht ein Ernährungsproblem bei Sportlern in zu wenig komplexen Kohlenhydraten. Was liegt näher, als sich eben deshalb vollwertig zu ernähren. Zu viel Fett und Alkohol? Woher kommt das Fett? Nach Dr. M. O. Bruker von zu vielen „toten“ Kohlenhydraten. Muss man substituieren, nur damit man mehr Alkohol trinken kann? Zu viel raffinierte und konzentrierte Nahrungsmittel? Prof. Dr. Liesen erklärt zu Recht: „Raffinierte und konzentrierte Lebensmittel wie Wurst, Käse, Zucker und Weißmehl (-Produkte) besitzen nur noch geringe Mengen an Mineralstoffen und Vitaminen. Ihre gute Haltbarkeit, ihr angenehmer Geschmack und ihr hoher Energiegehalt bei kleinem ballaststoffarmen Volumen favorisiert sie auch zum Ausgleich energetischer Defizite zum Beispiel während eines Langstreckenlaufs oder Radrennens und nach der sportlichen Belastung. Die chronische Mangelversorgung ist hier aber vorprogrammiert, wenn nicht gleichzeitig substituiert wird."

„Raffinierte und konzentrierte Lebensmittel wie Wurst, Käse, Zucker und Weißmehl (-Produkte) besitzen nur noch geringe Mengen an Mineralstoffen und Vitaminen."

Hat Dr. Bruker etwas anderes über raffinierte und konzentrierte Nahrungsmittel behauptet, als Liesen im ersten Satz sagt? Eben deshalb hat er Leitlinien für die vollwertige Ernährung aufgestellt. Ungünstige Zubereitung und Speisenzusammenstellung? Ja, eben deshalb der möglichst hohe Frischkostanteil und die Ausgewogenheit der Nahrung durch vollwertige Ernährung.

Interessant ist, dass sich die Hersteller von Nahrungsergänzungsmitteln meistens auf die veränderten Ernährungsgewohnheiten in den Industrienationen berufen, nämlich einseitige Ernährung bei geringer Nährstoffdichte (Fast Food), hastiges Essen, ausgelaugte Ackerböden und Schadstoffbelastung. Damit begründen sie die Notwendigkeit ihrer Produkte. Was also läge für einen vernunftbegabten Menschen näher, als zu früheren Ernährungsgewohnheiten zurückzukehren, statt für einen zwangsläufig unvollkommenen Ersatz fehlender Stoffe erst teures Geld zu zahlen und sich dann dabei neue Probleme einzuhandeln!

Sportler sind die vielleicht wichtigste Zielgruppe der Hersteller so genannter Nahrungsergänzung. Bei Sportlern verändern sich am ehesten signifikant die labormedizinischen so genannten Normwerte, und man kann sie leicht davon überzeugen, dass ihr Sport zu einem erhöhten Verbrauch von Eiweiß, Mineralien, Vitaminen, Aminosäuren und anderen Substanzen führe, der durch Präparate ausgeglichen werden müsse. Außer im Bodybuilding werden insbesondere Läufer angesprochen, wovon man sich auf fast jeder Laufveranstaltung überzeugen kann. Zum einen ist deren Bewegungsintensität vergleichsweise hoch, zum anderen gelten sie, genau wie Triathleten und Mountain-Biker, als besonders ambitioniert, nebenbei auch in der Gesamtheit als finanzkräftig. In Fachzeitschriften werden Läufer nicht nur durch Anzeigen, sondern zuweilen auch im redaktionellen Teil durch angeblich fachlich kompetente Aussagen umworben. Dabei wechseln die Moden.

Selbst die Deutsche Gesellschaft für Ernährung (DGE), die nicht gerade in dem Ruf steht, das Konzept der vollwertigen Ernährung durch Dr. Brukers Gesellschaft für Gesundheitsberatung zu unterstützen, hat sich veranlasst gesehen, den Markt der so genannten Nahrungsergänzung kritisch zu betrachten. Was sie vor einigen Jahren schon postuliert hatte, ist im Hinblick auf die Praktiker vertieft und popularisiert worden. Wie Prof. Alois Berg (Freiburg) auf einem DGE-Symposium referierte, hat eine Expertenkommission der Europäischen Union (Scientific Committee on Food) im Jahr 2002 definiert, welche Nährstoffgruppen und Nährstoffzusammensetzungen während und nach körperlicher Aktivität relevant sind. „Der SCF-Bericht stellte aber überzeugend fest, dass es bei alltäglichen sportlichen Aktivitäten wie im Freizeit- und Breitensport oder in der Sporttherapie keiner besonderen Ernährung bedarf." Dieselbe Aussage wird auch in den Verbraucherzentralen gemacht.

Die Reklame will uns davon überzeugen, dass Hochleistungssportler ihre Nahrung mit Zusatzstoffen supplementieren müssen.

Im Hinblick auf den Leistungssport fasst Prof. Peter Stehle (Bonn) den Kenntnisstand mit den Worten zusammen: „Wissenschaftlich fundierte Belege für eine ergogene (leistungssteigernde) Wirkung dieser meist isoliert zugeführten Nährstoffe bzw. Produkte sind nur in wenigen Fällen verfügbar. Subjektive Erfahrungen einzelner Sportler können nicht als generelle Empfehlung herangezogen werden." Prof. Burckhard Viell (Berlin) warnt im Hinblick auf Nahrungsergänzungsmittel vor dem Prinzip „Viel hilft viel". Der SCF habe Grenzwertkalkulationen für die Mengen an einzelnen Nährstoffen angestellt, die als gesundheitlich unbedenklich angesehen werden können. Dieser „upper level" liege sehr viel niedriger, als bisher angenommen.

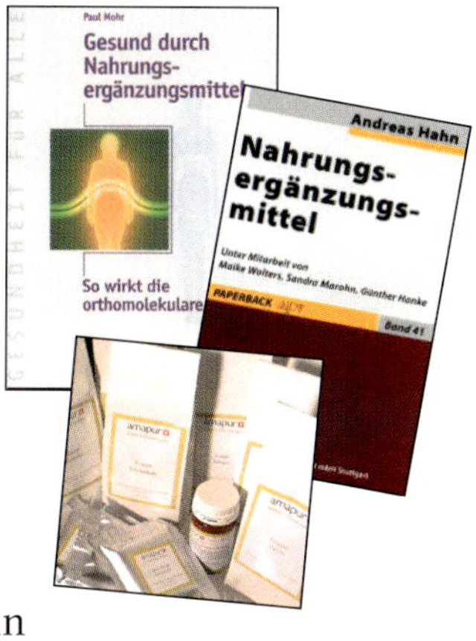

Die Reklame will uns davon überzeugen, dass Hochleistungssportler ihre Nahrung mit Zusatzstoffen supplementieren müssen. An Hand der Anzeigen in Laufmagazinen kann man die Nagelprobe machen. Hersteller von Nahrungsergänzungsmitteln werben bevorzugt mit den Namen und den Äußerungen bekannter Sportler über bestimmte Präparate. Verfolgt man diese Werbekampagnen und vergleicht sie mit den Karrieren, macht man immer wieder die erstaunliche Beobachtung, dass eines Tages die Werbebotschaft und die Realität auseinanderdriften (mit Rücksicht auf die Persönlichkeit nenne ich keine Namen). Die Sportlerinnen und Sportler, die sich heute überzeugend über das Präparat X geäußert haben, sind morgen plötzlich „weg vom Fenster". Die Leser der vollmundigen Anzeigen, wenn denn das Erinnerungsvermögen so weit reichen sollte, reiben sich verwundert die Augen: Hat denn das Präparat X so wenig geholfen, dass die betreffenden prominenten Sportler an Verletzungen laborieren oder einen Leistungsrückgang, der ja durch das Präparat X vermieden werden sollte, beklagen müssen oder gar ihre Karriere beenden?

Auch Sportler haben genügend Eiweiß

Immer wieder wird im Sport, heute insbesondere noch bei Kraftsportarten, ein höherer Eiweißbedarf ins Spiel gebracht. Eiweißmangel führt sowohl körperlich als auch geistig zu einer Leistungsminderung (Nöcker). Eiweiß oder Protein ist als Grundbaustein des Lebens zum Aufbau neuen Gewebes erforderlich; deshalb kommt der Eiweißversorgung gerade von Kindern und Heranwachsenden besondere Bedeutung zu. Bei Erwachsenen muss im Prinzip nur Gewebe erneuert werden. Bei sportlicher Aktivität kann es leistungsabhängig zur Verringerung von körpereigenem Eiweiß kommen. Selbst bei dem wissenschaftlich begleiteten und ausgewerteten Deutschlandlauf 1981, bei dem sechs Langstreckenläufer in 20 Tagen knapp 1100 Kilometer bei Vollwertkost zurücklegten, wurde ein Eiweißabfall beobachtet. Die Eiweißzufuhr betrug im Durchschnitt zwischen 10 und 13 Prozent der gesamten Kalorienzufuhr, wie Prof. Dr. med. Klaus Jung ermittelte („Sport und Ernährung"). Damit wurden Eiweißstoffe in die Energieproduktion einbezogen. Bedauerlicherweise ist bei dem Transeuropalauf im Jahr 2003 über 5035 Kilometer in 62 Tagen keine Untersuchung vorgenommen worden. Doch von den 44 Teilnehmern, die in Lissabon gestartet waren, sind immerhin 22 in Moskau angekommen. Die meisten Aussteiger gab es auf der ersten Hälfte. Am Protein kann es also nicht gelegen haben.

Zwar wird bei großem Eiweißverlust das Immunsystem in Mitleidenschaft gezogen, aber manche schreien wissenschaftlich Zeter und Mordio, wenn das Eiweiß im Organismus als Energiequelle auch nur angezapft wird. Dabei sind wir, wie Prof. Dr. med. Lothar Wendt („Gesund werden durch Abbau von Eiweißüberschüssen",

1991) nachgewiesen hat, in unserer Gesellschaft mit Eiweiß derart überversorgt, dass daraus eine Anzahl Erkrankungen, insbesondere rheumatischer Art, entstanden ist. Vor allem hat der Verbrauch von Eiweiß in Form von Fleisch und Eiern stark zugenommen; auf den Kopf der Bevölkerung entfallen in Deutschland jährlich 100 Kilogramm Fleisch.

Die Eiweißmast, wie sie in den vergangenen Jahren von Medizinern für Leistungssportler gefordert wurde, vielleicht gar noch angereichert durch die Zugabe von Anabolika, war jedenfalls nicht zum Wohle des Sportlers.

Prof. Jung kommentiert: „Aus meiner Erfahrung im Zusammenhang mit dem Umgang mit Sportlern möchte ich an dieser Stelle auch erwähnen, dass ich mich des Eindrucks nicht mehr erwehren kann, dass viele Überlastungserscheinungen im Bereich des passiven Bewegungsapparates (Sehnen, Bänder, Gelenke, Knorpel, Knochen) wie auch Verletzungen im modernen Hochleistungssport oft im Zusammenhang mit einer Eiweißmast zu sehen sind. Bei Sporttreibenden, die sich mit weniger Eiweiß begnügen, treten solche Überlastungserscheinungen in sehr viel geringerem Umfang auf… Die Eiweißmast, wie sie in den vergangenen Jahren von Medizinern für Leistungssportler gefordert wurde, vielleicht gar noch angereichert durch die Zugabe von Anabolika, war jedenfalls nicht zum Wohle des Sportlers, sondern höchstens eine Möglichkeit zur schnellen Leistungssteigerung und zum Medaillengewinn mit nachfolgendem starken Leistungsabfall und Krankheitsentwicklung. Die Gesundheit der Sportler wurde hier in aller Regel wenig berücksichtigt.“ In der ärztlichen Praxis wird ein Zusammenhang zwischen Sehnenscheidenentzündungen und tiereiweißreicher Ernährung bestätigt; hohe Harnsäurewerte können das empfindliche Milieu der Schleimhaut in der Sehnenscheide stören (Andreas Gösele).

Selbst der ernährungsmedizinisch eher konservative Prof. Nöcker („Die Ernährung des Sportlers“) kommt zu dem Ergebnis: „Eine Erhöhung des Eiweißbedarfs tritt nach meinen eigenen Untersuchungen und den Untersuchungen einer Reihe von anderen Autoren durch sportliche Belastungen nicht ein unter der Voraussetzung, dass die kalorischen Bedürfnisse gedeckt sind.“ Dies ist nur bei extremen Ausdauerleistungen, beginnend beim 24-Stunden-Lauf, nicht der Fall, weil es nicht möglich ist, während des Wettkampfes auch nur annähernd so viel Energie zu ersetzen, wie verbraucht worden ist. Beim Krafttraining wird mehr Eiweiß als in anderen Sportarten

In den achtziger Jahren waren Kraftsportlern 4 g Eiweiß je kg Körpergewicht empfohlen worden, zumindest in der DDR (Donath/Schüler, 1985). Danach hätte ein 75 kg schwerer Kraftsportler täglich 8 Liter Milch oder 1,2 kg Kalbfleisch oder 37 Eier zu sich nehmen müssen.

benötigt, da der Erfolg an die Querschnittsvermehrung des Muskels gebunden ist, also an den Zuwachs von Muskelsubstanz (Nöcker). Eine Kost, die gerade ausreiche, die Eiweißbilanz im Gleichgewicht zu halten, genüge dabei nicht, die volle Leistungsfähigkeit aufrechtzuerhalten. Ein leichter Überschuss sei, wie auch andere Mediziner bestätigen, im Leistungssport angebracht. Doch er muss nicht durch Präparate erzielt werden.

Der Richtwert für die tägliche Eiweißzufuhr ist in der herkömmlichen Ernährungslehre immer mehr herabgesetzt worden. Die jüngste Empfehlung der Deutschen Gesellschaft für Ernährung lautet für Jugendliche und Erwachsene je kg Körpergewicht nur noch auf 0,8 g. Das bedeutet nichts anderes, als dass auch die bisherigen Empfehlungen (Nöcker, Neumann) für Sportarten mit erhöhtem Eiweißbedarf und für Hochleistungssportler zu hoch angesetzt gewesen sind. In den achtziger Jahren waren Kraftsportlern 4 g je kg Körpergewicht empfohlen worden, zumindest in der DDR (Donath/Schüler, 1985). Danach hätte ein 75 kg schwerer Kraftsportler täglich 260 g Eiweiß zu sich nehmen müssen. Das entspricht einer Menge von etwa 8 Litern Milch oder 1,2 kg Kalbfleisch oder 37 Eiern. Zu derart grotesken Resultaten führt die analytische Denkweise, die sich an Tabellen orientiert. Wie der österreichische Sportmediziner Prof. L. Prokop berichtet, waren in einem Trainingslager nach reichlichem Fleischverzehr eine verstärkte Blut-Acidose (Übersäuerung) und infolgedessen starke Ermüdungserscheinungen aufgetreten. Bereits 1986 hatte die Ernährungsmedizinische Beraterin und ehemalige Leistungssportlerin Rosemarie Breuer-Schüder gefragt: „Welche obere Grenze bringt noch sportliche Vorteile ohne gesundheitlichen Schaden? In welchem zeitlichen Abstand zum Training sollten Eiweißzulagen erfolgen, um einen bestmöglichen Kraftzuwachs zu erzielen? Sind diese Eiweißzulagen nur durch Eiweißkonzentrate zu realisieren? Wenn ja, wie sollte ein solches Konzentrat zusammengesetzt sein, um den bestmöglichen Trainingseffekt zu erreichen? Diese Fragen werden in der Literatur unterschiedlich beantwortet. Sie spiegeln häufig die Interessen wider, die hinter solchen Fragestellungen stehen" („Mehr wissen, mehr leisten").

Es erscheint geradezu unsinnig, an Eiweißkonzentrate zu denken, wenn man sich vor Augen hält, dass laut DGE die durchschnittliche Mischkost von Sportlern etwa 100 g Eiweiß am Tag enthält, das ist, ein Normalgewicht vorausgesetzt, ungefähr doppelt soviel, wie nach der Formel 0,8 g je kg Körpergewicht empfohlen wird. Mit einer ausgewogenen, vielseitigen Ernährung nähmen Sportler somit mehr als genug Protein auf. Eine besonders proteinreiche Kost oder der Einsatz von Präparaten sei nicht nötig. Auch Bodybuilder, so heißt es an anderer Stelle, benötigten keine zusätzlichen Eiweißpräparate, wenn sie sich vielseitig ernährten. Laut Ernährungsbericht ist die Proteinversorgung unverändert reichlich. Alle diese Berechnungen sind für Menschen, die sich vollwertig im Sinne Kollaths und Brukers ernähren, überflüssig.

Leistungssport ist auch Veganern möglich

Veganer haben im Vergleich zu Fleischessern eine geringere Eiweiß-Aufnahme; sie müssen darauf achten, genügend pflanzliches Eiweiß, das insbesondere in Nüssen vorhanden ist, zu sich zu nehmen. Grundsätzlich sind auch Veganern sportliche Leistungen möglich; zwei Teilnehmer des Deutschlandlaufs 1981 ernährten sich vegan, nämlich allein mit Salaten und Frischkornbrei. Der Altersläufer Friedrich Tempel, der erst im Alter von 65 Jahren mit dem Laufsport begann, hatte seine Ernährung auf vorwiegend Rohkost umgestellt. Im Alter von 70 Jahren erzielte er 1971 eine Marathonzeit von 3:13:24 Stunden (die beste Zeit in M 70 betrug im Jahr 2002 in Deutschland 3:18:16 Stunden). Für den Hochleistungssport fehlt es noch an einer signifikanten Zahl entsprechender Erfahrungsberichte. Immerhin, der Triathlet Harald Glaser aus Freiburg i. B., Jahrgang 1964, änderte 1985 seine Ernährung auf Rohkost, als ihm nach einer schweren Krankheit eine große Operation, möglicherweise die Amputation des Beins drohte. Röntgenbilder zeigten die Verringerung und schließlich das Verschwinden des verräterischen Flecks. Eine andere Wirkung der unbehandelten pflanzlichen Nahrung ohne tierisches Eiweiß bestand darin, dass er und seine Frau ihre Allergien, unter anderem Heuschnupfen, loswurden. Selbst beim Ultratriathlon von Hawaii (3,8 km Schwimmen, 180 km Radfahren und ein Marathon) hat er auf die Pasta am Vorabend, auf isotonische Getränke und auf Energie-Riegel verzichtet. Seine Meinung dazu: „Würde man die Power-Riegel konsequent weiterentwickeln, käme am Ende wieder eine

Banane heraus“ (nach Uta Sweere in „Rohe Kraft“, „Condition“ 5/1995).

Der Triathlet Dave Scott ernährt sich rein vegan, glaubte allerdings eine Zeit lang, durch gelegentlichen Fischverzehr die Protein-Zufuhr erhöhen zu sollen; er hat den Ironman auf Hawaii, den erwähnten Ultratriathlon, sechsmal gewonnen. Bereits die Qualifikation für die Teilnahme zu erreichen, gilt bei Triathleten als Ausweis hoher sportlicher Leistungsfähigkeit. 1994 schockierte Scott geradezu die Triathlon-Welt: Er war 40 Jahre alt und belegte in Hawaii den 2. Platz, mit 42 Jahren noch den 5. Platz. Mit seinen Leistungen belehrte er diejenigen, die Veganern sportliche Höchstleistungen abgesprochen hatten, eines Besseren. Scott, der als Berater, Kommentator, Autor und Seminarveranstalter tätig ist, wird als intelligent, charismatisch und hoch respektiert beschrieben. Damit widerlegt er Vorurteile gegen Veganer, die gern als verschroben angesehen werden.

In den USA ist die in Honolulu lebende Dr. phil. Ruth Heidrich hoch angesehen. 1982 hatte sie sich im Alter von 47 Jahren einer Brustkrebs-Operation unterziehen müssen. Vordem hatte sie sich, wie sie meinte, „ausgewogen“ ernährt und Jahre zuvor dem „roten Fleisch“ abgeschworen. Nach der Diagnose stellte sie ihre Ernährung konsequent auf Frischkost um. Sie lief damals bereits Marathon und trainierte auf den Ironman; am Morgen der Operation lief sie, wie sie amüsant beschreibt („A Race for Life“), erst einmal einige Runden von zusammen 10 Kilometern um die Klinik, statt Beruhigungsmittel zu nehmen. Insgesamt hat Dr. Ruth Heidrich sechsmal am Ironman von Hawaii teilgenommen, in dem von Neuseeland und dem von Japan erkämpfte sie sich den ersten Platz. Sie lief bedeutende Marathons wie den strapaziösen über die Große Mauer in China, den Boston-Marathon, der eine Qualifikation erfordert, die Marathons in Moskau und New York. Sie gab auch nicht auf, als sie beim Radtraining von einem Lastwagen angefahren worden war. An der berühmten Cooper-Klinik (Kenneth Cooper hatte in den sechziger Jahren sein „Aerobics“-Programm aufgestellt) erzielte sie in der Altersgruppe 60 bis 64 Jahre den Fitness-Rekord. In Vorträgen, durch Veröffentlichungen und Videos sowie in Funktionen vegetarischer Gesellschaften wirbt sie für die Idee des Vegetarismus.

Veganer ist im Prinzip auch der Ultralangläufer Jurek Scott aus Seattle; er hat dreimal in Folge den 100 Meilen langen Western States gewonnen, einen sehr harten Landschaftslauf sowohl durch Schnee als auch bei Hitze in engen Canyons. Bei seinem dritten Sieg benötigte er für die über 160 Kilometer 16:38 Stunden. Er gewann den Miwok-100-km-Lauf in der San-Francisco-Bay-Region, wobei 3300 Höhenmeter zu überwinden sind, in 8:44:52 Stunden. Veganer ist er aus ethischen Gründen. Vor einem Wettkampf bevorzugt er Nahrung wie Quinoa, braunen Reis und Gemüse. Während des Rennens nimmt er einen aus Wurzeln gebrauten Saft zu sich, mit Bohnen (!) belegtes Vollkornbrot, Obst, Kartoffeln und Suppe. Mit den Worten, es sei auch eine logistische Herausforderung, umschreibt er das Versorgungsproblem. Ein anderer bekannter Veganer ist der australische Autorennfahrer Peter Brock.

Grundsätzlich: Um ausreichende Eiweißzufuhr braucht man sich in Industrienationen keine Gedanken zu machen – im Gegensatz zu afrikanischen Ländern, wo Kinder sterben, weil sie das Eiweiß-Minimum von 0,3 bis 0,5 Gramm je Kilogramm Körpergewicht nicht bekommen können. Die Amerikanerin Ellen Coleman kritisiert: „In Amerika – und auch anderswo – gelten Proteine geradezu als das A und O gesunder Ernährung. Zweifellos sind sie für einen guten Gesundheitszustand und die Aufrechterhaltung der Körperfunktion unerlässlich, und bei starker körperlicher Beanspruchung besteht auch ein erhöhter Eiweißbedarf. Dennoch sind Proteine nicht ‚lebenswichtiger' als andere Nährstoffe. Als Energiequelle sind sie nicht sehr ergiebig, und ein Zuviel kann sich als ebenso schädlich wie kostspielig erweisen. Durch ausgewogene Kost lässt sich der Energiebedarf eines jeden Sportlers mehr als ausreichend decken" („Richtige Ernährung für alle Ausdauersportler").

Sowohl Dr. M. O. Bruker als auch Prof. Claus Leitzmann haben die Vollwerternährung auch vor ökologischem und sozialem Hintergrund gesehen. In den USA werden 78 Prozent der Getreideernte an Tiere verfüttert, wobei 20 Millionen Tonnen der menschlichen Ernährung entzogen werden. Dem einzelnen Rind werden 20 kg Eiweiß zugeführt, damit man mit seinem Fleisch 1 kg Eiweiß zurückerhält (Ralph Bircher).

Krafttraining ja, aber keine Präparate-Muskeln

Meint immerhin noch die Mehrzahl der Läufer, sowohl der ambitionierten Wettkampfteilnehmer als auch der Jogger und Walker, ohne Nahrungsergänzung auszukommen, so ist bei den Bodybuildern das Verhältnis sicherlich umgekehrt. Bodybuilding, also die Manipulation des Körpers zu dem Zweck, bestimmten Vorstellungen muskulöser Struktur zu entsprechen, wird häufig als Sport bezeichnet. In Wahrheit hat allein das Krafttraining dabei sportlichen Charakter. Die Muskeldefinition, auf die es beim Bodybuilding ankommt, wird jedoch durch Diät und Zusätze bis hin zu Substanzen wie anabolen Steroiden erzielt. Erst wenn das Krafttraining mit reichlicher Proteinaufnahme kombiniert wird, kommt es in der trainierten Muskulatur zu einer Volumenzunahme (Neumann). Die Proteinaufnahme muss dabei allerdings auf das Drei- bis Fünffache der empfohlenen Menge gesteigert werden. Durch Einschränkung der Fettzufuhr soll erreicht werden, dass das Unterhautfettgewebe reduziert wird. Bei Frauen kommt es dann zu der unerwünschten Verkleinerung der Brüste. Von 28 Proteinkonzentrationen, die auf dem deutschen Markt erhältlich sind, erbrachten 18 Präparate einen nicht mehr tolerierbaren Gehalt an Lysinoalanin, einem toxischen Bestandteil (Deutsche Zeitschrift für Sportmedizin 3/1985). Damit sich die Konturen der Muskeln vor dem „Posing" im Wettbewerb stärker abzeichnen, wird die Flüssigkeitsaufnahme stark eingeschränkt.

Da Bodybuilder beim Krafttraining, das durchaus wünschenswert ist, nicht stehen bleiben, sondern gezielt über diätetische Tricks und Eiweißpräparate den Körper manipulieren, hat der Kult forcierten Muskelaufbaus mit Gesundheitssport nichts zu tun.

Der Missbrauch von Medikamenten im Bodybuilding hat, wie bekannt, zu Todesfällen geführt. Die Sportorganisationen haben dem Bodybuilding zu Recht keinen Raum unter ihrem Dach gewährt. Bodybuilding hat einen stark narzisstischen Charakter, es geht allein um das Körperbild nach eigenen Vorstellungen. Psychologisch wäre dagegen nichts einzuwenden, wenn Bodybuilding den Betreffenden vielleicht eine langwierige Therapie ersparen würde. Sollten manche Menschen monströse Körper beeindruckend finden, muss man ihnen das selbst überlassen. Es besteht allerdings die Gefahr, dass kritiklose Anhänger die abstrusen Schönheitsvorstellungen, mit denen Spezialmagazine gefüllt sind, übernehmen. Da Bodybuilder beim Krafttraining, das durchaus wünschenswert ist, nicht stehen bleiben, sondern gezielt über diätetische Tricks und Eiweißpräparate den Körper manipulieren, hat der Kult forcierten Muskelaufbaus mit Gesundheitssport nichts zu tun. Zwar hat sich innerhalb des Bodybuildings eine Richtung gebildet, die schädliche Substanzen ablehnt und sich Natural Bodybuilding nennt, aber auch hier müssen sich die Bodybuilder einer Mangelernährung samt punktgenauer Regulierung der Flüssigkeitszufuhr unterwerfen.

Ich hatte Gelegenheit, verschiedentlich mit einer Natural Bodybuilderin und deren Mann, der ihr Trainer war, die Mahlzeit einzunehmen. Der eheliche Trainer hütete sich sehr wohl, die strenge und einseitige Diät seiner Frau zu teilen. Das Prinzip „Von nichts kommt nichts“ ist auch beim Natural Bodybuilding zu vernehmen. Auf einer Internet-Seite ist zu lesen: „ECA (eine Kombination von Ephedrin, Coffein und Aspirin) ist eine sowohl bei Steroidbenutzern als auch bei Naturals sehr beliebte Kombination bei Körperfettreduktion und darüber hinaus die nach Clenbuterol zweitpopulärste hormonfreie Kombination im Bodybuilding.“ So weit also haben sich auch „Naturals“ von Natur entfernt.

Sporternährung für höchste Ansprüche.

Bodybuilding als Korrektur des körperlichen Erscheinungsbildes ist nicht von vornherein als verwerflich anzusehen, sehr wohl aber die Tatsache, dass dabei dem Körper durch eine einseitige Ernährung und Zusatzstoffe, insbesondere Proteinpräparate, Gewalt angetan und der Keim zu den entsprechenden Erkrankungen gelegt wird. Überschüssiges Eiweiß führt zu mehr Harnstoff; die erhöhte Harnstoffausscheidung belastet die Nieren und ruft möglicherweise Nierenschädigungen hervor. Der Verlust weiblicher Formen hat glücklicherweise viele Frauen veranlasst, sich von extremem, auf Muskelzuwachs zielenden Bodybuilding abzuwenden und Körperformung auf sanfte Weise im Bodystyling zu betreiben. Damit allerdings sieht man vielleicht besser aus, aber gewinnt keinen Preis bei der Körperdarstellung, dem Posing.

Der Rand der Bodybuilding-Szene ist unscharf. Ralf Reichenbach, „einer der prominentesten Lobbyisten der deutschen Anabolika-Schlucker“ („Der Spiegel“, 14/1998), war in den siebziger Jahren Kugelstoßer, also „Leichtathlet“ mit einem Körpergewicht von 140 Kilogramm. Reichenbach, der für die Legalisierung von Anabolika plädierte, starb im Alter von 47 Jahren an einem Herzinfarkt. Die Leistungsfähigkeit seines Herzens hatte zuletzt nur noch 26 Prozent der ursprünglichen Leistung betragen. Vor ihm war der ehemalige DDR-Hammerwerfer Detlef Gerstenberg Anfang 1993 im Alter von 35 Jahren, täglicher Konsument von Oral-Turinabol, mit zerstörter Leber und Bauchspeicheldrüse gestorben, ebenso der Hammerwerfer Uwe Beyer am Herzinfarkt. 1997 starben Andreas Münzer, ein Vorbild der Szene, sowie drei weitere Bodybuilder, alle zwischen 31 und 33 Jahre alt, an typischen Anabolika-Schäden. Doping ist längst nicht mehr nur ein Problem des Hochleistungssports. Doping droht über die Bodybuildingwelle breite Bevölkerungskreise zu erfassen („TW Sport + Medizin" 2/1990).

In zwei Studien sind in so genannter Nahrungsergänzung Doping-Substanzen gefunden worden. Für eine vom Internationalen Olympischen Comité (IOC) geförderte Studie wurden von Oktober 2000 bis November 2001 in 13 Ländern 634 Nahrungsergänzungsmittel von 215 verschiedenen Firmen gekauft. Das Institut für Biochemie bei der Deutschen Sporthochschule Köln, das vom IOC mit dieser Studie betraut worden war, fand in 94 Mitteln, das sind fast 15 Prozent, anabol-androgene Steroide (so genannte Prohormone), die sämtlich auf der Dopingliste stehen. In keinem Fall waren die Prohormone auf der Packung vermerkt. Im Verhältnis zu der Anzahl der gekauften Nahrungsergänzungsmittel stammen die meisten verbotenen Substanzen aus den Niederlanden (25,8 Prozent), es folgen Österreich (22,7 Prozent), Großbritannien (18,9 Prozent) und die USA (18,8 Prozent). In Deutschland waren es 11,6 Prozent, nämlich 15 Nahrungsergänzungsmittel. Die Schweiz, Schweden und Ungarn blieben „sauber".

Mit diesem Ergebnis korrespondiert das einer österreichischen Studie. Eine Untersuchung des Österreichischen Bundesministeriums für soziale Sicherheit und Generationen erbrachte in 12 von 54 Produkten (22 Prozent) anabol-androgene Steroide. Dabei handelt es sich meistens um Norandrostendion, Norandrostendiol und Androstadiendion. Das Ministerium hat auch die Namen der betroffenen Hersteller veröffentlicht: Ultimate Nutrion, Vitalife, Nutrisearch, Maximuscle, All Stars. Obwohl das Untersuchungsergebnis bereits im Oktober 2001 vorlag, waren die zu beanstandenden Produkte auch im Jahr 2002 noch im Handel. Zu den Steroidhormonen, von denen hier die Rede ist, zählt auch das Nandrolon, das in dem Doping-Skandal um den Weltklasseläufer Dieter Baumann – wie es heißt, Zahnpasta mit Nandrolon präpariert – eine Rolle gespielt hat. „Wegen des hinreichenden Verdachts eines Dopingverstoßes" wurde

1997 die damals 38-jährige 100-km-Läuferin Maria Bak auf zwei Jahre für alle Wettkämpfe gesperrt.

Was summarisch als Eiweiß oder Protein bezeichnet worden ist, sind im Grunde Zusammensetzungen von Aminosäuren, und zwar nur von 20, von denen beim Menschen acht essenziell sind, das heißt, dass der Körper sie nicht selbst bilden kann, sondern sie über die Nahrung zugeführt werden müssen. Und hier liegt der Knackpunkt: Welche Nahrung? „Daher ist es eigentlich nicht ganz richtig, wenn man von einem minimalen oder optimalen Eiweißbedarf spricht, da es nicht auf den Bedarf von Eiweiß, sondern auf den von essenziellen Aminosäuren ankommt. Der Bedarf an den einzelnen Aminosäuren ist je nach Lebensalter und körperlicher Belastung verschieden. Die Qualität der Nahrungseiweiße liegt darin, wie viel von den essenziellen Aminosäuren sie enthalten, die der Organismus benötigt“ (Peter Konopka: „Sporternährung“). Daraus folgert: Erst eine vollwertige Ernährung sorgt für eine optimale Eiweißversorgung. Eine Supplementierung ist auch beim Eiweiß nicht im Geringsten erforderlich.

Schon Prof. Dr. Werner Kollath hatte nach Qualität unterschieden; er definierte „natives“ und „denaturiertes“ Eiweiß. Dr. M. O. Bruker referierte 1986: „Er (Kollath) hat in biologischen Tierfütterungsversuchen festgestellt, dass ein grundsätzlicher Unterschied in der Entwicklung des Wachstums der Tiere besteht, ob sie mit Kasein gefüttert werden, das bei 73 Grad mit Alkohol extrahiert ist oder mit Äther bei 34 Grad ... Eiweiß ist der Träger des Lebens. Das Leben erlischt bei einer Erhitzung über 43 Grad. Dies beruht nicht etwa auf einer Zerstörung von Vitalstoffen, sondern auf dem ‚Sterben‘ des Eiweißes ... Die Denaturierung des Eiweißes durch Erhitzung hat nichts mit seinem chemischen Abbau bei der Verdauung zu tun, sondern mit den physikalischen Strukturveränderungen des Eiweißmoleküls. Es ist eine folgenschwere Verwechslung, wenn behauptet wird, bei dem Verdauungsvorgang von Eiweiß im Verdauungskanal handele es sich um eine Denaturierung des Eiweißmoleküls. Vielmehr geschieht bei der Verdauung etwas ganz anderes, nämlich eine Spaltung des Eiweißes in Peptone und Aminosäuren. Dieser Unterschied zwischen Verdauung und Denaturierung ist zentral wichtig. Der wissenschaftliche Beweis liegt in den Versuchen Kollaths, dass eben der entscheidende Unterschied darin besteht, ob die Tiere mit nativem oder denaturiertem Eiweiß gefüttert werden. Wenn Denaturierung (also Vernichtung des Lebendigen) und Verdauung (also Zerlegung in Aminosäuren) dasselbe wären, müsste es ja logischerweise gleichgültig sein, ob die Tiere mit nativem oder denaturiertem Eiweiß gefüttert werden. Die Ergebnisse sind aber grundlegend verschieden. Auf diesen epochemachenden Forschungsergebnissen beruht ja die neue Ernährungslehre nach Kollath. Die herkömmliche Ernährungsphysiologie arbeitet mit chemisch-analytischen Methoden. Bei dieser Arbeitsweise sind Unterschiede zwischen nativem und denaturiertem Eiweiß nicht feststellbar, da eben Leben physikalisch und chemisch nicht erfassbar ist. Die chemisch-analytische Methodik in der herkömmlichen Ernährungsphysiologie bedürfte daher dringend einer Erweiterung durch biologische Experimente. Dies ist der größte Fortschritt in der Ernährungsforschung durch Kollath. Vorgänge, die mit dem Lebendigen (natives Eiweiß) zu tun haben, können mit der Methodik des Messens und Wiegens nicht erfasst werden" („Der Gesundheitsberater" 2/1986).

Wer sich intensiv bewegt, nimmt mehr Nahrung zu sich und damit auch mehr Vitamine, Mineralien und Spurenelemente.

Aktuell resümiert Prof. Alois Berg: „Bezogen auf den erhöhten Energieumsatz durch Sport besteht ... auch kein überproportionaler Bedarf an einzelnen Nährstoffen. Ein physiologischer Mehrbedarf wird zudem durch die erhöhte Zufuhr von Energieträgern ... kompensiert." Mit anderen Worten: Wer sich intensiv bewegt, nimmt mehr Nahrung zu sich und damit auch mehr Vitamine, Mineralien und Spurenelemente. Voraussetzung ist jedoch immer eine vitalstoffreiche Ernährung. Genau dies war die Ausgangsbasis für die Folgerungen Dr. Brukers, nur eben schon vor Jahrzehnten. Da muss man die Volksweisheit abwandeln: Wer zu früh kommt, den bestraft das Leben.

Nach der Protein-Welle die Vitamin-Mode

Die medizinischen Moden wechseln. Auf die Betonung der Proteine folgte die Vitamin-Supplementierung. Angaben über einen exakten individuellen Bedarf an Vitaminen sind zwar nicht möglich (Neumann), aber es wird munter substituiert. Mit der Ausbreitung des Laufens im Sauerstoffgleichgewicht, dem Jogging (Dahintrotten, Zuckeln, in der deutschen Entsprechung: Traben), hat sich ein neuer, ausgedehnter Markt aufgetan, der inzwischen die wirtschaftlichen Möglichkeiten vieler anderer Freizeitaktivitäten in den Schatten stellt. Neue oder aktualisierte Begriffe und entsprechende Substrate wurden dem Markt präsentiert.

Für den Sport sind insbesondere die Vitamine B1, B2, B6, B12 und Niacin von Bedeutung, weil sie für den Kohlenhydrat-, den Fett- und den Eiweißstoffwechsel notwendig sind. Der Bedarf kann in der Regel auf natürliche Weise gedeckt werden. „Allerdings, bei entsprechender Ernährungsweise (Auszugsmehle, raffinierte Zuckerprodukte, wenig Frischobst und Frischgemüse) sind Defizite auf Dauer und in akuten Belastungssituationen zu erwarten, die sich durch Leistungsabfall, schnelle Ermüdbarkeit und erhöhte Verletzungsanfälligkeit zu erkennen geben könnten“ (Jung).

Bei Leistungssportlern ist ein Mangel an Vitamin B1 (Thiamin) festgestellt worden (Rokitzki et al.), zum Teil blieben sie sogar unter dem Wert für Untrainierte. Der Befund ist typisch für die Zivilisationskost. Im Sport kommt hinzu, dass dieses Vitamin mit dem Schweiß oder dem Urin ausgeschieden wird. Vitamin B1 ist für die „Verwertung von Kohlenhydraten von entscheidender Bedeutung“ (Donath/Schüler). Doch das Thiamin fragt nicht, um welche Kohlenhydrate es sich handelt. Es dient also auch der Verwertung der leeren Kohlenhydrate des Fabrikzuckers und seiner Produkte, ohne dass diese ihrerseits irgendeine positive Wirkung auf den Organismus hätten. „Wer viel Zucker und zuckerhaltige Produkte verzehrt, führt dem Körper somit erhebliche Kalorienmengen zu, ohne dass er mit wichtigen Nährstoffen versorgt wird“ (Worm).

Die seinerzeitige Pressemitteilung der Gesellschaft Gesundheit und Ernährung e. V. (Vorsitzender: Prof. Dr. Dr. Wilfried Diebschlag) über die amerikanische FDA-Studie von 1987, wonach unter anderem Vitamine, Mineralstoffe und Spurenelemente „in ihrer Funktion durch Zucker nicht eingeschränkt“ werden, kann man nur als Demagogie bezeichnen. Von ähnlicher Qualität ist die Meldung einer Marketing-Agentur, ebenfalls aus dem Jahr 1987, zur Leichtathletik-Weltmeisterschaft in Rom. Daraus, dass Prof. Joseph Keul, Leiter der Abteilung Sport- und Leistungsmedizin an der Freiburger Universität, geäußert hatte, für die Sportler seien die Kohlenhydrate die wichtigsten Energieträger, verschiedene Organe könnten jedoch nicht alle Kohlenhydrate verwerten, sondern lediglich Zucker (Keul

Die Vitamine erhielten ihre Bezeichnung 1912 von Casimir Funk (1884–1967). Professor für Biochemie. „Vita“ bedeutet Leben (lat.) und „amin“ Eiweiß. Zunächst bezog sich der Name auf das als „lebensnotwendiges Amin“ erkannte Thiamin (Vitamin B1). Später wurden alle Verbindungen ähnlicher Bedeutung so benannt, obwohl sie in den meisten Fällen keine Amine und chemisch sehr uneinheitlich sind. Heute werden Vitamine als organische Substanzen definiert, die zur Erhaltung der Gesundheit unentbehrlich sind und mit der Nahrung zugeführt werden müssen. Es genügen wenige Milligramm täglich für die Verwertung der Grundnährstoffe (Eiweiß, Fett, Kohlenhydrate), aber auch für alle anderen Stoffwechselabläufe. Jedes einzelne Vitamin erfüllt eine ganz spezifische Aufgabe, die nicht von einem anderen Vitamin übernommen werden kann. Vitamine werden fast ausschließlich von Pflanzen gebildet. (aus: Ilse Gutjahr, Das große Dr. M. O. Bruker Ernährungsbuch)

Der Speiseplan der Leichtathleten besteht daher überwiegend aus zuckerhaltigen Getränken und Speisen.

sprach nicht von isoliertem Zucker), konstruierte die Marketing-Agentur: „Der Speiseplan der Leichtathleten besteht daher überwiegend aus zuckerhaltigen Getränken und Speisen. Dazu gehören Fruchtsäfte, gezuckerter Tee, Schoko- oder Müsliriegel, Joghurt oder Pudding." Wenn dem so gewesen sein sollte, müsste man sich über die Krise der deutschen Leichtathletik nicht wundern. Vitamin B1 kommt vor allem im Keim von Getreidekörnern und in der Hefe vor, ebenso in Nüssen und Hülsenfrüchten. Vollwertige Ernährung mit dem täglichen Frischkorngericht gewährleistet damit die Deckung des durch den erhöhten Energieumsatz vermehrten B1-Bedarfs.

Zwar ist der Vitamin-Bedarf insgesamt bei Leistungssportlern um das Drei- oder Vierfache des Bedarfs von Untrainierten erhöht; aber bis auf den durch die Mesotrophie verursachten Engpass der Vitamin-B1-Versorgung gewährleistet selbst die übliche Zivilisationskost die ausreichende Deckung. Weder für die Abwehr von Freien Radikalen, die nach sportlichen Hochleistungen das Immunsystem beeinträchtigen, noch für die prophylaktische Immun-Abwehr ist die Supplementierung etwa mit dem Vitamin C erforderlich. Alle Ergebnisse, die sportliche Leistung durch hohe Vitamingaben zu steigern, halten einer strengen Überprüfung gewöhnlich nicht stand (Donath/Schüler). Da die Teilnahme an Wettkämpfen immer auch mehr oder weniger starken Stress bedeutet und damit zu schädlichen Oxydantien führt, hebt Prof. Berg zum Beispiel hervor: „Eine ausgewogene, vollwertige Ernährung gewährleistet auch eine tägliche Aufnahme von antioxydativ wirksamen Vitaminen ..., die zu einer Optimierung des Plasmaspiegels bei gesunden Erwachsenen ohne spezielle Stressexposition ausreicht." Breiten- wie Leistungssportler sollten „zu einer Verbesserung der Ernährungsgewohnheiten mit der Erhöhung der Zufuhr von Nahrungsmitteln reich an AOV (Antioxydativen Vitaminen) angehalten werden". Was hiermit durch die Empfehlung vollwertiger Ernährung nach den Erkenntnissen von Pionieren wie Bircher-Benner, Kollath und Bruker geschieht.

Die Behauptung, Vitamin B12 komme nur in tierischen Nahrungsmitteln vor, hat Dr. M. O. Bruker mit Hinweis auf wissenschaftliche Fakten widerlegt („Biologischer Ratgeber für Mutter und Kind"). Vitamin B12 sei schon vom Ursprung her durchaus keine Gabe des Tierreiches, sondern werde ausschließlich von Bakterien und anderen pflanzlichen Mikroorganismen gebildet.

In einem Interview äußerte der Ernährungswissenschaftler und Vitaminspezialist Dr. Helmut Heseker, Gießen: „Abwechslungsreiche Kost enthält alle Vitamine, die der Körper braucht. Nur bestimmte Risikogruppen benötigen künstliche Vitaminzugaben: Schwangere, Raucher, Alkoholiker, Diätpatienten." Auf den Einwand des Interviewers „Aber Ausdauersportler schwören auf Multivitamin" erwiderte Heseker: „Das ist eine typische Placebowirkung: Spitzensportler sind sensible Leute. Die tun viel Unerklärliches für eine optimale Leistung. Früher haben sie ein Vaterunser gebetet, heute nehmen sie eine Multivitamintablette. Das hat mehr autosuggestive Wirkung." Brauche denn der Körper für einen erhöhten Stoffwechsel nicht mehr Vitamine? „Sicher wird mehr verbraucht, aber den Verlust gleicht der Körper wieder aus. Hier baut die Werbung doch auf etwas ganz anderes. Wir sind eine sportive Gesellschaft, also brauchen wir sportive Lebensmittel. Multivitamine oder nicht, das ist eine Frage des Geldbeutels, nicht der Gesundheit."

Spitzensportler sind sensible Leute. Die tun viel Unerklärliches für eine optimale Leistung. Früher haben sie ein Vaterunser gebetet, heute nehmen sie eine Multivitamintablette.

Das Zauberwort der Läufer: Elektrolyte

Insbesondere im Ausdauersport stößt man auf den Begriff der Elektrolyte (Verbindungen von Säuren, Basen und Salzen, die in wässriger Lösung in Ionen zerfallen). Zum Ersatz des Verlustes, der durch Schwitzen entsteht, werden auf Laufveranstaltungen Elektrolytgetränke angeboten. Ihre Zusammensetzung ist je nach Marke unterschiedlich. Beabsichtigt sind außer der Hydrierung eine Kohlenhydratzufuhr und der Ersatz ausgeschwitzter Mineralstoffe.

Unter den Mineralstoffen fällt dem Magnesium eine Schlüsselrolle zu, weil es ein so genannter Co-Faktor von über 300 Enzymen ist. Es dient als Aktivator aller Reaktionen, an denen ATP beteiligt ist, und ist damit wichtig für den Stoffwechselprozess. Magnesium ist Calcium-Antagonist, reguliert damit die Calcium-Verwertung und ist wichtig für den Knochenaufbau und das Knochenwachstum. Viele Ausdauersportler meinen, Magnesium substituieren zu müssen. Ein Hersteller von Nahrungsergänzungsmitteln begründet die Notwendigkeit so: „In Sportarten, in denen die Athleten auf eine hohe Energiezufuhr angewiesen sind, überwiegt eine Ernährung mit hochraffinierten bzw. konzentrierten Lebensmitteln, die einen sehr geringen Magnesium-Anteil aufweisen. Solche ballaststoffarmen Lebensmittel werden aufgrund ihres geringen Volumens und ihres hohen Energiegehalts auch zur Deckung eines energetischen Defizits während oder nach einer sportlichen Leistung bevorzugt. Ein chronischer Magnesium-Mangel ist in solchen Fällen zwangsläufig, wenn keine Substitution stattfindet."

Eine Wettkampfernährung mit hohem Volumen ist in den seltensten Fällen erforderlich, nicht einmal bei einem 24-Stunden-Lauf.

Was läge also näher, als wieder zu einer vollwertigen Ernährung zu finden? Einen hohen Gehalt an Magnesium haben vor allem Vollkornbrot (150 mg/100 g), keimfähiges Getreide und Nüsse. Eine Wettkampfernährung mit hohem Volumen ist in den seltensten Fällen erforderlich, nicht einmal bei einem 24-Stunden-Lauf; daher besteht auch keine Notwendigkeit, hochraffinierte und konzentrierte Nahrungsmittel zu sich zu nehmen. Trainierte haben zudem einen geringeren Mineralstoffverlust als Untrainierte; es ist, als ob der Körper im Training gelernt hätte, bei hoher Beanspruchung Mineralstoffe zu rationieren und weniger über Schweiß und Urin auszuscheiden. Der Gipfel der Unlogik ist es, beim Wettkampffrühstück, wie fast immer empfohlen, auf Vollkornbrot zu verzichten und dafür während des Wettkampfes Magnesium zu substituieren, damit Muskelkrämpfe vermieden werden. Magnesium-Substitution während eines Langstreckenlaufes kann zu Durchfall führen. Im anspruchsvollen Leistungssport kann man durch die Wahl eines magnesiumreichen Mineralwassers Magnesiumverluste ausgleichen (eine Tabelle mit dem Mineralstoffgehalt von Mineralwässern findet sich in „Trink dich fit").

Calcium ist für die Muskelkontraktion – damit also auch im Sport –, für die Blutgerinnung und die Bildung von Knochen- und Zahnsubstanz von Bedeutung. Calciummangel wird für die verbreitete Osteoporose verantwortlich gemacht. Daher verschreiben Ärzte bei Osteoporose Calcium-Präparate und empfehlen den reichlichen Verzehr von Milch. Dr. Bruker ist auch dabei zu den Wurzeln gegangen: „Man versucht hier, ähnlich wie bei der überholten alten Kalorienlehre, eine Stoffwechselstörung, wie sie der Osteoporose nun einmal eindeutig zugrunde liegt, zu einem quantitativen Problem zu machen. Nicht die Mengenzufuhr – in diesem Fall ist wohl wieder einmal isoliert das Calcium gemeint – ist entscheidend, sondern die Qualität der Nahrung, also das Vorhandensein biologischer Wirkstoffe zur Steuerung des Calcium-Stoffwechsels. Das ist der entscheidende Punkt"

(„Osteoporose. Dichtung und Wahrheit"). Die Calcium-Einlagerung in den Knochen wird durch Vitamin D gefördert und dieses wiederum durch ultraviolette Bestrahlung erzeugt. Wer sich viel im Freien bewegt, unterstützt die Produktion von Vitamin D („Fit für den Sport"). Voraussetzung ist jedoch eine vitalstoffreiche Vollwerternährung. Eine Substitution ist völlig überflüssig.

Das lebenswichtige Mineral Kalium wirkt aktivierend auf Enzymsysteme der Atmungskette und der Glycolyse, nämlich der Verwertung der Glukose. Untersuchungen haben ergeben, dass Trainierte einen hochsignifikant höheren Gesamtkörper-Kaliumgehalt haben als Untrainierte. Auch hier ist die Versorgung gesichert.

Auf natürliche Weise lassen sich Calcium, Kalium und Natrium über Mineralwasser zuführen. „Für Sportler empfehlenswerte Mineralwässer zum schnellstmöglichen Flüssigkeitsersatz sollten mindestens 50–100 mg Natrium pro Liter enthalten. Ein ausreichend hoher Natrium-Gehalt ist für die Aufrechterhaltung der Fließeigenschaften des Blutes während des Sportes unbedingt erforderlich. Auch die Kohlenhydrataufnahme erfolgt nur bei gleichzeitiger Natriumzufuhr. Eine Natriumzufuhr mit den Speisen vor oder nach dem Sport reicht hierfür nicht aus" (Wagner/Schröder: „Essen, Trinken, Gewinnen"). Betont sei, dass solche Hinweise allein für den Leistungs- und Hochleistungssport gelten. Obwohl der Marathon bereits zum Leistungssport gezählt wird, gerät auch ein altersgemäß durchschnittlicher Marathonläufer im Wettkampf nicht in Bereiche, für die er sich Gedanken über die Mineralstoffversorgung machen müsste.

Auf die Verwertbarkeit des Eisens kommt es an

In der Versorgung mit Mineralstoffen gilt die mit Eisen als problematisch. Dr. Bruker hat sich dazu wie folgt geäußert (persönliche Korrespondenz, 1989): „In der Medizin hat sich in letzter Zeit die Sitte herausgebildet, zahllosen Menschen einen Eisenmangel anzuhängen. Und dies hat folgende Hintergründe. Der Eisengehalt im Blut ist ja außerordentlich gering. Er wird in Gamma gemessen. In den letzten Jahrzehnten war diese Bestimmung im Labor nicht möglich, da solche geringen Mengen nicht fassbar waren. Heute ist dies möglich. Dabei wird nun der Eisengehalt im strömenden Blut bestimmt, der natürlich ständigen Schwankungen unterworfen ist. Es besteht aber keinerlei Parallele zwischen dem Eisengehalt im strömenden Blut und den Blutwerten, also dem Blutfarbstoff und der Zahl der roten Blutkörperchen. Praktisch bedeutet dies, dass es Menschen gibt mit Anämie, die aber einen normalen oder sogar erhöhten Eisengehalt im Blut haben, und umgekehrt, dass es normale Hämoglobin- und Erythrozytenwerte gibt bei außerordentlich niedrigen Eisenwerten im Blut. Es kommt also nicht auf die absolute Höhe des Eisengehalts an, sondern auf die Verwertbarkeit. Und diese Verwertbarkeit ist nur feststellbar, wenn man die Werte des roten Blutbildes bestimmt. Praktisch bedeutet dies, dass der Eisengehalt im Blut ständig zu Missdeutungen führt. Ich erlebte dies laufend in der ärztlichen Praxis. Diese unglückliche Diagnose des Eisenmangels gibt es ja erst, seitdem das Eisen im strömenden Blut bestimmt wird. Viele Frauen, die gesund sind und sich hervorragend fühlen, leiden unter der ständigen Diagnose, dass sie unter Eisenmangel litten. Es bedeutet für sie eine psychologische Wohltat, wenn man sie von diesem falschen Druck befreit. Ich rate diesen Patienten, sich auf keinen Fall mehr den Eisengehalt im Blut bestimmen zu lassen, sondern ein rotes Blutbild anfertigen zu lassen. Wenn genügend Hämoglobin und normale Zahl der roten Blutkörperchen vorhanden ist, was nützt da das Wissen um den Eisengehalt im strömenden Blut? Unabhängig von dieser Problematik muss man wissen, dass der Gehalt bestimmter Parameter im Blut nichts aussagt über das Vorhandensein eines Stoffes, z. B. von Eisen, in den einzelnen Körperzellen und in den Organen. Man kann auch nicht daraus, wie viel die Eisenbahn Kohle transportiert, Rückschlüsse ziehen auf den Kohlevorrat in der Bundesrepublik."

Es kommt also nicht auf die absolute Höhe des Eisengehalts an, sondern auf die Verwertbarkeit.

Zwar wird bei jeder Gelegenheit, auch in Sporternährungsratgebern, auf die Gefahr eines Eisenmangels hingewiesen, insbesondere bei Läuferinnen, und da wiederum bei sich vegetarisch ernährenden; aber „ein wirklich relevanter Eisenmangel scheint bei Sportlern, legt man strenge, korrekte diagnostische Kriterien an, seltener zu sein als häufig angenommen" (Ernst Jakob, Freiburg, in „Arzt und Sport", Special 1992). Als Symptome eines echten Eisenmangels, der sich über Jahre aufbaut, werden beschrieben (W. Feil in „Laufzeit" 9/1999): Einrisse an den Mundwinkeln, Störungen von Haar- und Nagelwachstum, allgemeine Müdigkeit, verminderte Leistungsfähigkeit und Leistungsbereitschaft, Blutarmut (Anämie). In diesem Fall ist eine medikamentöse Therapie erforderlich. Wer meint, Eisen vorsorglich substituieren zu sollen, wird durch eine finnische Langzeitstudie eines anderen belehrt: Ein Eisenüberschuss steigert danach das Risiko eines Herzinfarktes.

Die Zusammenfassung hat Dr. M. O. Bruker gegeben: „Bei einer vitalstoffreichen Vollwertkost, die alle notwendigen Vitalstoffe enthält, braucht man sich um Details wie genügend Eiweiß, Eisen, Calcium, Magnesium, Kalium usw. nicht zu kümmern“ („Biologischer Ratgeber für Mutter und Kind“). Die ehemalige Leistungssportlerin Christine Ederer fasst in ihrer Examensarbeit „Vollwerternährung im Sport“ zusammen: „Vollgetreide ist eine wichtige Quelle für Mineralstoffe, vor allem Kalium, Calcium, Phosphor, Eisen, Magnesium, Kupfer, Mangan, Chrom und Fluor. Ernährungsphysiologisch bedenklich ist besonders eine Unterversorgung bei Calcium und Eisen. Wenn die Nahrung hauptsächlich aus pflanzlichen Produkten besteht, ist es besonders wichtig, dass diese einen möglichst hohen Eisengehalt aufweisen (z.B. Vollkornprodukte). Die Eisenresorption wird durch den hohen Vitamin-C-Gehalt pflanzlicher Nahrung günstig beeinflusst. Vorteilhaft ist es daher, dem morgendlichen Frischkornbrei einige Spritzer frisch gepressten Zitronensaftes beizumengen.“

Seit es sportliche Wettbewerbe gibt, also auch schon in der griechischen Antike, haben die Athleten danach gesucht, ob sie ihre Leistungen durch bestimmte Nahrungsmittel steigern könnten. Vor über 2000 Jahren war es das Fleisch bestimmter Tiere, im 19. Jahrhundert und noch im 20. Jahrhundert das Steak zur Eiweißmast, es folgten Vitamine und Mineralstoffe, dargeboten in der Form von Nahrungsergänzungsmitteln. Die Hormon-Substitution hat sich schon wegen der Anti-Doping-Bestimmungen im Sport nicht durchsetzen können; sie spielt beim „Anti-Aging“ eine Rolle. Auf der Suche nach „ergogenen Wirkstoffen“ kam man seit etwa den achtziger Jahren auf Substanzen, die an den biochemischen Vorgängen der Energiebereitstellung beteiligt sind, und isolierte sie in Präparaten. Sportmediziner sorgten für die medizinische Unterfütterung kommerzieller Angebote.

„Bei einer vitalstoffreichen Vollwertkost, die alle notwendigen Vitalstoffe enthält, braucht man sich um Details wie genügend Eiweiß, Eisen, Calcium, Magnesium, Kalium usw. nicht zu kümmern.“

Der Glaube an „ergogene Wirkstoffe“

Seit Ende der achtziger Jahre ist das Kreatin in vieler Munde. Justus von Liebig hatte bereits 1847 eine Verbindung verschiedener Aminosäuren im Fleisch nachgewiesen, das Kreatin. Es ist in der Form von Kreatin-Phosphat an der Muskelkontraktion beteiligt. Studien aus den sechziger Jahren befassten sich mit der Verwendung von Kreatin im Bereich der Kardiologie. Im Sport führt es, wie sich später herausstellte, zu einer Gewichtszunahme und der Zunahme der Muskelmasse. Jegliche Zufuhr von Kreatin bewirkt, wie das häufig bei Supplementierungen ist, eine Verminderung der Eigenproduktion. Das Ergebnis medizinischer Untersuchungen hat sich unter anderem in dem Ratgeber der Verbraucherzentrale „Fit für den Sport“ niedergeschlagen. Danach soll sich durch Einnahme von Kreatin nur bei wiederholten hoch intensiven Leistungen die Leistungsfähigkeit erhöhen, nicht im Geringsten jedoch in den Ausdauersportarten. Obwohl Kreatin vorwiegend in Fleisch und Fisch vorkommt, hat eine Studie unter der Bedingung eines Doppelblindversuchs ergeben, dass sich die Kraftleistungen von Vegetariern und Fleischessern, die 20 g Kreatin supplementiert bekamen, nicht unterscheiden. Eine laktovegetarische Ernährung erfordert, wie mehrere Untersuchungen ergeben haben, keine Kreatin-Zufuhr (über Veganer liegt keine Studie vor).

Die Verbraucherzentrale urteilt: „Kreatin ist der zur Zeit wohl populärste Wirkstoff, der leistungsfördernd wirken soll. Da wissenschaftliche Studien zeigen, dass lediglich bei 50 Prozent der Versuchspersonen nach Kreatingaben die Konzentrationen in den Muskeln stiegen, sich gleichzeitig das Verletzungsrisiko erhöht und andere Nebenwirkungen auftreten können, ist von Kreatin-Präparaten abzuraten.“ Der Arbeitskreis Sport und Ernährung der Deutschen Gesellschaft für Ernährung präzisiert: „Obwohl die von den Herstellern empfohlenen Dosierungen nicht toxisch sind, sollte die Einnahme nicht verharmlost werden. Kurzfristig können Nebenwirkungen wie Durchfall oder Erbrechen auftreten. Häufig wird über eine Erhöhung des Körpergewichts berichtet. Über mögliche unerwünschte Effekte bei langandauernder Anwendung ist bisher nichts bekannt.“

Eine Zeitlang, von 1983 an, galt die Substitution von L-Carnitin

(L= linksdrehend), einem vitaminähnlichen Wirkstoff, der aus den Aminosäuren Methionin und Lysin gebildet wird, als ein Schlüssel zum Erfolg im Langstreckenlauf, steigere das entsprechende Präparat (20 Ampullen für knapp 40 Euro) doch durch raschere Verbrennung der Fettsäuren die sportliche Leistung. Carnitin wird im Körper selbst gebildet und ist als Bio-Carrier für den Energiestoffwechsel notwendig. Doch dabei verbraucht es sich kaum. Die L-Carnitin-Reserve kann außer mit Fleisch (daher der Name) unter anderem durch Getreideprodukte ergänzt werden. Ein Mangel an L-Carnitin wird als extrem unwahrscheinlich bezeichnet; allenfalls könnten Veganer bei einseitiger Nahrungszusammenstellung in die Gefahr geraten, zu wenig L-Carnitin aufzunehmen. In keiner einzigen fundierten Untersuchung konnte die Wirksamkeit der Einnahme von L-Carnitin nachgewiesen werden („Bild der Wissenschaft“ 10/2002).

Bis Anfang der neunziger Jahre haben selbst Mediziner, die infolge mangelnder Lang- und Ultralangstreckenerfahrung nicht einmal über so viel Empirie wie ihre Klientel verfügen, den Mythos L-Carnitin genährt (in einer wissenschaftlichen Veröffentlichung heißt es: „Wir danken der… und der Firma … für die freundliche Unterstützung unserer Arbeit“). Die Verbraucherzentrale („Fit für den Sport“) hält fest: „Ein sportbedingter Mangel an L-Carnitin konnte nicht festgestellt werden. Allerdings führt die längerfristige, regelmäßige Einnahme von L-Carnitin-Produkten zu einer Abnahme der körpereigenen L-Carnitin-Produktion. Nicht belegen ließ sich die vielfach postulierte Behauptung, L-Carnitin sei ein ‚fat burner‘ (Fettverbrenner).“ Durch eine Zufuhr von L-Carnitin könne nach jetzigem Kenntnisstand weder die Ausdauerleistung noch die Fettverbrennung verbessert werden.

Nicht selten meinen Sportler, wenn sie sich zu einer Umstellung ihrer Ernährung entschlossen haben, nun zu „biologischen“ Nahrungsergänzungsmitteln greifen zu müssen, insbesondere Blütenpollen, Gelee Royale, Ginseng, auch Kombucha und Johanniskraut. Zwar schaden sie nicht, aber sie haben auch keine leistungssteigernde Wirkung. Eine vollwertige Ernährung macht auch diese nicht billigen biologischen Spezialitäten überflüssig.

Muss es die Pasta vor dem Wettkampf sein?

Wenn die Basisernährung vollwertig ist, muss man sich über die Vor-Wettkampf- und die Wettkampf-Ernährung gar nicht so viele Gedanken machen. Ein Ausdauersportler, der sich vollwertig ernährt hat, wird dies wahrscheinlich auch am Tage vor dem Wettkampf tun. Er wird, schon durch den Frischkornbrei, genügend Kohlenhydrate zugeführt haben, damit er mit vollen Glykogenspeichern zum Marathon oder mehr starten kann. Auf eine spezielle Vorbereitung wie die Überkompensation durch die Saltin-Diät, die selbst unter Leistungssportlern umstritten ist, soll hier nicht eingegangen werden, zumal da sie mit dem Konzept der Vollwerternährung nicht in Einklang zu bringen ist. Die Ernährung, auch die vollwertige, kann Training nicht ersetzen; erst durch Ausdauertraining lässt sich die Kapazität der Glykogenspeicher in der Muskulatur – im Gegensatz zur Speicherung in der Leber – fast verdoppeln (von etwa 350 Gramm bei Untrainierten auf 600 Gramm und darüber), vorausgesetzt dass genügend Kohlenhydrate zur Verfügung stehen. Eine eindrucksvolle Bestätigung dafür, wie eng verzahnt Sport und Ernährung sind.

Die Pasta-Party in der herkömmlichen Form hat einen wirtschaftlichen Hintergrund. Teigwarenfabrikanten sind geneigt, ihre Ware den Marathonveranstaltern kostenlos zur Verfügung zu stellen, um auf diese Weise Werbung treiben zu können.

Bestandteil einer Marathon-Veranstaltung ist meistens die „Pasta-Party“ am Tag zuvor. Seit es den Marathonlauf gibt, hat etwa 80 Jahre lang kein Mensch daran gedacht, Tags zuvor nun partout Spaghetti zu essen, von Italienern vielleicht abgesehen. Dieser Ritus eines gemeinsamen Spaghetti-Essens ist gleich 1981 mit dem City-Marathon aus den USA in die Bundesrepublik importiert worden. Die reichlich naive Vorstellung ist, dass auf diese Weise die Glykogendepots gefüllt werden. Naiv deshalb, weil man am Tag zuvor Ernährungsfehler nicht mehr beseitigen kann, und naiv auch deshalb, weil die effiziente Kohlenhydratzufuhr Teigwaren zugeschrieben wird. Was man am Tag vor dem Marathon isst, ist völlig gleichgültig, stark blähende Gerichte ausgenommen. Ein Irrtum ist, dass sich besonders Spaghetti zur Kohlenhydratmast eigneten. Zwar ist der Kohlenhydratanteil von Teigwaren relativ hoch; aber der von Naturreis, unpoliertem Reis, ist noch höher. Warum bekommen wir dann keinen Naturreis am Vorabend eines Marathons? Wahrscheinlich zu teuer … (Wilder Reis gar steht auf der

Karte von Gourmet-Restaurants). Eine weitere Simplifikation: Der Kohlenhydratanteil, bei Teigwaren von 72 Gramm, bei unpoliertem Reis von 75 Gramm, bezieht sich auf jeweils 100 Gramm des essbaren ungekochten Anteils. Reis und Nudeln nehmen jedoch beim Garen sehr viel Wasser auf; in verzehrsfertigem Zustand entsprechen sie nur annähernd dem Kohlenhydratanteil von Kartoffeln (K. R. Geiss/M. Hamm: „Handbuch Sportler-Ernährung").

Nebenbei, allzu häufig ist die als geselliger Ritus angelegte Speisung eine Angelegenheit, der die Volksküche der Notzeit in den zwanziger Jahren Pate gestanden zu sein scheint. Statt des Blechnapfes von damals ein Kunststoffteller mit ebensolchem Besteck. Erfreuliche Ausnahmen fangen schon damit an, dass eben nicht immer nach dem Carboloading-Aberglauben Spaghetti aufgetischt werden. Beim Hanse-Marathon in Hamburg gab's einmal eine Kartoffel – köstlich, aber lang ist's her. Im Jahr 2003 ist dagegen erstmals beim Münchner Medienmarathon ein Gemüseeintopf zum „Carboloading" geboten worden. Dies hatte den Hintergrund, dass der Biologe Herbert Steffny und der Küchenmeister Charly Doll eingebunden waren, beide sind Autoren eines Ernährungsratgebers für Ausdauersportler („Perfektes Lauftraining – das Ernährungsprogramm") und ehemalige Hochleistungssportler. Herbert Steffny war Europameisterschafts-Dritter 1986 im Marathon und hat unter anderem in der Masterclass (Läufer über 40 Jahre) den New-York-Marathon gewonnen, Charly Doll unter anderem den südafrikanischen Comrades-Ultramarathon und den Swiss Alpine Marathon. Doll, aus der Schule von Paul Bocuse, hatte eine Karriere als Sternekoch aufgegeben, um bei geregelter Arbeitszeit seine Trainingspläne realisieren zu können. Er ist nicht der einzige hoch qualifizierte Koch, der im Ausdauersport zu Hause ist. Es zeigt sich auch in der Praxis, dass die Gourmetküche und die Vollwertküche einiges gemeinsam haben: hochwertige Lebensmittel tunlichst frisch und nach der Jahreszeit aus der Region, bevorzugt aus biologischem Anbau, Erhaltung des Eigengeschmacks durch schonende Verarbeitung, völliger Verzicht auf Konserven und „Convenience"-Produkte.

Es zeigt sich auch in der Praxis, dass die Gourmetküche und die Vollwertküche einiges gemeinsam haben: hochwertige Lebensmittel tunlichst frisch und nach der Jahreszeit aus der Region, bevorzugt aus biologischem Anbau.

Sowohl Steffny als auch Doll versicherten, dass sie höchst selten vor ihren Läufen Nudeln oder Spaghetti gegessen hätten. Herbert Steffny äußerte: „Eigentlich ist die Nudel selbst schon ein aufbereitetes Lebensmittel, das wieder aufgekocht wird. Der Kohlenhydrat-

und auch der Vitamin- und Mineralstoffgehalt ist eigentlich gar nicht so hoch wie bei den Zutaten unseres Power-Carboloading Rezepts (Anm.: Gemeint ist der Gemüseeintopf des Münchner Medien-Marathons). Im Kochwasser werden die verbliebenen Vitamine und Mineralien auch noch weggekippt. Unser Rezept hat nicht nur prozentual mehr Kohlenhydrate als Nudeln mit Tomatensauce, sondern auch mehr Kalium und Chrom, die ebenfalls zum Glykogenaufbau benötigt werden. Zudem ist der Vitamin-B- und -C-Gehalt ebenfalls deutlich höher!" Bei Drucklegung war jedoch das „Power-Carboloading" durch Gemüse schon wieder in Frage gestellt; die Kosten scheinen dem Veranstalter zu hoch.

„Carboloading" beim München-Marathon 2003 – mit Gemüse statt Nudeln.

Die Pasta-Party in der herkömmlichen Form hat einen wirtschaftlichen Hintergrund. Teigwarenfabrikanten sind geneigt, ihre Ware den Marathonveranstaltern kostenlos zur Verfügung zu stellen, um auf diese Weise Werbung treiben zu können. Zuweilen findet sich auch im Läuferbeutel eine Portion Makkaroni oder Spaghetti für zu Hause. Der Marathonveranstalter kann also eine Leistung anbieten, für die er häufig nicht viel aufwenden muss. Welcher Bauer aber könnte sich leisten, auf diese Weise Reklame für seine Kartoffeln oder sein Gemüse zu machen? Damit bestätigt sich wieder einmal Dr. M. O. Brukers Rat: „Essen und trinken Sie nichts, wofür Werbung gemacht wird!" Es zeichnet sich jedoch ein neuer Trend ab, nämlich dergestalt, dass für die Teilnahme an der Pasta-Party ein Obolus verlangt wird. Das wird zumindest diejenigen abhalten, die bisher nur deshalb hingegangen sind, weil es hier etwas umsonst gab.

Wichtiger als die Pasta-Party vorher, die ernährungsphysiologisch Nonsens ist, wäre die Auffüllung der Glykogenspeicher bald nach dem Lauf; da brächte die Kohlenhydratzufuhr tatsächlich etwas. Merkwürdigerweise gibt es da keine Spaghetti mehr. Dank der Kohlenhydrataufnahme bald nach dem Lauf und damit rasch wieder zur Verfügung stehender Glykogenvorräte würde sich die Regenerationszeit verkürzen. In München hatte man die Wahl, den Gutschein für den Gemüseeintopf entweder am Tag vor dem Lauf oder alsbald nach dem Lauf einzulösen. In Bad Arolsen bietet eine Hotelküche nach dem Marathon während der Siegerehrung eine Kartoffelsuppe an; sie ist dermaßen gefragt, dass für die Letzten nichts mehr übrig bleibt. Um Stände, von denen Rauch aufsteigt, die Wurstbratereien, macht man tunlichst einen Bogen.

Mit Weißmehl an den Start?

Genau die falsche Wettkampf-anleitung: „Bereiten Sie Ihr gewohntes Frühstücksgetränk (Kaffee oder Tee) zu. Süßen Sie das Getränk mit Honig oder Zucker."

In nahezu jeder Anleitung zu einer Wettkampfteilnahme, insbesondere am Marathon, ist zu lesen, man möge beim Frühstück auf das „Müsli" und auf Vollkornbrot verzichten. Zum Beispiel: „Trinken Sie als Erstes ein Glas süßen Saft. Bereiten Sie Ihr gewohntes Frühstücksgetränk (Kaffee oder Tee) zu. Süßen Sie das Getränk mit Honig oder Zucker. Essen Sie jetzt keine Vollkorn-Produkte, denn diese enthalten viele Schlacken, und die drücken Ihnen möglicherweise auf den Darm. Weiße Brötchen mit Marmelade oder Honig sind nun am besten geeignet und überall zu bekommen. Dazu ein bis zwei Bananen, und die Sache stimmt" (Greif-Sport).

Wie es zu solchen Urteilen kommt, Vollkornbrot oder das „Müsli" vor dem Marathon sei ungeeignet, findet eine geradezu verblüffende Erklärung. Zum Beispiel hat es ein marathonsachverständiger Arzt, mit dem ich sprach, mit dem Vollkornbrot und dem „Müsli" (wenn auch aus der Tüte) einfach einmal an sich ausprobiert. Prompt bekam er bei seinem Marathon Beschwerden, und das Urteil war gefällt: Volles Korn vor dem Marathon macht Beschwerden. Niemand käme auf den Gedanken, sich ohne Training auch nur an einen 10-Kilometer-Lauf zu wagen und dann, wenn nach einigen Kilometern die Luft heraus ist, als Erkenntnis zu verbreiten, es sei unmöglich, 10 Kilometer zu laufen, bei 5 Kilometern sei Schluss. Doch auf dem Gebiet der Ernährung muss jede Umstellung von einem Tag auf den anderen funktionieren. Wenn dies nicht geschieht, ist selbstverständlich die Ernährungsform daran schuld.

Wer ganz vorsichtig sein möchte, sollte sich vor Augen führen, dass es keine Ernährungsregel gibt, wonach der Frischkornbrei unbedingt morgens eingenommen werden muss. Das behaupten nur Leute, die sich nicht genügend mit der zwar konsequenten, aber liberalen Ernährungslehre Dr. Brukers befasst haben. Man muss also nicht den Frischkornbrei am Morgen des Marathons zu sich nehmen. Häufig läuft man den Marathon auswärts und hat übernachtet. Wer nicht, wie auch Dieter Baumann, seine Getreidemühle und eine Portion Körner im Gepäck hat, der kommt morgens ohnehin nicht zu seinem Frischkornbrei. Ich bedauere das. Das Hotel in Davos dagegen, in dem ich zum Swiss Alpine wohne, und einige Gesund-

Ich halte den Frischkornbrei und die Scheibe Vollkornbrot oder das Vollkornbrötchen für die beste Vorwettkampfnahrung am Tage des Wettbewerbs.

heits- (nicht Wellness) Hotels in Österreich gehören zu den wenigen, in denen eine Getreidemühle steht. Vielleicht trägt dieses Buch dazu bei, dass dereinst die Getreidemühle zu einem Bestandteil des Frühstücksbüfetts wird. Früher war es ja auch absolut ungebräuchlich, Cerealien aus der Tüte zum Frühstück anzubieten.

In Davos also versäume ich nicht, mir vor dem Swiss Alpine Marathon einen Frischkornbrei zu bereiten, denn ich halte ihn und die Scheibe Vollkornbrot oder das Vollkornbrötchen für die beste Vorwettkampfnahrung am Tage des Wettbewerbs. Wieso? Am Anfang stand die Erfahrung. Ich beteiligte mich an einem dreitägigen Lauf die Donau entlang, von der Schlögener Schlinge östlich von Passau bis Hainburg östlich von Wien. Zur Übernachtung wurden wir in einfachen Hotels untergebracht. Damals gab es zumal in diesen Häusern noch kein Frühstücksbüfett. Dem Zimmergast wurden zwei Weißmehlbrötchen, ein Stückchen Butter und ein Klacks Marmelade zugeteilt, also das, was als kontinentales Frühstück bezeichnet wird. Um 8 Uhr starteten wir zu einer Etappe über 120 Kilometer, gegen 11 Uhr wurde ich von einer quälenden Müdigkeit heimgesucht, die sich bis zum Taumeln steigerte – typische Symptome einer Unterzuckerung, medizinisch Hypoglykämie. Eine solche Unterzuckerung hatte ich früher schon, allerdings in abgeschwächter Form und nicht schon nach drei Stunden, bei 100-km-Läufen erlebt. 1984 konnten Millionen von Fernsehzuschauern beim ersten olympischen Frauenmarathon in Los Angeles sehen, wie eine in den USA lebende Schweizerin, Gabriela Andersen-Schieß, mit bizarren Bewegungen ins Stadion taumelte. Unkundige Journalisten machten ihren Lesern weis, die Läuferin habe versäumt, genügend zu trinken. Nein, eine Hypoglykämie hatte sie ereilt. Sie hätte, wenn schon ihr Frühstück nicht über die Vorstartphase und den Marathon getragen hätte, in der letzten Stunde vorsorglich einen Happen essen müssen.

Faserstoffe (Ballaststoffe) verzögern die Magenentleerung und bewirken eine langsamere Digestion (Verdauung) von Zuckern; isolierte Glukose dagegen, Oligosaccharide und Stärke werden rasch resorbiert (Geiß/Hamm). Nichts ist bei einer Dauerleistung erwünschter als eine verlangsamte Verdauung, die den Kohlenhydrat-Stoffwechsel aufrecht erhält.

Verdauungsprobleme beim Sport nach der Einnahme eines Vollkorn-Frühstücks umgeht man, indem man rechtzeitig frühstückt. Dies wird selbst für das Weißmehl-Frühstück empfohlen. Wenn man sich also an den Frischkornbrei und das Vollkornbrot gewöhnt hat, genügt es, die üblichen zwei bis drei Stunden, vorsichtshalber drei Stunden, vor dem Marathonstart zu frühstücken, um Verdauungsprobleme zu vermeiden. Beim Ultramarathon, im Allgemeinen den Strecken von 100 km und mehr, starten die meisten vernünftigerweise ohnehin verhalten; da wirkt sich auch ein Vollkorn-Frühstück selbst eine Stunde vor dem Start kaum belastend aus, und bei einer Laufzeit von acht Stunden und länger würde sogar der Nachteil einer eventuellen Defäkation weit geringer wiegen als der Vorteil einer über Stunden andauernden allmählichen Glukoseversorgung durch ein vollwertiges Frühstück zuvor. Doch die wenigsten Ernährungsratgeber, die Marathonläufern ein Weißmehl-Frühstück mit Marmelade oder Honig empfehlen, sind jemals 100 km gelaufen (danach sollte man die „Ratgeber" immer fragen!). Ich meine, was für 100 km und mehr gut ist, kann auch für den Marathon nicht schlecht sein. Dagegen wird auf die diuretische Wirkung des Kaffees, der üblicherweise zum Frühstück getrunken wird, in den Ernährungshinweisen zum Marathon nicht aufmerksam gemacht.

Einer der Erfahrungsberichte dieses Buches über Vollwerternährung im Sport wirft die Frage auf, ob es nicht zweckmäßig sein könnte, einen Laufwettkampf mit nüchternem Magen zu bestreiten. Ernst van Aaken bereits hatte sich dafür ausgesprochen, ohne oder mit nur wenig Nahrung zu trainieren oder zum Wettbewerb zu starten, damit der Körper sich nicht mit der Verdauung befassen müsse („Alternativmedizin durch Ausdauer"). Angeblich soll dabei bereits zu Beginn der Fettstoffwechsel stärker mobilisiert werden. Ein 10-Kilometer-Lauf mit nüchternem Magen ist ohne Einbuße möglich, wie ich selbst ausprobiert habe. Einen Marathon zu laufen, ohne gefrühstückt zu haben, bleibt dagegen ein Experiment. Es ist zu bezweifeln, dass auf diese Weise der Kohlenhydratstoffwechsel genügend aktiviert wird, und es besteht die Gefahr der Hypoglykämie. Nach allem, was man weiß, ist zu empfehlen, rechtzeitig, nach Möglichkeit drei Stunden vor dem Start, zu frühstücken. Wenn der Start oder eine anderweitige sportliche Leistung später liegt, beispielsweise am Spätnachmittag kann auch eine längere Zeit seit der letzten Nahrungsaufnahme verstreichen. Bis zu einer halben Stunde vor

Wettbewerbsbeginn kann man noch eine Kleinigkeit, eine Banane zum Beispiel, zu sich nehmen.

Frischkornbrei und Vollkornbrot haben, außer dass sie vollwertige Lebensmittel sind, den für den Ausdauersport nicht hoch genug einzuschätzenden Vorzug, dass es nicht wie bei den raffinierten Kohlenhydraten von Fabrikzucker und Auszugsmehl zu einer abrupten Insulinausschüttung kommt, die binnen kurzem wieder zusammenbricht und den Blutzuckerspiegel unter das Ausgangsniveau senkt. Die ernährungsphysiologischen Erkenntnisse lassen sich vereinfacht, aber anschaulich auf diesen Punkt bringen: kurzkettige (isolierte) Kohlenhydrate aus Zucker, Malzzucker, zuckerhaltigen Getränken, Süßigkeiten schießen ins Blut, Kohlenhydrate aus Mehlprodukten, Nährmitteln, Brot aus niedrig ausgemahlenem Mehl strömen ins Blut, Kohlenhydrate aus Obst fließen ins Blut, aus der Milch tropfen sie ins Blut, langkettige Kohlenhydrate aus Hülsenfrüchten, Vollkorn, Gemüse und Naturreis hingegen sickern ins Blut. Genau der letztgenannte Effekt ist bei Ausdauerleistungen erwünscht. Ein hoher Faserstoffanteil dabei ermöglicht eine langanhaltende und gleichmäßige Energiebereitstellung.

Frischkornbrei und Vollkornbrot haben, außer dass sie vollwertige Lebensmittel sind, einen für den Ausdauersport nicht hoch genug einzuschätzenden Vorzug.

Der Teufelskreis der Zufuhr isolierter Kohlenhydrate

Die Vollwerternährung ist, auch wenn das immer wieder einmal unterstellt wird, keine Außenseiter-Diät; sie ist überhaupt keine Diät, die ja immer eine Beschränkung bedeutet. Grundsätze der Vollwerternährung sind aus der Ernährungsphysiologie abgeleitet. Danach sind isolierte Kohlenhydrate alle industriell hergestellten Zucker- und Stärkearten, zum Beispiel weißer und brauner Zucker, Traubenzucker aus Mais oder Kartoffeln, Rohrzucker aus Zuckerrüben, Milchzucker aus der Molke der Milch, isolierte Stärke, isolierte Faserstoffe (Ballaststoffe) wie Kleie-Präparate. Natürliche Kohlenhydrate sind Zucker- und Stärkearten im natürlichen Verband eines Lebensmittels: Traubenzucker als Bestandteil von Obst, Honig, Gemüsearten, Fruchtsäften und anderen, Milchzucker als Bestandteil der Milch und ihren Produkten, Stärke als Bestandteil von Getreideerzeugnissen, Brot, Reis, Teigwaren, Kartoffeln, Hülsenfrüchten, Faserstoffe als überwiegend unverdauliche Bestandteile in Vollkornerzeugnissen, Brot, Obst, Naturreis, Gemüse und Hülsenfrüchten. Rosemarie Breuer-Schüder warnt: „Zucker (Anm.: isolierter Zucker) wird schnell verdaut, geht also schnell ins Blut. Folglich steigt der Blutzuckerspiegel schnell an. Ein hoher Blutzuckerspiegel ‚lockt' das Insulin aus der Bauchspeicheldrüse, Insulin senkt bekanntlich den Blutzucker. Dadurch sinkt dieser rasch ab, häufig sogar unter den Normalwert. Ein niedriger Blutzuckerspiegel löst wiederum Hungergefühle aus, meist auf etwas Süßes. Der Blutzuckerspiegel steigt wieder schnell und hoch an, was wiederum eine erneute hohe Insulinausschüttung zur Folge hat. Der Teufelskreis beginnt von neuem, ein Teufelskreis mit negativen Folgen."

Vorstart-Getränke, die bei Ausdauerwettbewerben zur Auffüllung der Glykogenspeicher angeboten werden, enthalten isolierte Kohlenhydrate. Prof. Neumann relativiert zwar Warnungen, Kohlenhydrate vor Belastungen aufzunehmen, die Untersuchungen seien in der Klinik an Untrainierten vorgenommen worden; aber er unterscheidet nicht nach der Art der Kohlenhydrate. Die ehemalige Siebenkämpferin Birgit Clarius, Olympia-, WM- und EM-Teilnehmerin, versichert, über Internet für alle zugänglich: „Kohlenhydrate sind nicht gleich Kohlenhydrate." Prof. Neumann muss auch auf einen Nachteil hinweisen: Eine zu reichliche Glukose- oder Kohlenhydrataufnahme vor einem Start führe dazu, dass sich der Energiestoffwechsel auf eine überwiegende Glukoseverbrennung einstelle und dadurch der Fettstoffwechsel vorübergehend unterdrückt werde. Das könne bei längeren Belastungen zu einem vorzeitigen Abbau des Glykogens führen. Genau das gilt es zu vermeiden.

Mit einer Portion Frischkornbrei morgens und einer kleinen Salatportion oder einem Apfel mittags fühle ich mich auf Reisen bis zum Abend ausreichend ernährt.

Ich vertraue auf die anhaltende Wirkung langkettiger Kohlenhydrate. Wenn ich wie immer am Morgen meinen Frischkornbrei gegessen habe, meldet sich auf längeren Autofahrten erst gegen 15 Uhr ein (erträgliches) Hungergefühl. Mit einer Portion Frischkornbrei morgens und einer kleinen Salatportion oder einem Apfel mittags fühle ich mich auf Reisen bis zum Abend ausreichend ernährt. Es wäre Ignoranz, wollte ich mir diesen Effekt nicht auch beim Sport zunutze machen.

Ernährungsphysiologisch kommt es beim Frühstück vor dem Wettkampf vor allem auf die Kohlenhydratzufuhr an. Man muss also keineswegs ein Frühstücksei haben, weil man befürchtet, beim Wettbewerb könne Eiweiß abgebaut werden. Wenn dies der Fall sein sollte, so ist ohnehin mehr als genug Eiweiß vorhanden, und Eiweiß lässt sich nicht speichern. Wer also vor dem Marathon noch tüchtig Rührei schaufelt, zur Schinkenplatte eilt und Wursträdchen aufs Brot legt, belastet den Verdauungsapparat völlig unnötigerweise. Vor dem Wettkampf braucht man weder Fett noch Eiweiß.

Sowohl Langstreckenläufer als auch Tennis- und Fußballspieler nehmen häufig vor dem Wettkampf ein zuckerhaltiges Getränk zu sich.

Die erwähnte Empfehlung, als erstes ein Glas süßen Saft zu trinken, ist typisch. Sowohl Langstreckenläufer als auch Tennis- und Fußballspieler nehmen häufig vor dem Wettkampf ein zuckerhaltiges Getränk zu sich. Es ist möglich, dass dahinter der Gedanke steht, durch Zucker über die Insulin-Ausschüttung die mentale Einstimmung zu verbessern, vielleicht auch, damit den gefürchteten Blutzuckerabfall zu vermeiden. Doch im Gegenteil, dadurch provoziert man ihn erst.

Ob Zucker die Leistungsfähigkeit von Hochleistungssportlern (und natürlich auch anderen) tatsächlich verbessert, prüfte der Sportmediziner Dr. R. Schwarzkopf zusammen mit dem Leistungstrainer R. Keller, beide Montana/USA, an fünf Langstreckenläufern (The Physician and Sportmedicine 12,89, 1984, zitiert nach dsb-Information Nr. 46/85). Beim ersten Versuch bekamen sie eine Lösung zu trinken, in der 100 g Traubenzucker enthalten waren, beim zweiten Versuch drei Tage später wurde ihnen eine zucker- und coffeinfreie Limonade gegeben. Nach dem Trank wurden die fünf Sportler auf dem Fahrrad-Ergometer bis zur Erschöpfung belastet, indem sie immer abwechselnd zwei Minuten so kräftig wie möglich die Pedale treten und dann für eine Minute Ruhe einhalten mussten. Der Zyklus dauerte so lange, bis sie am Ende ihrer Kräfte waren. Das Ergebnis: Bei allen Läufern war die Leistungszeit bis zur Erschöpfung 25 Prozent länger, wenn sie zuvor keinen Zucker erhalten hatten. Schwarzkopf und Keller kommen zu dem Schluss, dass durch vorweg eingenommenen Zucker allenfalls bei einer mittellangen sportlichen Belastung der Leistungsabfall hinausgezögert werden kann. Bei länger anhaltender sportlicher Belastung scheine dagegen der durch die Zuckeraufnahme erhöhte Blutzuckerspiegel zu einem Insulinanstieg mit Blockierung der freien Fettsäuren zu führen, so dass in der Muskulatur der Zucker beschleunigt abgebaut wird. Dies führe zu einer schnelleren Bildung von Laktat und einem starken

Absinken des Blutzuckerspiegels. Schwarzkopf und Keller empfehlen daher Dauerleistern, auf das Zuckergetränk vor dem Wettkampf zu verzichten.

Derselbe nachteilige Effekt könnte auch infolge einer größeren Menge Marmelade eintreten. Im Sinne einer vollwertigen Ernährung wäre es, Honig zu nehmen. Grundsätzlich sollte man Honig wegen der kariesfördernden Wirkung nicht täglich verzehren. Statt des süßen Saftes, der, wenn das Quantum zu hoch ist, zu gastrointestinalen Beschwerden führen kann (meine Erfahrung beim Comrades-Supermarathon, als ich mich mit Saft hydrieren musste), sollte man beim Wettkampf-Frühstück Mineralwasser bevorzugen. Gewiss ist eine Banane zum Frühstück angebracht; doch man sollte daran denken, dass man sich vielleicht während des Marathons mit einigen Bananenstückchen verpflegen möchte. Und wenn man zu viel Banane nimmt und damit schon beim Frühstück anfängt, dann kann es durchaus vorkommen – vor allem beim Ultramarathon –, dass man keine Banane mehr sehen kann, obwohl sie einem während des Marathons oder Ultramarathons gut täte.

Aus gutem Grund ist hier immer vom Marathon oder vom Ultramarathon die Rede, denn allein bei Dauerleistungen ist die Vorstart- und die Wettkampfernährung ein hoch sensibler Bereich. Dies vor allem deshalb, weil sich bei Dauerleistungen mit Verpflegungsaufnahme zwei körpereigene Systeme des Vegetativums, des nicht dem Willen und dem Bewusstsein unterliegenden Nervensystems, „in die Quere" kommen, der Sympathikus und der Parasympathikus. Durch die ständige Leistungsanforderung wird der Sympathikus beansprucht, er ist für die Energieentladung und abbauende Stoffwechselprozesse zuständig. Die Verpflegungsaufnahme hingegen erfordert die Wirksamkeit des Parasympathikus. Der Volksmund hat dazu die Lebensregel bereit: Zum Essen braucht man Ruhe. Die jedoch hat man während einer Anstrengung nicht. Unkundige sehen gerade beim Ultramarathon primär die orthopädische Belastung. Diese ist jedoch dank gut angepasstem und erprobtem Schuhwerk in den Griff zu bekommen. Viel problematischer ist beim Ultramarathon und zum Teil auch schon beim Marathon die Gefahr, dass Magen-Darm-Beschwerden auftreten. Sie ergeben sich aus dem antagonistischen Verhalten von Sympathikus und Parasympathikus, und sie sind nicht steuerbar, es sei denn man unterbricht zur Verpflegungsaufnahme die Anstrengung. Ist erst einmal ein Problem aufgetreten, dann nützt auch dies nichts mehr. Das bedeutet, durch die Art der Wettkampfverpflegung nicht eine zusätzliche Belastung heraufzubeschwören.

Marathon kann man gut mit Wasser laufen

Das Wichtigste bei der Dauerleistung ist die Flüssigkeitszufuhr. Bereits ein Wasserverlust von 2 Prozent des Körpergewichts, das sind 1,4 Liter bei einem 70 Kilogramm schweren Mann, mindert die sportliche Leistungsfähigkeit, insbesondere die Ausdauerfähigkeit. Bei sehr raschem Wasserverlust, wie er bei Hitze eintritt, kann sich schon eine Abnahme von 1 Prozent in der Ausdauerleistung auswirken. Ein Verlust von 4 Prozent setzt auch die Kraftleistung herab. Unterlassenes und zu geringes Trinken bei Hitzeläufen führt zum Ansteigen der Körperkerntemperatur auf über 40 Grad Celsius, einer starken Dehydration und der Gefahr des Zusammenbruchs. Bei einer Dehydration nimmt die Schweißmenge ab und vermindert sich die Wärmeabgabe. Außer starkem Ermüdungs- und Durstgefühl treten Koordinationsstörungen auf (Neumann).

Dr. M. O. Bruker hielt nichts davon, täglich zweieinhalb Liter in sich hineinzuschütten.

Für den Alltag konnte Dr. M. O. Bruker sehr wohl auf das Durstgefühl bauen; er hielt nichts davon, täglich zweieinhalb Liter in sich hineinzuschütten, wie das manche Ernährungsphysiologen empfehlen, und damit die Nieren unnötig zu belasten. Wenn man während des Laufens oder Radfahrens (beim Wettkampf) Durst bekommt, ist es für die Flüssigkeitsversorgung schon zu spät. Sollte man tatsächlich ein Getränk bei sich führen, kann man zwar bei Durst sofort trinken – im Allgemeinen muss man bis zur nächsten Verpflegungsstelle warten –, aber es dauert eine halbe Stunde, bis die Flüssigkeit dort angekommen ist, wo sie gebraucht wird. Im Alltag wird sehr viel Flüssigkeit auch über die feste Nahrung aufgenommen, allein schon über die Frischkost. Die Rohkost besteht überwiegend aus Wasser. Während eines stundenlangen Ausdauerwettbewerbs kann man jedoch keinen Salat essen, so dass diese Möglichkeit der indirekten Hydrierung wegfällt. Anders als im Alltag genügt es bei längeren Dauerleistungen also nicht, erst dann zu trinken, wenn man Durst hat. Man muss es vorsorglich tun, und es versteht sich, dass man genügend hydriert an den Start geht. Dies ist der Fall, wenn man am Tag zuvor mehr trinkt als gewohnt. Eine Flasche Mineralwasser ohne Kohlensäure sollte im Läufergepäck sein.

Vorsicht mit Heilwasser! Hier können Konzentrationen von Mineralstoffen vorhanden sein, die das Verdauungssystem belasten. Die geradezu beschwörende Aufforderung vor Wettkämpfen „Trinken, trinken, trinken!“ hat allerdings zu manchmal grotesken Überspitzungen geführt. Auch beim Marathon sollte man eine halbe Stunde vor dem Start aufhören zu trinken, anderenfalls kann man geradezu hören, wie das Wasser im Magen schwappt. Und es ist nicht sehr angenehm, so zu laufen. Bei der Aufnahme einer größeren Menge Wasser ist die Verweildauer im Magen länger. „Das Trinken auf Vorrat ist bei beabsichtigten Ausdauerbelastungen nicht zweckmäßig, weil der Organismus keine Wasserspeicher hat. Zu reichliches und unkontrolliertes Trinken führt zu vorzeitigem Schwitzen“ (Neumann).

Was trinkt man? Wenn es nach der Reklame geht, literweise Sportgetränke.

Ohnehin hat sich im Laufe der Zeit ein Wandel vollzogen. In den zwanziger und dreißiger Jahren empfahlen Trainer für den Marathon, das Nicht-Trinken zu trainieren; ein guter Marathonläufer hatte ausgedörrt zu laufen. In der Zeit, da der Langstreckenlauf zum Volkssport geworden ist, hieß es: Früh mit dem Trinken anfangen und an jeder Verpflegungsstelle – und das bedeutet meistens, alle 5 Kilometer – trinken! Seit einigen Jahren mischen sich in diesen Chor Stimmen, die zum Maßhalten raten. Mehr als 0,8 Liter in der Stunde könne der menschliche Organismus nicht aufnehmen. Was darüber hinausgehe, verursache Unbehagen. „Als obere Grenze sollte die Flüssigkeitsaufnahme auch bei großer Hitze bei 1,2 l/h angesehen werden“ (Neumann). Wahrscheinlich haben auch Fälle von „Wasserintoxikation“ (weiter unten) zu dieser Abkehr bisher üblicher Trinkgewohnheiten geführt.

Was trinkt man? Wenn es nach der Reklame geht, literweise Sportgetränke, isotonische, Kohlenhydrate zuführende, Kalium, Magnesium, Natrium, Chlorid enthaltende. Als isoton wird ein Getränk bezeichnet, wenn es mit der Zahl der darin gelösten Teilchen (Osmolalität) dem durchschnittlichen Teilchendruck im Organismus (nach Neumann etwa 300 mosmol/kg) entspricht. Wenn eine Lösung mehr Teilchen aufweist, wie das bei Fruchtsäften der Fall ist, spricht man von einer hypotonen Flüssigkeit. Wer bereits zur Vollwertkost übergegangen ist, sich jedoch in der Sporternährung nicht auskennt und wenig sportliche Erfahrung hat, gerät ins Grübeln. Ob man nicht doch …? Ich grüble auch. Wenn man den Berlin-Marathon gewinnen will, ob man dann nicht doch Spezialgetränke braucht? Möglich. Aber Hochleistungssport hat mit Gesundheit nichts zu tun, allenfalls ruiniert er sie. Geht es also um Sport als eine ganz persönliche Herausforderung und nicht um eine Karriere als Berufsathlet, so kann man Grundsätze der Vollwertkost durchaus auch auf die Versorgung während des Wettkampfes anwenden. Man kann Marathon und Ultramarathon ohne ein einziges dieser Sportgetränke laufen. Ich praktiziere dies seit 1981 im Grundsatz. Das bedeutet, es gibt Ausnahmen. Sie lassen sich nicht in Regeln fassen, sondern folgen eher spontanen Entscheidungen, manchmal auch mit negativem Ergebnis. Darin besteht meine Erfahrung. Ich behaupte, wenn man einen Marathon, selbst einen Ultramarathon von 100 Kilometern, läuft, so genügen zum Flüssigkeitsersatz Wasser und Tee unterwegs. Damit schafft man sich einige Probleme vom Hals, nämlich Magen-Darm-Beschwerden durch Elektrolytgetränke.

Hochleistungssport hat mit Gesundheit nichts zu tun, allenfalls ruiniert er sie.

Ich habe erlebt, dass eine Läuferin beim Spartathlon, jenem Lauf über 246 Kilometer auf historischen Spuren von Athen nach Sparta, nach Überwindung des Sangaspasses bei Kilometer 176 erhebliche Magenbeschwerden bekam. Sie hatte in guter Absicht etliche Becher Elektrolytgetränk in sich hineingestürzt. Zwei Stunden lang plagte sie sich, dann gab sie auf. Für mich ein spektakulärer Fall, in dem jemand nicht wegen orthopädischer Beschwerden oder mangelnder psychischer Stärke aus einem Wettbewerb ausschied, sondern allein wegen Magen-Darm-Beschwerden. Bei anderen verlaufen sie unkomplizierter, wenn auch nicht erfreulicher: Sie brechen das Getränk heraus. Es gibt keine Statistik über gastrointestinale Beschwerden während des Laufens und über ihre Ursachen. Ich bin jedoch davon überzeugt, dass, wenn Läufer sich übergeben müssen, dies auf für sie ungeeignete Wettkampfgetränke zurückzuführen ist. Die antagonistische Wirkung von Sympathikus und Parasympathikus bei der Verpflegungsaufnahme während des Laufens wird nach meiner Überzeugung in den Trink-Empfehlungen außer Acht gelassen.

Bei den Inhaltsstoffen kann man Überraschungen erleben. Nach dem Jungfrau-Marathon erhielt ich eine Trinkflasche mit einem

Elektrolytgetränk. Ich nahm einen Schluck und steckte die Flasche in den Wanderrucksack. Den benützte ich erst im Sommer darauf wieder. Zu dritt machten wir einen Ausflug mit dem Engadin-Express. Es war heiß. Aus meinem Rucksack auf der Gepäckablage tropfte es, und es stank höllisch nach Käse. Es war ein Glück, dass die Fenster geöffnet waren. Der Flaschenverschluss war undicht, und das Elektrolytgetränk hatte sich nach Monaten zersetzt. Der Käsegestank rührte daher, dass offenbar Molkenpulver verwendet worden war, beziehungsweise laut Prospekt der Energiespender „auf der Basis von natürlichem Milchserum aufgebaut" war. Meine Sportfreunde ziehen mich, der ich mit meiner Trinkflasche voll „Trinkgenuss" den Gestank im Waggon verbreitet hatte, noch heute damit auf. Nach dem Berlin-Marathon 2003 dagegen machte ich kurzen Prozess. Ich erhielt am Ziel wieder eine Flasche Elektrolytgetränk. Auf dem Fußweg zum Hotel wollte ich denn doch bei der Wärme etwas trinken und setzte die Flasche an. Beim zweiten Schluck schon widerte mich das laue, völlig synthetisch schmeckende Getränk an. Da warf ich trotz aller Sparsamkeit die sicher nicht billige Flasche im Tiergarten in den nächsten Papierkorb. Im Hotel genoss ich das Mineralwasser.

Einige Zusammensetzungen von Trinkpräparaten laut Angaben:

Getränk A) Wasser, Milchserum, Polydextrose, Kräuterextrakte, Süßstoffe, Cyclamat, Saccharin, Vitamin C, Coffein, natürliche Aromen.

Getränk B) Zucker, Maltodextrin, Citronensäure, Mineralsalze, Stabilisator (modifizierte Stärke), Orangensaftpulver, pflanzliches Fett, natürliches Aroma, Vitamine (A, B1, B2, B6, B12, C, PP), Farbstoff.

Getränk C) Kohlenhydrate, Natrium, Kalium, Calcium, Magnesium, Phosphor, Chlorid, Vitamine B1, B2, B6, B12, E.

Getränk D) Kohlenhydrate (Traubenzucker, Fruchtzucker, Malzzucker, Oligosaccharide), Natrium, Kalium, Magnesium, Calcium, Chlorid, Phosphor, Eisen.

Neu auf dem Markt ist „Sauerstoffwasser". Wer bis dahin gemeint hatte, Sauerstoff nehme er über den Atmungstrakt zu sich, wird belehrt, direkt über den Magen-Darm-Trakt gehe es auch, und das Sauerstoff-Wasser „gibt Ihnen natürliche Energie zurück". Ich bin einen Marathon in München damit gelaufen. Während ich in den Bergen durchaus spüre, wenn der Sauerstoff knapp wird, habe ich von einer Sauerstoffzunahme durch Wasser nichts gespürt.

Bei einem 10-km-Lauf muss man unterwegs gar nichts trinken, bei einem Halbmarathon je nach Schweißverlust ein- oder zweimal. Auch beim Marathon genügt es, Wasser zu trinken, am besten häufig in kleinen Portionen. Mehrere Jahre lang bot der Berlin-Marathon, einer der größten der Welt, einzig Wasser und Tee als Wettkampfgetränke an. Dies mag nicht nur aus Sparsamkeit geschehen sein, sondern der renommierte Marathon-Arzt Willi Heepe vertritt ebenfalls die Überzeugung, dass die Wasser-Zufuhr genüge. Unter dem Druck der Läufermeinung (oder von Sponsoren?) werden nun wieder Elektrolytgetränke bereitgestellt. Bei Ausdauerbelastungen von 3 bis 4 Stunden Dauer unter europäischen Klimabedingungen, also für die meisten Marathonteilnehmer, ist mit keiner Störung im Natriumhaushalt zu rechnen. „Die Sportler haben durch ihre Ernährungsweise und den begrenzten Schweißverlust im Training eine ausreichende Kochsalzreserve, auch für einmalige Extremsituationen“ (Neumann).

Da viele Nahrungsmittel verdecktes Kochsalz enthalten, besteht bei einem auf diese Weise zustande gekommenen Salzkonsum von 10 bis 15 g am Tag keine Notwendigkeit, zusätzlich Kochsalz aufzunehmen. Unter dem Einfluss Ernst van Aakens waren Salztabletten in den sechziger und siebziger Jahren im Schwange. Aus einem damaligen Prospekt: „Prof. Dr. Klümper, Freiburg, empfiehlt allen Ausdauersportlern zur Regulierung des Elektrolythaushalts die regelmäßige Einnahme von Bio-Mineralsalztabletten“ (sie enthielten: Natriumdihydrogenphosphat, Natriummonohydrogenphosphat, Natriumchlorid, Kaliumhydrogencarbonat). Man muss wirklich ein Archiv haben, um an die überholten Empfehlungen erinnern zu können. Dies ist kein Selbstzweck, sondern soll misstrauisch machen gegen die Empfehlungen der Gegenwart.

Die Erinnerung an überholte Empfehlungen ist kein Selbstzweck, sondern soll misstrauisch machen gegen die Empfehlungen der Gegenwart.

Dr. Robert Haas („Eat to Win“, Deutsch: „Die Dr. Haas Leistungsdiät“) hat ebenfalls den Stab über die Elektrolytgetränke gebrochen. An dem Ernährungsprogramm von Dr. Haas ist interessant, dass er verschiedene Mythen widerlegt und damit durchaus Berührungspunkte mit der Vollwerternährung hat. Im Allgemeinen jedoch ist sein Konzept, das er individuell variiert, sehr stark auf amerikanische Verhältnisse abgestimmt. Für amerikanische Sportler mag es ein Einstieg sein, sich mit ihrer Ernährung zu befassen. Die Dr.-Haas-Diät – an Selbstbewusstsein fehlt es dem Ernährungswissenschaftler nicht – bietet keine besseren Ansätze als die Vollwertkost, und es ist zu bezweifeln, dass der „Ernährungsberater vieler Weltklasse-Sportler" (deutscher Werbetext) Bircher-Benner, Kollath und Bruker kennt. Umso überraschender, dass auch er dafür plädiert, während sportlicher Leistungen Wasser zu trinken und sonst nichts.

Gewöhnliches Leitungswasser also reicht zur Hydration während eines Marathons durchaus. Beim Ultramarathon sieht es etwas anders aus. Hier bestünde bei der Beschränkung auf Leitungswasser unter gewissen Umständen die Gefahr der „Wasservergiftung". Der Ausdruck ist zwar absolut unpassend, weil Wasser nicht giftig ist, aber er besagt, dass, wenn auf einem ultralangen Lauf wie den 100 Kilometern allein Leitungswasser in beträchtlicher Menge getrunken wird, dringend notwendige Mineralstoffe ausgeschwemmt würden und es so zu einer Mineralstoffverarmung, also nicht zu einer „Vergiftung", komme. Es sind nur wenige Fälle einer solchen „Wasserintoxikation" aus den USA bekannt, unter anderem Untersuchungen bei einem Langtriathlon, wobei während des zehnstündigen Wettkampfes 10 bis 15 Liter Wasser aufgenommen wurden; aber sie kennzeichnen ein mögliches Problem. Mit (teurem) Mineralwasser ohne Kohlensäure ließe es sich lösen.

Ich habe eine beträchtliche Anzahl 100-Kilometer-Läufe allein mit Wasser und Tee als Flüssigkeitsersatz zurückgelegt. Allerdings besteht die Gefahr, dass man nach hoher Wasser-Aufnahme kein Wasser mehr trinken mag; es widerstrebt einem. Ob sich damit der Körper gegen eine „Intoxikation" zur Wehr setzt? Leider fehlt es noch an der Erprobung der Apfelsaft-Schorle als Wettkampfgetränk; wahrscheinlich ist dies den Veranstaltern zu teuer. Es wäre jedoch zu erwägen, Versuche mit Eigenversorgung zu machen. Es gibt auch schon fertig in Flaschen abgefüllte Apfelsaft-Schorle; sie wurde auf einem Lauf angeboten, und ich habe gute Erfahrungen damit gemacht. Da Fruchtsäfte einen hohen Kaliumgehalt haben und sich eine zu hohe Kaliumkonzentration ungünstig auf die Blutlaktatkonzentration auswirken könnte (Neumann), wird eine Verdünnung im Verhältnis von etwa einem Drittel Saft und zwei Dritteln Mineralwasser empfohlen.

Leider fehlt es noch an der Erprobung der Apfelsaft-Schorle als Wettkampfgetränk.

Eine Zeitlang galt Malzbier als das Wettkampfgetränk von Kennern. Doch die darin enthaltenen Kohlenhydrate sind nichts als Zweifachzucker (Disaccharide) genau wie Rohr- und Rübenzucker. Es gab auch einmal einen Disput Malzbier contra Maltodextrin, ein wasserlösliches Saccharidgemisch, also Zucker gegen ein Kohlenhydratkonzentrat. Seit einigen Jahren ist Coca-Cola bei Langstreckenläufern sehr beliebt. Und wenn ein Veranstalter die teuren Cola-Getränke auf den Verpflegungstischen anbietet, wird ihm das hoch angerechnet. Coca-Cola bewirkt nichts anderes als Traubenzucker, der aus gutem Grund fast völlig aus der Sporternährung verschwunden ist: Es kommt tatsächlich zu einer raschen Mobilisierung des Kohlenhydratstoffwechsels – jedoch um den Preis der späteren Absenkung des Blutzuckerspiegels, also dem Gegenteil dessen, was erreicht werden sollte. Wer bei einem Marathon oder erst recht einem Ultralauf zu Coca-Cola greift, muss dies immer wieder tun, um die Wirkung zu erhalten. Überlegte Organisatoren bieten diese coffeinhaltige Saccharose-Limonade aus gutem Grund erst im letzten Drittel, beim 100-km-Lauf von Biel erst von Kilometer 52 an. Nebenbei: Was es mit Coca Cola auf sich hat, merkt man, wenn solche Becher auf dem Verpflegungstisch eine Weile in der Sonne gestanden sind (man muss die Becher einige Zeit vorher abfüllen, damit die Kohlensäure entweichen kann). Als mir das einmal widerfuhr, schüttete ich das lauwarme Gesöff nach dem zweiten Schluck schleunigst weg. Die vermeintlich erfrischende Wirkung der Limonade beruht offenbar auch darauf, dass sie meistens einer Kühltasche oder -box entnommen wird.

Seit einigen Jahren ist Coca-Cola bei Langstreckenläufern sehr beliebt.

Früher, auch noch in der ehemaligen DDR, legte man Zuckerstückchen auf den Verpflegungstisch. Traubenzucker galt als die Wettkampfnahrung par excellence. In jedem seriösen Buch über Sporternährung wird auf die trügerische Wirkung des Traubenzuckers hingewiesen; dennoch findet man ihn gelegentlich noch als Gabe eines Sponsors im Läuferbeutel. Dr. M. O. Bruker, wiewohl nicht Sportmediziner, äußerte: „Die Empfehlung von rasch absorbierbaren Süßigkeiten ist gerade beim Sport und anderen körperlichen Anstrengungen besonders nachteilig. Nach der Zufuhr von gewöhnlichem Zucker, also Rohrzucker, ganz besonders aber nach Genuss von reinem Traubenzucker, kommt es infolge der raschen Aufnahmefähigkeit in das Blut zu einem steilen Anstieg des Blutzuckers, worauf der Organismus mit Gegenmaßnahmen antwortet, die gerade bei körperlichen Anstrengungen zu einem starken gegenregulatorischen Abfall des Blutzuckers führen. Diese plötzlichen Hypoglykämien durch Zuckergenuss sind in mehrerer Hinsicht nicht harmlos. Manche plötzlichen Sportzwischenfälle sind darauf zurückzuführen. Dies krankhafte Absinken des Blutzuckers kommt nach Genuss natürlicher kohlenhydrathaltiger Lebensmittel nicht vor. Beim Sport und bei körperlichen Anstrengungen ist daher vor dem Fabrikzucker besonders zu warnen."

Bemerkenswert an dieser gar nicht sensationellen Aussage ist, dass sie bereits im Jahr 1964 gemacht worden ist („Gesundes Leben", Oktober 1964). Der erste Volkslauf in der Bundesrepublik Deutschland hatte ein Jahr zuvor stattgefunden.

Marathon und Ultramarathon, die über 42,195 Kilometer hinausreichenden Strecken, fallen schon in den Bereich des Leistungssports. Um wie viel weniger also sind Sportgetränke für die Masse der Fitness-, Gesundheits- oder Breitensportler erforderlich! Die Aussagen von Verbraucherzentrale, Deutscher Gesellschaft für Ernährung und unabhängigen kritischen Medien stimmen überein: Sportgetränke sind nicht erforderlich, auch wenn dies von der Werbung suggeriert wird.

Banane statt Energieriegel

Während der Leistungen, die nicht in den hohen Ausdauerbereich reichen, ist keinerlei Nahrungszufuhr erforderlich, weder auf den 10 000 Metern noch beim Halbmarathon. Beim Marathon hängt dies von der Dauer ab. Eliteläufer haben anderes zu tun, als bei ihren zweieinhalb Stunden und weniger unterwegs nochmals zu frühstücken oder zu vespern. Bei Vier-Stunden-Läufern und darüber kann es zweckmäßig sein, dem Kohlenhydrat-Stoffwechsel einen Anschub zu geben. Gerade bei Dauerleistungen kommt es darauf an, den Kohlenhydrat-Stoffwechsel aktiv zu halten und die Glykogenreserven zu mobilisieren, weil die Fettreserven zwar nahezu unerschöpflich sind, jedoch einen hohen Sauerstoffverbrauch erfordern. Unweigerlich fällt die Leistung ab, wenn sie zu immer größeren Teilen über den Fettstoffwechsel erbracht werden muss. Auch beim Ultramarathon gilt es daher, Glykogenreserven zu bewahren, selbst wenn dann zwangsläufig der Fettstoffwechsel dominiert. Ein Stück Banane, das man bei jedem einigermaßen gut organisierten Lauf unterwegs bekommt, genügt. Viele betrachten es ja als Gewinn, wenn sie nach einem 100-km-Lauf ein halbes Kilogramm Fett, nicht gleichzusetzen mit vorübergehender Gewichtsabnahme durch Wasserverlust, verloren haben.

Beim Ultralanglauf besteht die Gefahr einer Unterzuckerung. Ihr kann man durch regelmäßige Kohlenhydratzufuhr begegnen – jede Stunde einen Bissen. Es versteht sich, dass es sich dabei nicht darum handelt, verlorene Energie zu ersetzen. Dies muss erst bei sehr hohen Dauerleistungen, beispielsweise beim 24-Stunden-Lauf und bei Mehr-Tage-Läufen, beachtet werden. Doch auch solche Leistungen vollbringt man, in der Denkweise der alten Kalorienlehre ausgedrückt, in kalorischer Unterbilanz. Unvorstellbar, dass man beim Spartathlon, jenem Lauf über 246 km von Athen nach Sparta in höchstens 36 Stunden, die dazu angeblich notwendigen über 20 000 Kalorien ersetzen könnte. Auch dieses Beispiel führt die Kalorienzählerei ad absurdum, die Dr. M. O. Bruker stets verurteilt hat – erst heute gilt Kalorienzählen selbst bei dem Ernährungspsychologen Professor Volker Pudel als gestrig. Es kann sich auch bei der Verpflegung während extremer Dauerleistungen immer nur darum handeln, den Stoffwechsel in Gang zu halten und körpereigene Energiereserven zu mobilisieren.

Über die Ernährung während eines Wettkampfes muss man sich tatsächlich erst bei Ausdauerleistungen und hier erst jenseits des Marathons Gedanken machen. Denn bei anderen Sportarten genügt es, in Pausen während eines Wettbewerbs, beispielsweise eines Tennis-Turniers, den Kohlenhydrat-Stoffwechsel durch einen winzigen Imbiss am Funktionieren zu halten. Als sehr gut geeignet hat sich die Banane erwiesen. Nicht ohne Grund wird sie unterwegs auf Marathonstrecken als offizielle Wettkampfverpflegung angeboten. Sie lässt sich leicht aufnehmen; die viel gepriesenen Energieriegel sind mit Speichel allein kaum herunterzubekommen. Mit einer einzigen Banane, auf mehrere Portionen verteilt, kann man bei einem Marathon gut auskommen, wenn man denn überhaupt feste Nahrung zu sich nehmen will. Selbst die 100 Kilometer, wenn man sie überwiegend läuft und nicht marschiert, kann man mit ein, zwei Bananen, auf einzelne, stundenweise genommene Bissen verteilt, gut bestehen. Bei extremen Ausdauerleistungen, dem 24-Stunden-Lauf und auf Mehrtageläufen, muss man dagegen auf die Auffüllung der Glykogendepots bedacht sein. Da ist auch schon Babynahrung aus dem Glas als Privatverpflegung verwendet worden.

Beim etwa 73 km langen Supermarathon des GutsMuths-Rennsteiglaufs wird nach wie vor Haferschleim angeboten. Dank einer Studie mit Skilangläufern in der ehemaligen DDR ist der Haferschleim 1976 als Wettkampfverpflegung eingeführt worden. Damals gab es weder Energieriegel noch kohlenhydrathaltige Sportgetränke; die Organisation hätte auch kein Geld dafür gehabt. In einer Schrift von 1982 war noch die Beimengung von Traubenzucker empfohlen worden. Für viele hat der Haferschleim wohl nostalgischen Charakter; darüber wird jedoch seine ernährungsphysiologische Zweckmäßigkeit vergessen. Dank der Schleimstoffe, der Lichenine, lässt sich der flüssige Hafer selbst von einem „nervösen" Magen gut aufnehmen. Viele Läuferinnen und Läufer, zumal aus den westlichen Bundesländern, verabscheuen ihn wegen seiner breiigflüssigen Konsistenz; doch er führt Kohlenhydrate tatsächlich allmählich zu. Und er ist viel leichter resorbierbar als Energieriegel. In strengem Sinne ist er nicht mit den Grundsätzen der Vollwerternährung vereinbar; er ist ein Kompromiss. Der Schleim besteht heute aus einem Fertigprodukt für die Kleinkind-Ernährung, das mit Wasser angerührt, jedoch nicht mehr gekocht wird. Zucker wird dabei nicht verwendet, sondern Himbeersirup, an einer anderen Verpflegungsstelle Heidelbeersirup. Der Ansatz, den Laufteilnehmern ein flüssiges Getreideprodukt anzubieten, ist auf jeden Fall richtig.

Bei 24-Stunden-Läufen und mehrtägigen Läufen bietet sich der Frischkornbrei geradezu als optimale individuelle Wettkampfernährung an.

Bei 24-Stunden-Läufen und mehrtägigen Läufen bietet sich der Frischkornbrei geradezu als optimale individuelle Wettkampfernährung an. Hat man keine Betreuung, wird man allerdings auf den frisch geriebenen Apfel verzichten müssen, sofern man nicht, was bei den 24 Stunden leicht möglich wäre, eine Pause zum Apfelreiben machen will. Das übliche Argument, dass das „Müsli" eine durchschlagende Wirkung habe, fällt bei diesen Läufen weg, denn gewöhnlich kommt es bei einem 24-Stunden-Lauf ohnehin zu der im Tagesrhythmus gewohnten Defäkation, und es spielt keine Rolle, ob diese nun etwas früher oder später eintritt.

Bisher besteht die feste Wettkampfnahrung sowohl individuell als auch an offiziellen Verpflegungsständen aus so genannten Energieriegeln. Viele davon liefern die „Energie“ in Form von Einfachzucker, von leeren Kohlenhydraten also. Nicht nur, dass dies nichts mit vollwertiger Ernährung zu tun hat, auch Verbraucherzentralen haben auf die Problematik des Zuckers hingewiesen. Diese Energieriegel provozieren das, was sie zu vermeiden vorgeben: Nach dem raschen Anstieg des Blutzuckerspiegels kommt es zu einem jähen Abfall. Will man dem begegnen und eine Hypoglykämie vermeiden, muss man wieder einen Energieriegel essen. Das ist ja wohl auch gewollt.

Das ist ja die Crux, dass all der Müll keine unmittelbaren Folgen zeitigt, so dass er weiterhin verzehrt wird.

Da sich manche Riegel, darunter eine sehr beliebte Marke, schwer zu sich nehmen lassen – bei Kälte sind sie steinhart –, sind Präparate in Form eines Gels auf den Markt gekommen. Sie zählen selten zur offiziellen Wettkampfverpflegung, da sie ziemlich teuer sind. Für Vollwertköstler ist der Geschmack der klebrigen Bonbonschmiere fürchterlich. Und nicht nur das. Obwohl man bei einem Langstreckenwettbewerb niemals etwas zu sich nehmen sollte, was man nicht kennt, griff ich bei einem 100-km-Lauf an einer Verpflegungsstelle nach einem Gel, weil ich nach etwa 50 Kilometern meinte, nun Kohlenhydrate zuführen zu sollen. Das mir unbekannte Gel war von der Firma gesponsert worden, deshalb lag es auf den Verpflegungstischen. Ich bereute meine Unüberlegtheit tief. Das Gel machte sich bemerkbar; es war kein starker Schmerz, in meiner Kindheit hätte man es als „Bauchziepen“ bezeichnet, die Amerikaner sprechen von „Discomfort“. Doch das genügt, das Laufen fortan als Qual zu empfinden. Im Alltag wäre wahrscheinlich gar nichts passiert. Das ist ja die Crux, dass all der Müll keine unmittelbaren Folgen zeitigt, so dass er weiterhin verzehrt wird. Bei einer Leistung bis an die Grenzen der körperlichen Fähigkeit hingegen tritt ein solches offenbar nur im Labor getestetes Präparat als deutliche Beeinträchtigung in Erscheinung. Wie sich herausstellte, war ich kein Einzelfall. Die Problematik synthetischer Nahrung ist mir auf äußerst eindrucksvolle Weise bewusst gemacht worden. Ich denke, dass gerade Ausdauerleistungen ein Experimentierfeld sind, von dem andere profitieren können.

Ein weit verbreiteter und bei längeren Ausdauerleistungen gern benützter Energieriegel aus den USA enthält 10 g Protein, 42 g Kohlenhydrate, davon 14 g Zucker, 2 g Fett, davon 0,5 g gesättigte Fettsäuren, 3 g Ballaststoffe, 0,09 g Natrium sowie Vitamin E, C, B1, B2, B6, B12, Biotin, Panthotensäure, Calcium, Phosphor, Eisen, Magnesium, Zink, konkret: hochfructosehaltigen Invertzucker mit Trauben- und Birnensaftkonzentrat, Haferkleie, Maltodextrine, Milcheiweiß, Kakaopulver, Naturreis, ungesüßte Schokolade (es handelt sich um einen Riegel der Geschmacksnote Schokolade), Glycerin, natürliche Aromastoffe, Calciumorthophosphat, Magnesiumcarbonat, L-Leucin, L-Valin, L-Isoleucin, L-Ascorbinsäure, Zinkgluconat, Vitamin E, Niacin, Eisenfumarat, Pantothenat, Kupfergluconat, Vitamin B6, Vitamin B2, Vitamin B1, Folsäure, Biotin, Vitamin B12. Wenn man bedenkt, dass man während des Laufens nun wirklich weder Fett noch Eiweiß zuführen muss, auch nicht Salz und Vitamine, die Kleie Faserstoffe enthält, die man ja während des Frühstücks angeblich gerade vermeiden sollte, fragt sich, ob man die Kohlenhydrate, auf die es ankommt, nicht in natürlicher Form zu sich nehmen könnte.

Eine Banane enthält je 100 g Fruchtfleisch 23 g Kohlenhydrate, 1,2 g Eiweiß, 0,2 g Fett, 3 g Faserstoffe, 73 g Wasser, sowie die Vitamine C, B6, Folsäure, B1, B2, E, Carotin und die Mineralstoffe Kalium, Magnesium, Eisen, Kupfer, Fluorid. Irene Epple, Silbermedaillengewinnerin im Ski Alpin/Riesenslalom 1980, findet: „Durch ihre günstige Nährstoff-Zusammensetzung eignet sie (die Banane) sich hervorragend als Zwischenmahlzeit für den Sportler. Die … Inhaltsstoffe befinden sich in der Banane in einer optimalen Kombination. Es ist besser und gesünder, sie im Ganzen zu sich zu nehmen und nicht in künstlichen Einzelsubstanzen.“

Das Gel, das ich mir gekauft habe, enthält Maltodextrine, Wasser (unbedeutende Menge), Fruktose, Dextrose (Traubenzucker zeitgemäß!), Säuerungsmittel, Citronensäure, L-Leucin, L-Valin, L-Isoleucin, Kaliumchlorid, Natriumcitrat, Guarana (coffeinartig, nur nicht so stark), Aroma (aha, damit man's runterwürgen kann), Konservierungsstoff (nämlich Natriumbenzoat, Kaliumsorbat), Vitamin C (es geht nichts über Vitamin C in einer Orange), Vitamin E (aha, das Wunder-Vitamin). Zu den 41 g davon soll ich 200 ml Wasser trinken. Möglicherweise hat die Verdünnung für die Bonbonschmiere bei meinem 100-km-Lauf nicht gereicht, so dass ich die Beschwerden bekam. Für die beiden Gels, die ich noch habe, werde ich den Lauf sorgsam auswählen, damit nichts passiert. Und dann erkläre ich den

Von Trockenobst ist abzuraten. Nicht nur, dass es in der Vollwerternährung keinen Platz auf den vorderen Rängen haben sollte, vielmehr führt es bei einem Lauf unweigerlich zu Darmbeschwerden.

Selbstversuch für beendet. Der nächste Versuch wäre dann allenfalls: Zurück zu den alten Griechen, für Läufer das Fleisch der Antilope.

Eine Alternative zu den üblichen Riegeln, Keksen oder Schokoladestückchen sind außer der Banane Nüsse (in Frankreich, bei uns gelten sie offenbar als zu teuer), Rosinen und Obst wie Apfelstücke oder Orangen, die sich gut auch dazu eignen, dem Wasser einen anderen Geschmack zu geben oder bei Hitze einfach zu erfrischen. Auch Melone halte ich für gut geeignet. Von Trockenobst ist abzuraten. Nicht nur, dass es in der Vollwerternährung keinen Platz auf den vorderen Rängen haben sollte, vielmehr führt es bei einem Lauf unweigerlich zu Darmbeschwerden, so lange, bis es ausgeschieden ist. Nichts dagegen einzuwenden, bei anderen Sportarten zwischendurch an einer Dörrpflaume zu lutschen und nach dem Sport Studentenfutter zu vernaschen. Für die Verpflegung oder vielmehr Inganghaltung des Kohlenhydrat-Stoffwechsels böte sich nach meiner Vorstellung bei Ultraläufen an, feuchtgehaltenes Vollkornbrot und geschnittene Möhren bereitzuhalten. Doch fehlt es bei den Veranstaltern an Experimentierfreude und damit auch an Erfahrungen mit vollwertiger Wettkampfverpflegung.

Zugegeben, Vollwertköstler haben es während eines leistungssportlichen Wettbewerbs schwer. Doch auch Vegetarier hatten es einst, wenn sie auf Reisen essen wollten, schwer. Prof. Michael Hamm (Hamburg), ein Ernährungswissenschaftler, der für vollwertige Ernährung eintritt, fand die Formel, die einen Widerspruch, den zur konzentrierten und denaturierten Wettkampfernährung, auflöst: Wer sich in der Vorbereitungsphase richtig ernähre, könne im Wettkampf zu sich nehmen, was er möge. Bis zu dem Tag, da eine vollwertige Wettkampfernährung geboten wird, müssen wir mit dieser pragmatischen Aussage leben.

Nach einem Lauf sollte der Flüssigkeitsverlust völlig ersetzt werden. Das ist dann der Fall, wenn der Urin nicht mehr dunkelgelb – früher sprach man von Pseudonephritis – verfärbt ist. Sobald der Appetit zurückgekehrt ist, sollte man nach einem Marathon oder Ultramarathon die Kohlenhydratreserven auffüllen; das erleichtert die Regeneration. Nach einem sehr anstrengenden Lauf – ich habe das nach dem Swiss Alpine so empfunden – sollte man nicht zu früh essen. Der Appetit ist zwar da, aber er täuscht. Nach wenigen Bissen scheint der Hunger gestillt zu sein. Der Sympathikus hat seine Herrschaft noch nicht abgegeben. Der Organismus ist noch zu „nervös".

Stunden nach der Anstrengung ist man wieder in den Vollwert-Speiseplan, der möglicherweise durch die übliche Wettkampfverpflegung unterbrochen war, integriert. Eine interessante Beobachtung: Auch Fleischesser haben jetzt kaum Appetit auf Fleisch. Offenbar hungert der Körper nach Kohlenhydraten, nach Salat (Frische, Vitamine), nach einer Suppe (Flüssigkeit), nach Kartoffeln (Stärke). Auf solche Weise können sportliche Leistungen auch ernährungsphysiologisch äußerst lehrreich sein.

Im Breitensport werden andere Sportarten kaum so extensiv und intensiv betrieben wie das Laufen. In Ausdauer-Wettbewerben stellen sich daher, vom Breitensport bis in den Hochleistungsbereich hinein, die Ernährungsfragen so deutlich wie kaum sonst in sportlichen Aktivitäten. Deshalb dominiert in dieser Erörterung – keineswegs nur aus biographischen Gründen – der Ausdauerbereich.

Dokumentationen der Vollwerternährung im Sport

Verschiedentlich ist versucht worden, Wirkungen der Vollwerternährung zu erforschen und zu dokumentieren. In Österreich hat man sich dem Thema pragmatisch genähert. Der Trainer der österreichischen Skispringer-Nationalmannschaft, Professor Baldur Preiml, stellte 1979 die Verpflegung seiner Mannschaft auf Vollwerternährung um. Dazu hatte er sich von Dr. Georg Schnitzer beraten lassen, der auch ein Seminar darüber abhielt. Die Mannschaft gewann im Winter 1979/80 die Vierschanzentournee und holte sich in Lake Placid den Olympiasieg. Von den 10 weltbesten Skifliegern waren damals 5 Österreicher. Allerdings schien Preiml, der üblichen Anschauung folgend, die Eiweißversorgung zu knapp zu sein, und er erhöhte in der nächsten Saison die Proteinzufuhr durch Topfen (Quark). Schnitzer berichtet, dann sei es mit der Spitzenstellung vorbei gewesen. Schnitzer beriet den damaligen Deutschen Meister im Skilanglauf, Dieter Notz, und 1985 den Ultramarathonläufer Bernhard Schöneck, der ein Jahr lang nach speziellen Ernährungsempfehlungen Schnitzers trainierte und 1986 beim Sri-Chinmoy-12 Stunden-Lauf in Köln siegte und die belgischen Meisterschaften im

Der Trainer der österreichischen Skispringer-Nationalmannschaft, Professor Baldur Preiml, stellte 1979 die Verpflegung seiner Mannschaft auf Vollwerternährung um. Die Mannschaft gewann im Winter 1979/80 die Vierschanzentournee und holte sich in Lake Placid den Olympiasieg.

24-Stunden-Lauf mit 247,33 Kilometern gewann. Schöneck hat sich weiterhin vollwertig, ohne tierische Produkte, ernährt und durchquerte 1997 im Alter von 58 Jahren das Death Valley, 311 Kilometer in sechs Tagen bei einer Gluthitze von 50 Grad Celsius und mehr.

1981 startete Prof. Dr. med. Klaus Jung den Deutschlandlauf, eine Pilotstudie über Vollwertkost bei sportlicher Dauerleistung. Dabei wurden von der dänischen bis zur österreichischen Grenze in 20 Tagen 1090 Kilometer zurückgelegt. Manchen Kommentatoren schien dies ein aberwitziges Unternehmen zu sein. Die sechs Teilnehmer, außer Prof. Jung die Initiatorin Gisela Requate, die beiden Mediziner Dr. Hans-Henning Borchers und Dr. Hansmartin Bresch, der Naturkosthändler Bernhard Weiling und der Autor dieses Beitrags, wurden nach den Grundsätzen der Bruker'schen Vollwertkost verpflegt, ohne erhitzte Nahrung. Das Stresshormon Cortisol blieb trotz der körperlichen Belastung relativ niedrig und fiel sogar während des Laufs weiter ab. Der Cholesterinspiegel lag bereits bei Beginn des Laufs unter dem so genannten Normwert, fiel dann weiter ab auf einen fast schon bedenklich zu betrachtenden Wert und stieg nach dem neunten Tag langsam wieder an („Sport und Ernährung").

1987 bestritt Marianne Eisinger ihre Dissertation an der Universität Gießen mit einer vergleichenden Untersuchung der Nährstoffzufuhr zweier Kostformen, und zwar bei einem Deutschlandlauf über 1015 km in 20 Tagen. 30 Läufer ernährten sich konventionell, 25 vollwertig ovolactovegetarisch. Danach erreichte die Vollwertkost in qualitativer Hinsicht ein besser zu bewertendes Fettsäuremuster sowie eine geringere Zufuhr an Cholesterin, Purin und Harnsäure. Bei allen untersuchten Vitaminen war das Angebot der Vollwertkost dem der konventionellen Sportlerkost (ohne Supplementierung) statistisch signifikant überlegen. „Die eingesetzte ovolactovegetarische Vollwertkost eignet sich nach Kriterien der Nährstoffzufuhr, der Nährstoffbedarfsdeckung und allgemeinen Gesundheitsaspekten als Ernährungsform für Ausdauersportler auf jedem Leistungsniveau. Der Eisenzufuhr und -resorption ist dabei jedoch besondere Aufmerksamkeit zu widmen." In einer kleinen Fragebogenaktion unter sich vollwertig ernährenden Sportlern – mit einem Rücklauf von 33 Bogen (30 Prozent) – hatte Christine Ederer ermittelt, dass 79 Prozent den Stellenwert der Ernährung für ihren Sport als hoch oder sehr hoch einschätzen. 23 Prozent gaben an, dass sich ihr Wohlbefinden durch die Vollwerternährung stark verbessert habe, 70 Prozent registrierten immerhin eine Verbesserung. Bei 23 Prozent hatte eine Erkrankung den Anstoß gegeben, sich vollwertig zu ernähren.

An der Universität Bremen bildete sich eine Arbeitsgemeinschaft Gesundheit, Sport und Ernährung (GeSpuEr), die sich aus studentischen Lehrveranstaltungen und Forschungszusammenhängen entwickelt hat. 1989 organisierte Dr. H. J. Schulke, jetzt Leiter des Hamburger Sportamts, ein Symposium, das den Weg zu einer engeren Verbindung von Sport und gesundheitswirksamer Ernährung wies. Damals schon registrierte der Ernährungsmediziner Prof. R. Großklaus (Berlin), das Angebot an „sportiver" Ernährung sei sprunghaft angestiegen. Dabei handle es sich überwiegend um Substitutionspräparate. Trainer und Clubleiter in den Turn- und Sportvereinen seien zweifelsohne überfordert, eine sinnvolle Auswahl zu treffen und ihren Aktiven richtige Ernährungsratschläge zu erteilen. Nach einer Umfrage unter jugendlichen Sporttreibenden in der Schweiz gaben nur 22 Prozent der Befragten an, dass ihnen vernünftige Ernährungsratschläge gegeben wurden, wobei es sich meistens nur um mündliche Hinweise von fragwürdiger Qualität, zum Teil um falsche Aussagen handelte.

Der Deutsche Leichtathletik-Verband hat der Thematik Sport und Ernährung bislang nicht die erforderliche Aufmerksamkeit zuteil werden lassen.

Die Situation in der deutschen Leichtathletik wurde bündig so beschrieben: „Der Deutsche Leichtathletik-Verband hat der Thematik Sport und Ernährung bislang nicht die erforderliche Aufmerksamkeit zuteil werden lassen. Es gibt keine Empfehlungen des Verbandes, welche Themen auf welchen Informationswegen an welche Gruppen vermittelt werden sollen. Praktische Erfahrungen liegen nicht vor" (Dr. K. J. Moch, Gießen). An dieser Lage, dass der Zusammenhang von Sport und Ernährung kaum thematisiert worden sei, hat sich seither nichts geändert. Besser sieht es offenbar mit der Vollwerternährung bei den studentischen Mensen aus; doch auch hier sei das Interesse an gesunder Ernährung nur bei etwa 20 Prozent ausgeprägt.

In Grassau in der Nähe des Chiemsees haben Ausdauersportler 1987 ein Laufseminar ins Leben gerufen, bei dem erstmals Vollwerternährung sowohl im Seminarprogramm als auch auf der Speisekarte der Teilnehmer stand. Nach wie vor informiert der Sportphysiotherapeut Manfred Jäger, Vizeweltmeister im Duathlon und erfolgreicher Marathonläufer, auf dem Seminar über vollwertige

Ernährung nach den Regeln Dr. Brukers. Das einwöchige Seminar findet jährlich in der Karwoche statt.

Wenn man vegetarische Ernährung als den Einstieg zu vollwertiger Ernährung betrachtet, sofern sich nicht „Pudding-Vegetarier" mit dem Weglassen von Fleisch begnügen, dann ist beim Berlin-Marathon 2003 ein Schritt vorwärts getan worden; auf der Marathon-Messe war erstmalig auch der Vegetarier-Bund Deutschlands (Blumenstr. 3, 30159 Hannover, www.vegetarierbund.de) mit einem Informationsstand vertreten. Ein Prospekt „Vegetarisch kommt gut an" bahnt den Weg zu vollwertiger Sporternährung.

Was ist zu tun?

Obwohl Sport und Ernährung zusammengehören, zum großen Teil sogar in Wechselwirkung stehen, kümmern sich die Vereine kaum um diesen Zusammenhang.

Der organisierte Sport hat, auch hier wieder sonstige Defizite kompensierend, eine gesellschaftliche Funktion. Dies drückt sich darin aus, dass in Deutschland der Innenminister auch für den Sport zuständig ist und der Vereinssport durch die öffentliche Hand, vom Bund bis zur Gemeinde, Zuwendungen erhält. Ob die Sport- und Turnvereine ihre gesellschaftliche Funktion ausreichend ausüben, muss in mehrerlei Hinsicht bezweifelt werden. Eines der vernachlässigten Gebiete ist, wie schon in Bremen beklagt worden ist, die Ernährung. Obwohl Sport und Ernährung zusammengehören, zum großen Teil sogar in Wechselwirkung stehen, kümmern sich die Vereine kaum um diesen Zusammenhang. Größere Vereine unterhalten ein Vereinsheim mit einer Gaststätte. Der Pächter wird nicht im Entferntesten nach der Qualifikation für eine gesunde Sporternährung ausgesucht. Häufig betreiben aus dem Ausland Zugewanderte die Gaststätte, weil diese nur durch Selbstausbeutung zu führen ist. Ernährungsphysiologische Gesichtspunkte oder selbst simple Verhaltensregeln – Rauchverbot im Vereinsheim, schon mit Rücksicht auf die jugendlichen Sportler – bleiben unberücksichtigt. Der Fettgeruch aus der Küche spricht für sich. Nicht nur, dass keine Impulse für die individuelle Ernährung gegeben werden, das Angebot bleibt auch hinter dem der sonstigen öffentlichen Gaststätten zurück.

Eine gesunde, sportgerechte Ernährung ist im Sportbetrieb noch kein Thema. Gelegentlich wundere ich mich über übergewichtige Funktionäre und Trainer. Wie sollten von ihnen Ernährungs-Informationen zu erlangen sein? Anleitung zu gesunder Ernährung könnte Kindern und Jugendlichen ganz nebenbei im Sportverein gegeben werden. Zwar gibt es Versuche, eine solche Ernährungskunde in den Schulunterricht zu integrieren; aber man kann nicht jedes Problem der Zivilisation auf die Schule abschieben. Besser ist es, zum selbstständigen Wissenserwerb zu motivieren. Der Sport, in dem ja auch die positive Wirkung einer bedarfsgerechten Ernährung am frühesten sichtbar wird, böte eine Basis dazu.

Auf öffentlichen Sportveranstaltungen müsste die Ernährung durch beispielhafte Angebote thematisiert werden. Das Zielgelände eines Volkslaufs sollte sich grundsätzlich von einem Jahrmarkt mit Würstelbuden und Zuckerwatte unterscheiden. Von den Organisatoren ist mehr Flexibilität gefragt; sie sollten sich Gedanken darüber machen, was täte den Läuferinnen und Läufern nach dem Einlaufen und der Dusche außer der Hydrierung gut? Welche Lebensmittel kämen für die Wiederauffüllung der Glykogenspeicher in Frage? Salatbüfett mit Produkten aus biologisch-dynamischem Anbau, vegetabiler Gemüseeintopf, Vollkornbrot mit Honig wären empfehlenswert. Es muss doch nicht immer der selbst gebackene Kuchen sein.

An der Organisation eines Volkslaufs sind viele Fachleute beteiligt, unterwegs Sanitäter, bei der Auswertung Computerspezialisten – warum sollte man nicht auch eine Gesundheitsberaterin oder einen Gesundheitsberater hinzuziehen? Die Gesellschaft für Gesundheitsberatung (GGB) hat über 4000 ausgebildet. Bei aller Hochschätzung des Ehrenamtes darf man freilich nicht erwarten, dass dies kostenlos geschehen könnte; dazu haben die Gesundheitsberater, obwohl immer persönliches Engagement zu dieser Ausbildung geführt hat, zuviel Zeit und Kosten – die GGB wird nicht mit öffentlichen Mitteln gefördert – investiert. Ich besorge hier nicht das Geschäft, public relations für die Gesellschaft für Gesundheitsberatung zu betreiben. Ich möchte nur Sportvereine und Marathon-Veranstalter auf diese Möglichkeit aufmerksam machen, und ich möchte Gesundheitsberater GGB anregen, sich mit den zuweilen nur nicht erkannten Informationsbedürfnissen im Sportbetrieb, insbesondere bei den Hunderten von Volksläufen, zu befassen. Nicht selten sind engagierte GGB-Gesundheitsberater (ich bin zur maskulinen Form übergegangen, obwohl sie real in der Hauptsache weiblich sind) an hauswirtschaftlichen Ausstellungen oder Gesundheitsseminaren beteiligt, und für

GGB
Gesellschaft für Gesundheitsberatung GGB e. V.

Die Gesellschaft für Gesundheitsberatung GGB hat über 4000 Gesundheitsberater/innen ausgebildet.

die dabei angebotenen Erzeugnisse der Vollwertküche ernten sie meistens hohes Lob. Es würde sich lohnen, wenn sie ihr Engagement auf Sportveranstaltungen ausdehnen würden.

Die Handlungsanleitung für die Praxis sollte diese Erkenntnisse berücksichtigen:

❍ Bewusstmachung der Ernährungssituation. Ein großer Teil der Krankheiten ist ernährungsbedingt. Wenn es gelänge, diesen Teil auch nur nennenswert zu reduzieren, würden die Krankenkassen und -versicherungen entlastet.

❍ Eine vollwertige Ernährung ist das Gesundheitskonzept der Zukunft. Dabei sollte man es sich nicht zu leicht machen und nicht alles hinnehmen, was als „vollwertig" angepriesen wird. Die Erhaltung der Gesundheit oder ihre Wiedergewinnung ist zunächst eine Informationsfrage. In meiner Darstellung bin ich mit voller Absicht von herkömmlicher ernährungsmedizinischer Literatur und konventionellen Ernährungsratgebern ausgegangen und habe versucht, tradierte Erkenntnisse mit denen des Ganzheitsarztes M. O. Bruker zu konfrontieren.

❍ Sporternährung sollte nicht länger mehr nur als der Stoff, aus dem (vielleicht) Rekorde sind, betrachtet werden, sondern als eine Optimierung des Leistungspotenzials. Da, wo Leistung nur noch mit Schädigung einhergeht, muss die Ethik des Sports die Grenze setzen. Wir brauchen nicht unbedingt Olympische Spiele, wir brauchen gesunde sportliche Menschen, die aktiv bis ins hohe Alter sind, und keine Sport-Invaliden, seien sie auch medaillengekrönt.

❍ Vollwertige Ernährung ist keine Diät, erfordert aber Nachdenken und Engagement. Dies ist schwerer, als beispielsweise seine Laufstrecke zur Marathonreife zu steigern. Raucher-Entwöhnung durch „Morgen ein bisschen weniger rauchen" funktioniert nicht; alle sind sich darüber einig, dass Rauchen schadet und nur der völlige Verzicht den Weg aus der Abhängigkeit bahnt. Umstellung auf Vollwerternährung bedeutet Umkehr. Kleine Kompromisse, zumal da sie nicht unmittelbar schädliche Folgen haben, mögen die Umstellung erleichtern, bedeuten aber die Gefahr der Verwässerung.

- Das Grundgesetz vollwertiger Ernährung ist überaus simpel, die Anwendung hingegen diffizil. Information ist unabdingbar. Man muss sich bewusst sein, dass den Produzenten von Fabriknahrung an der Ausbreitung vollwertiger Ernährung nicht gelegen sein kann und Bestandteile der Vollwerternährung wie das frisch geschrotete Getreide sowie exponierte Vertreter der Vollwertkost wie M. O. Bruker verunglimpft werden. Mediale Unterstützung der Bemühungen von Gesundheitsberatern GGB ist höchstens im Einzelfall durch geduldige Anbahnung persönlicher Kontakte zu erreichen.

- Durch persönliches Engagement sollte es gelingen, das Konzept vollwertiger Ernährung mehr, als bisher in Ansätzen geschehen ist, in den Sport, in Sportstätten wie in Sportveranstaltungen, hineinzutragen.

- Wer Sport treibt, muss sich fragen, ob er damit alles getan hat, gesund zu bleiben.

Bibliographie

Anemueller Helmut: Vollwerternährung – aber richtig. Stuttgart, 1991

Applegate Liz: Pasta – nichts als ein Dickmacher? In „Runner's World“ Deutschland, August 1995

Bean Adam: Gesund & fit. In „Runner's World“ Deutschland, 3/1997

Bircher Ralph: Höchstleistungskost für Sport, Berg, Eis, Wüste und Dschungel. Bad Homburg, 1980

Böhmig Ulf: Heilmittel Ernährung. Wien, 1985

Breuer Rosemarie: Leistungssteigerung durch gezielte Ernährung. Bruchhausen-Vilsen, 1984

Breuer-Schüder Rosemarie: Mehr wissen, mehr leisten. Eine Ernährungslehre für Sportler und Trainer. Bruchhausen-Vilsen, 1986

Bruker Max Otto: Krank durch Zucker. Der Zucker als pathogenetischer Faktor. Bad Homburg v. d. H., 9. Auflage 1981

Bruker Max Otto: Unsere Nahrung – unser Schicksal, Lahnstein, 37. Auflage 2003

Bruker Max Otto und Ilse Gutjahr: Biologischer Ratgeber für Mutter und Kind. Hopferau, 1982

Bruker Max Otto: Leben ohne Herz- und Kreislaufkrankheiten (früher: Sich schützen vor dem Herzinfarkt). Hopferau, 6. Auflage, 1982

Bruker Max Otto: Gesund durch richtiges Essen. 7. Aufl. München, 1983

Bruker Max Otto: Vorsicht Fluor! Das Kariesproblem. Hopferau, 1. Auflage, 1984

Bruker Max Otto und Ilse Gutjahr: Cholesterin, der lebensnotwendige Stoff. Lahnstein, 1991

Bruker Max Otto und Ilse Gutjahr: Osteoporose. Dichtung und Wahrheit. Lahnstein, 1992

Centrale Marketinggesellschaft der deutschen Agrarwirtschaft mbH: Butter und Butterschmalz. 1993

Cölle Eberhard: Lebensgespräche. Zwischenbilanz eines Fünfundsiebzigjährigen „Jetzt und hier“ zum 75. Geburtstag von Dr. med. M. O. Bruker. Stuttgart 1985

Coleman Ellen: Richtige Ernährung für alle Ausdauersportler. Aus dem Amerikanischen. München 1989

Cremer Hans-Dietrich: Die große Nährwert-Tabelle. München, o. J.

Davis Adele: Jeder kann gesund sein. Fit und vital durch richtige Ernährung. Aus dem Amerikanischen. Bonn, 1970

Diamond Harvey und Marilyn: Fit für's Leben. Aus dem Amerikanischen. München, vor 1992

Donath Rolf und Schüler Klaus-Peter: Ernährung der Sportler. Berlin, 1985

Ederer Christine: Vollwerternährung im Sport. Wissenschaftliche Arbeit im Fach Sport, Berufspädagogische Hochschule Esslingen, Studiengang Nahrungswissenschaft, 1986

Geiß Kurt-Reiner und Hamm Michael: Handbuch Sportlerernährung. Reinbek, 1990

GeSpuEr: Symposium Sport Ernährung Gesundheit. Universität Bremen, 1989

Haas Robert: Die Dr. Haas Leistungsdiät für Sport, Beruf und Fitneß. Aus dem Amerikanischen. München, 1985

Haller Albert von: Gefährdete Menschheit. Ursache und Verhütung der Degeneration. Stuttgart, 5. Auflage 1980

Hamm Michael: Fitneßernährung für Herz und Kreislauf. Köln, 1987

Heaney Robert P. und Barger-Lux Janet: Calcium. Calciummangel beheben. Wie wir der Gefahr der Osteoporose entgehen können. Aus dem Amerikanischen. München, 1988

Heede Karl-Otto: Millionen könnten geheilt werden! Düsseldorf, 1985

Jakob Ernst: Eisenstoffwechsel und -defizite im Ausdauersport. So gehen Sie diagnostisch und therapeutisch vor. In „Arzt und Sport", Special 1992

Jakowlew Nicolai Nikolajevitsch: Sportbiochemie. Aus dem Russischen. Leipzig, 1977

Jung Klaus: Sport und Ernährung. Aachen, 1984

Kasper Heinrich: Ernährungsmedizin und Diätetik. 5. Aufl. München, 1985

Katalyse-Umweltgruppe Köln e. V. (Hrsg.): Chemie in Lebensmitteln. Frankfurt am Main, 15. Auflage 1982

Ketz Hans-Albrecht und Baum Friedbert (Hrsg): Ernährungslexikon. Leipzig, 1986

Kleinmann Dieter: Beschwerden bei Langstreckenläufern. In „Special Marathon Journal" 1991

Koerber Karl von, Männle Thomas und Leitzmann Claus et al. (Mitarbeit): Vollwert-Ernährung. Konzeption einer zeitgemäßen Ernährungsweise. 9., überarbeitete Auflage. Heidelberg, 1999

Kollath Werner: Zivilisationsbedingte Krankheiten und Todesursachen. Haug, 1958

Kollath Werner: Die Ordnung unserer Nahrung. 9. Aufl. Stuttgart, 1981

Kollath Werner: Getreide und Mensch – eine Lebensgemeinschaft. 3. Aufl. Bad Homburg, 1980

Konopka Peter: Sporternährung. Leistungsförderung durch vollwertige und bedarfsangepaßte Ernährung. München, 1985

Konopka Peter: Sport, Ernährung, Leistung. 4. Auflage, Osthofen, 1984

Marquardt Matthias: Fett mehr als ein Dickmacher. Ernährungswissenschaft im Umbruch. In „Running-Magazin", August 2002
Mickenbecker Vera: Vegetarier im (Hoch)Leistungssport. Examensarbeit in Sportmedizin bei Prof. Dr. Dieter Böhmer, Johann-Wolfgang-Goethe-Universität Frankfurt a. M., 1986

Neumann Georg: Ernährung im Sport. Aachen, 1996
Nöcker Josef: Die Ernährung des Sportlers. Schorndorf, 1978
Nolfi Kirstine: Meine Erfahrungen mit Rohkost. Hilchenbach, 9. Auflage, 1981

Pschyrembel Willibald: Klinisches Wörterbuch, 257. Auflage, Berlin 1994

Schnitzer Johann G.: Der alternative Weg zur Gesundheit. München, 1982
Schürch Peter: Flüssigkeitsaufnahme und Sport. Erlangen, 1991
Sommer Walter: Das Urgesetz der natürlichen Ernährung. Ahrensburg, 1972
Sonntag Werner: Die dritte Säule unseres Wohlbefindens: Bewegung. In „Der Gesundheitsberater", März 2003
Spiegel Der: Zerbeulte Zellen 38/1979
Steffny Herbert/Ulrich Pramann/Charly Doll: Perfektes Lauftraining – das Ernährungsprogramm. München 2003
Stolzenberg Günther: Die gesunde Kost für Sport und Rekord. Puchheim, 1985
Stolzenberg Günther: Weltwunder Vegetarismus München, o. J. (vermutlich 1985)
Stolzenberg Günther: Die Zukunft der menschlichen Ernährung. Mehr Nahrung oder Geburtenkontrolle? München, o. J.

Verbraucherzentrale: Fit für den Sport. Berlin, 2003

Wagner Günter und Schröder Uwe: Essen, Trinken, Gewinnen. Praxishandbuch für die Sporternährung. Darmstadt, 2003
Wagner Günter, Peil Johannes und Schupp Gerhard: Trink dich fit. Handbuch für das richtige Trinken im Sport. Darmstadt, 1993
Wolfram G.: Fett in der Ernährung. Diätberatung kommt mit wenigen einfachen Grundregeln aus. In „Der Feinschmecker für Ärzte" 8/1990
Worm Nicolai: Ratgeber Ernährung. Ein Wegweiser in die Ernährungsphysiologie. München, 1987
Worm Nicolai: Die Top-Sport-Diät für alle. München, 1989
Württ. Landessportbund: 7. Sportmedizinisches Seminar „Sportgerechte Ernährung" 1983 in Tübingen. Stuttgart, 1983

Zapf Jürgen: Für Höchstleistungen muß der Treibstoff stimmen. Basisernährung im Sport. In „Sports Care" 3/1998
Zapf Jürgen: Keine Angst vor Fetten!? In „Sports Care" 1/2001

ERFAHRUNGS-
BERICHTE
AUS DER
PRAXIS

Alles, was sich bewegt,
bewegt sich entweder von Natur
oder durch eine äußere Kraft
oder vermöge seines Willens.

Aristoteles

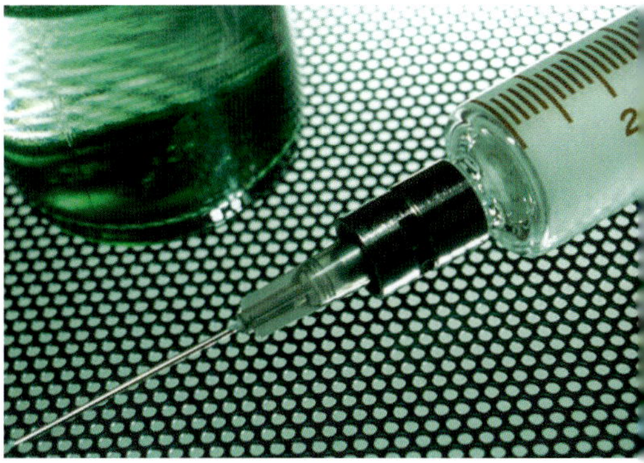

Torsten Metscher

Weg vom Doping!

Ich habe es geschafft und bin froh darüber

Über zehn Jahre war der Kraftsport ein Großteil meines Lebens. Angefangen habe ich mit 17½ Jahren, als mich ein Freund zu einer Probestunde in einem Fitnessstudio überredete. Zu diesem Zeitpunkt war ich als Geräteturner sehr aktiv und hatte drei- bis viermal in der Woche Training.

Die Probestunde machte mir großen Spaß, obwohl mir nach diesem Training total schlecht war. Da ich zu dieser Zeit noch Schüler war, bedurfte es einiger Überredungskunst, um meine Mutter davon zu überzeugen, dass ich das Training wirklich über einen längeren Zeitraum machen würde. Wie heute meistens noch üblich, musste man sich für längere Zeit verpflichten, für eine monatliche Gebühr Mitglied in einem Fitnessstudio zu werden.

Von da an verbrachte ich einen Großteil meiner Freizeit mit Sport. Es war absolut faszinierend für mich zu erleben, wie man den Körper durch Widerstandstraining verändern kann. Ich wollte mehr Muskeln und trainierte teilweise (in den Ferien) zweimal am Tag. Als ich anfing mit dem Training ,wog ich 58–60 kg. Das Trainingspensum lag mit dem Turnen bei sieben Tagen pro Woche. Nach wenigen Wochen stellten sich Beschwerden an meinen Unterarmen ein. Es ging so weit, dass ich zeitweise nicht mehr greifen oder eine normale Tasse halten konnte.

Der Arzt stellte eine Entzündung der Sehnenscheide fest. Ich bekam Salben und verschiedene Packungen. Ich schränkte mein Training zu dieser Zeit zwar etwas ein, aber aufhören konnte ich nicht. Gut in Erinnerung sind mir noch meine sehr fest gewickelten Bandagen um die Unterarme, damit die Schmerzen gerade beim Turnen erträglich waren.

Viele Wochen und Monate hatte ich diese Entzündungen. Erst mit dem Einsatz von Spritzen wurden die Beschwerden besser. Rund anderthalb Jahre versuchte ich, Turnen und Kraftsport gleichzeitig zu betreiben. Dann fing ich an, das Turnen etwas zu drosseln und trainierte nur noch ein- bis zweimal die Woche. Mein Hanteltraining verstärkte ich auf vier- bis fünfmal die Woche. Es gab Phasen, in denen ich zusätzlich jeden Morgen um 6.00 Uhr fünf Kilometer lief.

Ein hundertprozentiger Sport-Junkie

Torsten Metscher: „Ich habe es geschafft und bin froh darüber."

Im Fitnessstudio bewunderte ich einen ganz besonders. Boris war etwa 20 Jahre alt. Er sah einfach gigantisch aus. Er war schon einige Jahre dabei und hatte einen sehr gut trainierten und muskulösen Körper.

Ich holte mir viele Tipps für das Training und die Ernährung von ihm. Mein erstes Zusatzpräparat war von der Firma „Wieder-Brunner" und hieß „Crash Weight Gain Formula No. 7". Die Firma Wieder wurde von Joe Wieder gegründet, der sich selbst „Trainer der Champions" nennt.

Joe Wieder war ein Förderer von Arnold Schwarzenegger. Außerdem bringt sein Unternehmen monatlich die Zeitschrift „Sportrevue" heraus. Diese ist speziell für Fitness- und Muskeltraining gedacht. Sie ist natürlich voll mit Eigenwerbung für seine Produkte. Er gründete die ISBB, einen der weltgrößten Verbände für Bodybuilding, und richtete die ersten Wettkämpfe aus.

„Crash Weight" war ein Kohlenhydrat-Eiweiß-Pulver. Auch von der Firma Hipp (Kinderernährung) gab es zu dieser Zeit ein Eiweißpräparat. Dieses war sehr günstig im Preis, es schmeckte allerdings muffig und war nur mit viel Kakaopulver zu genießen.

Meine Grundernährung sah zu dieser Zeit alles andere als gesund aus. Hauptnahrungsquellen waren: Tiefkühlpizzen, Nudeln, Milch – mit 1,5 Prozent Fett, Quark, Toastbrot, Nutella, geschälter Reis mit verschiedenen Fertiggerichten, zum Beispiel Hühnerfrikassee, Fertigmüsli, gekaufte Haferflocken, Fruchtjoghurt, Wurst und Fleisch.

In den ersten zwei Jahren legte ich etwa sechs Kilogramm an Körpergewicht zu. Wie viele andere träumte auch ich davon, einmal an einem Wettkampf teilzunehmen. Ein großes Problem war damals für mich, dass ich Schwierigkeiten hatte, schwerer zu werden und an Muskelmasse zuzulegen (wen wundert's – bei der Ernährung).

Ich aß vier- bis fünfmal am Tag Berge von den oben genannten Nahrungsmitteln. Zwischendurch oder zu den Mahlzeiten mixte ich mir meist noch einen Shake mit folgenden Zutaten: ca. $^{1}/_{2}$ Liter Milch oder mehr, eine halbe Banane, ein rohes Ei, zwei bis drei Löffel Eiweißpulver, ein Päckchen Vanillezucker, fertige Haferflocken, eventuell Magerquark, Kakao- oder Erdbeerpulver, Traubenzucker. Dieser Shake ersetzte öfter auch mal eine Mahlzeit – wenn es schnell gehen sollte. Übrigens wurde das meiste warme Essen in der Mikrowelle zubereitet.

Das Sportstudio war für mich, aus heutiger Sicht, wie eine Ersatzfamilie. Ich wuchs vaterlos auf, und meine Mutter war durch ihre Selbstständigkeit den ganzen Tag nicht da.

Warnzeichen: chronische Erkältungen

Ich war zu dieser Zeit extrem anfällig für Erkältungskrankheiten und Vereiterungen der Stirnhöhle. Dies wurde in den Jahren immer schlimmer. Das Sportstudio war für mich, aus heutiger Sicht, wie eine Ersatzfamilie. Ich wuchs vaterlos auf, und meine Mutter war durch ihre Selbstständigkeit den ganzen Tag nicht da.

Ich war (und bin) eher ein Einzelgänger und hatte wenig Freunde. Der Sport brachte mir Anerkennung, und das Training zeigte kleine Erfolge. Das Krafttraining war schon damals sehr gut durchstrukturiert, das heißt dass nicht alle Muskelgruppen auf denselben Tag trainiert wurden, sondern dass man sein Training aufteilte.

Ein einfacher Split war zum Beispiel, Brust, Schulter und Trizeps an einem Tag zu trainieren und Rücken, Bizeps und Beine am nächsten. Der Bauch wurde bei jeder oder bei jeder zweiten Trainingseinheit mittrainiert.

Die meisten Trainingseinheiten wurden im Bereich der Hypotrophie (zwischen sechs bis zwölf Wiederholungen pro Übung) oder der Maximalkraft (eine bis sechs Wiederholungen) ausgeführt.

Pro Muskelgruppe wurden meist drei bis vier Übungen mit vier

Sätzen gemacht, das heißt dieselbe Übung wurde viermal mit einer kleinen Pause dazwischen durchgeführt. Etwa alle drei Monate wurden die einzelnen Übungen ausgetauscht. Drogen, um die Leistung zu steigern (Anabolika, Steroide oder Ähnliches), gab es bei uns im Sportstudio nicht.

Nahrungsergänzungsmittel

Zum damaligen Zeitpunkt entzog sich dies auch meiner Vorstellung. Nachdem ich meine Ausbildung beendet hatte, zog ich von der Kleinstadt (ca. 18 000 Einwohner) nach Berlin. Das Turnen war damit für mich beendet, und ich trainierte nur noch im Sportstudio. Durch meinen Job (und mein eigenes Geld) war ich in der Lage, mir „bessere“ Nahrungsergänzungspräparate zu kaufen. So nahm ich nicht nur Eiweißpulver zu mir, sondern auch Aminosäuretabletten, Trinkampullen, Mineraldrinks und ein Eiweiß-Kohlenhydrat-Pulver.

Ich kaufte mir zu dieser Zeit auch meine ersten Bücher über die optimale Ernährung für den Kraftsport. Zusätzlich las ich jeden Monat die „Sportrevue“. Mit diesem „Wissen“ wurde nach und nach auch meine Ernährung ein wenig umgestellt. Weniger Fett und genügend komplexe Kohlenhydrate und Eiweiß war die Devise.

Praktisch hieß das: viel Magerquark, geschälter Reis, Nudeln aus Weißmehl, fettarme Milch (oder H-Milch), Fruchtjoghurt mit 1,2 Prozent Fett oder am besten den mit 0,3 Prozent Fett, abgepacktes Vollkornbrot aus dem Supermarkt oder Vollkorntoast, Halbfettmargarine, Schinken und „Du-Darfst“-Salami, fertige Haferflocken, Bananen und Obst (meist nur Äpfel und Birnen), mageres Fleisch wie Hühnchen oder Putenbrust und Steak und Eiklar (das Eigelb wurde nicht verwendet).

Gerade die Wichtigkeit einer genügenden Eiweißzufuhr wurde (und wird immer noch) in diversen „Fachbüchern“ und Zeitschriften bestätigt. So wurde für einen Bodybuilder eine Aufnahme von drei bis vier Gramm Eiweiß pro Kilogramm Körpergewicht empfohlen. Selbst in meiner 1994 bis 1995 absolvierten Ausbildung zum Ernährungstrainer wurde noch ein Wert von 2 g/kg Körpergewicht genannt oder ein Nährstoffverhältnis von 25 bis 30 Prozent Eiweiß vom Gesamttagesumsatz.

Die Wertigkeit des Eiweißes wurde an Hand des Aminosäureprofils und an der herkömmlichen biologischen Wertigkeit gemessen.

All diese Informationen stellte ich zum damaligen Zeitpunkt nie in Frage, da sie ja allgegenwärtig waren. Alle aßen das Gleiche und alle erzählten das Gleiche. Mit dieser Mast brachte ich es auf etwa 68 bis 70 kg Körpergewicht. Meine Probleme mit den Nebenhöhlen der Stirnhöhle nahmen zu diesem Zeitpunkt ein erschreckendes Maß an.

Die Ärzte sagten mir, dass es chronisch sei und man da nicht viel machen könne. Ich bekam also sehr oft – meist auch vorbeugend – Medikamente, die schleimlösend wirkten. Ich war natürlich extrem anfällig für jegliche Arten von Erkältungskrankheiten. Selbst sehr hohe Dosen an Vitamin C aus der Apotheke und eine Reihe von Multivitaminpräparaten konnten da nicht helfen.

Alle aßen das Gleiche und alle erzählten das Gleiche. Mit dieser Mast brachte ich es auf etwa 68 bis 70 kg Körpergewicht. Meine Probleme mit den Nebenhöhlen der Stirnhöhle nahmen zu diesem Zeitpunkt ein erschreckendes Maß an.

„Wundermittel“

Ungefähr Mitte 1991 wechselte ich mein Sportstudio in Berlin und trainierte in einem größeren Studio mit circa 1600 qm Fläche. Dort rannten gigantische Typen herum, mit unglaublichen Muskeln. Hier wurde ich das erste Mal mit dem Thema anabole Steroide konfrontiert.

Kannte man sich durch das Training im Studio ein wenig, wurde offen über das Thema gesprochen. Ein beliebter Satz war: „Wenn Du auf die Bühne willst, geht es nicht ohne“. Ich war innerlich in einem starken Konflikt. Einerseits wollte ich auf die Bühne, aber auf der anderen Seite konnte ich mir nicht vorstellen, über Wochen oder Monate Medikamente zu nehmen.

Da ich meine Leistung auch steigern wollte, suchte ich nach Alternativen. Ich kaufte mir Bücher über Supplements und Alternativen zu Steroiden. In Amerika gab es damals ein Supplement, welches die körpereigene HDH-Ausschüttung während der Nacht bis um 700 Prozent erhöhen sollte. Es war kein Medikament, sondern eine Aminosäuremischung und „ohne Nebenwirkungen“. Hersteller war die Firma Strange System, die bei Bodybuildern einen guten Ruf hatte.

Ich wollte dieses Wundermittel einmal probieren und hatte nur noch das kleine Problem, dass es in Deutschland nicht vertrieben wurde (oder werden durfte). Über eine spezielle Firma für Supplements in den Niederlanden war das allerdings nicht so schwierig. Ich nahm das Mittel für etwa sechs Wochen. Es war eine Kombination aus Arginin, Pyroglutamat und Lysin.

„Wenn Du auf die Bühne willst, geht es nicht ohne."

Weder eine Kraft- noch eine Gewichtszunahme merkte ich. Während solcher Phasen schrieb ich übrigens meine Trainingsleistung genau auf. Auch verschiedene hoch dosierte Vitamine probierte ich zur Leistungssteigerung, zum Beispiel Vitamin E und B-Komplexe. Im Sportstudio sah ich, welche Fortschritte andere machten – mit anabolen Steroiden – und wollte nach so vielen Jahren harten Trainings auch weiterkommen.

Ich suchte einen Arzt, der mir helfen würde, eine Alternative für mich zu finden. Dieser Arzt war schnell gefunden. Er empfahl Vita Sprint, ein Vitamin B-12-Präparat, welches man für eine optimale Wirkung spritzen musste. Ich fuhr also für die nächsten Wochen etwa zwei- bis dreimal die Woche zum Arzt, um mir meine Spritze abzuholen. Ich fühlte mich sehr gut damit, aber eine objektive Leistungssteigerung konnte ich nicht feststellen. Zu dieser Zeit trainierte ich überwiegend extrem schwer und lang ($2^1/_2$ Stunden und länger). Auch verschiedene flüssige Aminosäurepräparate versuchte ich.

In dieser Zeit kaufte ich mir auch mein erstes Buch über Anabolika. Es hieß „Roids" und war von T. C. Clark, einem Bodybuilder, geschrieben. In diesem Buch wurde die Einnahme von Medikamenten aus meiner heutigen Sicht stark verharmlost. Verwunderlich ist, mit welcher Selbstverständlichkeit ich dieses „Wissen" aufnahm, ohne es in Frage zu stellen. Ich besorgte mir alles an Literatur, was es zu dem Thema gab.

Zeitgleich suchte ich mit meinem Arzt noch mehrere Alternativen zum Anabolikagebrauch. Die Medikamente waren: Catapressan – ein Blutdruckmittel. L-Dopa – ein Mittel gegen Parkinson-Syndrom. Nuran – ein Appetitanreger.

Catapressan und L-Dopa sollten für eine erhöhte Ausschüttung von Wachstumshormonen sorgen. Diese nahm ich daher abends ein (da die körpereigene HGH-Ausschüttung nachts wohl am höchsten ist). Das Medikament Nuran sollte nicht nur für einen vermehrten

Hunger sorgen, sondern auch ein starkes anaboles Potenzial haben. Ich nahm durch Nuran deutlich zu , sah allerdings nicht unbedingt wie ein gut durchtrainierter Bodybuilder aus. Die Zunahme des Körpergewichts war eher auf einen vermehrten Fettansatz zurückzuführen.

Anabolika

Das Medikament Nuran sollte nicht nur für einen vermehrten Hunger sorgen, sondern auch ein starkes anaboles Potenzial haben.

Es kam wie es kommen musste. Ich hatte nach vielen frustrierenden Versuchen die ersten Anabolika gekauft. Es waren russische Metanabol (Dianabol-Tabletten). Ich machte mir einen Einnahmeplan über sechs Wochen. Die Einnahmedosis wurde über diesen Zeitraum langsam gesteigert und auch wieder verringert. Die Gewichts- und Kraftzunahme war überproportional. Ich nahm in dieser Zeit circa 10 bis 12 Kilogramm zu. Meine Kraftleistung stieg bei einzelnen Übungen auf 20 bis 40 Kilogramm mehr als vorher. Dies war eine sehr erstaunliche Erfahrung.

Da die anabole Stoffwechsellage, die ich während der Einnahme hatte, künstlich war, konnte ich weder das Kraftniveau noch die Gewichtszunahme lange halten. Was auch noch auffiel, waren die Stimmungsschwankungen, die mit der Einnahme einhergingen. Während ich das Medikament nahm, war ich euphorisch. Nach dem Absetzen war ich eher depressiv. Eine höhere Reizbarkeit war während der Einnahme zu beobachten. Diese erste „Kur“, wie man einen Einnahmezyklus nennt, war der Einstieg in einen Teufelskreis.

Während der Einnahme fiel mir die beschleunigte Erholungsfähigkeit des Körpers auf. Ich konnte viel länger trainieren. Wenn ich sonst nach einem sehr schweren Training eine Woche Erholung für den Muskel brauchte, um wieder dieselbe Leistung zu bringen, war es mir in der „Kur“ möglich, die gleiche Leistung nach wenigen Tagen zu wiederholen. Es war ein Gefühl der Unbesiegbarkeit.

Viele Bücher las ich über die Einnahme von Medikamenten im Sport. Einige enthielten vollständige Einnahme-Schemata. Meist wurden mehrere Medikamente kombiniert. Orale Anabolika mit verschiedenen Halbwertzeiten wurden oft kombiniert. Zusätzlich kamen injizierbare Anabolika dazu. Um den Testosteronspiegel und die Eigenproduktion wieder anzuregen, wurden auch Medikamente, zum

Beispiel HCG, eingesetzt. Die genannten Dosierungen schwankten manchmal um mehr als 300 bis 400 Prozent.

Von einem Trainingspartner bekam ich die Adresse eines Arztes, der „sehr offen" gegenüber Anabolika war. Schnell war ein Termin gemacht. Ich hatte schon ein komisches Gefühl, als ich bei ihm im Wartezimmer saß. Was wird der Arzt sagen, wenn ich ihm erzähle, dass ich Anabolika nehme, um im Sport weiterzukommen? Ist er vielleicht sogar bereit, mir einige Medikamente zu besorgen? Und wie sieht es mit regelmäßigen Blutuntersuchungen während der Einnahme aus?

Im Sportstudio sah ich, welche Fortschritte andere machten – mit anabolen Steroiden – und wollte nach so vielen Jahren harten Trainings auch weiterkommen.

Ein verantwortungsloser Arzt

Meine Angst war völlig unbegründet. Ich berief mich auf meinen Trainingspartner und war über die Reaktion sehr erstaunt. Es saß mir gegenüber ein Arzt, der es als völlig normal ansah, dass ich Anabolika nahm und weiter nehmen wollte. Ich kann mich noch sehr gut an unser erstes Zusammentreffen erinnern. Er gab mir mehrere Proben von verschiedenen Anabolika mit.

Die Blutuntersuchungen waren kein Problem. Wenn ich etwas brauchte, bekam ich ein Privatrezept. Hätte ich es nicht selbst über Jahre erlebt, ich weiß nicht, ob ich es jemandem geglaubt hätte. Mit diesem Arzt waren mir Tür und Tor zu vielerlei Medikamenten geöffnet. Ich bewegte mich mehr und mehr in Kreisen, in denen der Gebrauch von Medikamenten völlig normal war. Man lebt sein Umfeld.

Die Zyklen der einzelnen „Kuren" wurden länger und die Pausen dazwischen immer kürzer. Mein Leben drehte sich mehr und mehr um den Sport. Den Großteil meiner Freizeit verbrachte ich im Sportstudio. Ich wollte dieses Hobby zum Beruf machen. 1993 fing ich nebenher eine Ausbildung zum Ernährungsberater an. Diese Ausbildung machte ich beim BSA-Lehrzentrum, der größten Ausbildungseinrichtung im Bereich Sportstudio.

Im selben Jahr wechselte ich das Sportstudio; im neuen war ein Trainer, zu dem ich einen sehr guten Draht hatte. Dieter war zwischen 45 und 50 Jahre alt. Er fragte mich, ob ich mir vorstellen könnte, auf die Bühne zu gehen. Natürlich konnte ich mir das vorstellen, aber ich glaubte, noch nicht gut genug zu sein. Dieter wollte, dass ich im Jahre 1994 bei den internationalen Berliner Meisterschaften starte. Er meldete mich an!

Dieter besorgte mir beste Kontakte. Der kannte sich in der „Szene" gut aus. Ein Freund von ihm hatte ein Sportstudio in Berlin und war schon auf internationaler Ebene erfolgreich gestartet. Wir hatten ein sehr offenes und herzliches Verhältnis. Ich konnte kostenfrei bei ihm trainieren. Außerdem half er mir sehr bei der Vorbereitung auf die Meisterschaft. Er arbeitete mit mir eine Posing-Kür aus und er übte mit mir, mit viel Geduld, das Pflichtposing. Über meinen Trainer bekam ich auch Kontakt zu einer Tänzerin, die mir bei der Koordination der Musik und dem Posing half.

Um lokale Wirkungen an bestimmten Körperstellen zu erreichen, gibt es einen Trick. Man nehme mehrere Spiropent oder Ephedrin-Tabletten und pulverisiere diese in einem Mörser; dann mische man das Ganze mit der Salbe Dolobene Gel.

Bodybuilder und Schönheitsköniginnen

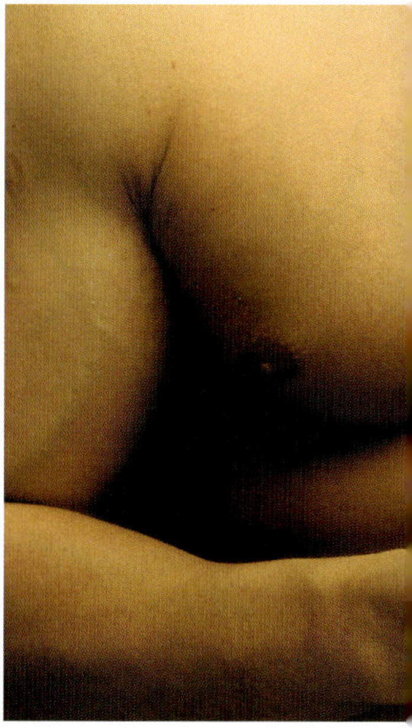

Ich erinnere mich an diese erste Meisterschaftsvorbereitung mit gemischten Gefühlen. Einerseits gab es so viele Menschen, die mir ohne erkennbaren Eigennutz halfen, auf der anderen Seite erwartete ich fast unmenschlich Verständnis von den Menschen, die mich liebten. In meinem Privatleben drehte sich alles nur noch um Sport und die Meisterschaftsvorbereitung. Bestandteil dieser Vorbereitung war ein ausgeklügelter Plan mit verschiedenen Medikamenten. Er umfasste einen Zeitraum von sechs Monaten. In dieser Vorbereitungsphase nahm ich durchgehend Medikamente. Die Erste Phase war zum Muskelaufbau. Eine recht typische Kombination bestand aus Dianabol, circa 10 × 15 Tabletten pro Tag, 500 bis 750 mg Omnadren in der Woche (ein 4-Komponenten-Testosteron zum Spritzen), 2 bis 4 Proviron-Tabletten (gegen eine Aromatisierung), gegen Ende der „Kur" HCG, um die eigene Testosteronproduktion wieder in Gang zu bekommen. Außerdem wurden während des „Ausschleichens" Medikamente genommen, um einer katabolen Stoffwechsellage nach Absetzen der Anabolika vorzubeugen: Ein Mittel erster Wahl war zum Beispiel Spiropent (Wirkstoff: Clenbuterol).

Spiropent ist eigentlich ein Asthma-Mittel. Es wirkt stark anabol und hat noch einen weiteren Vorteil. Es regt sehr stark die Körperfettverbrennung an. Durch diesen Effekt wurde es auch von vielen Frauen im Bereich Fitness und Misswahlen eingesetzt. Dieses Medikament wird eigentlich in den letzten Wochen vor dem Wettkampf immer eingenommen. Um eine schnelle Rezeptorensättigung zu verhindern, nimmt man Spiropent circa 10 Tage täglich und danach im Wechsel mit einer Kombination aus Ephedrin, Koffein und Aspirin. Der Wechsel erfolgt alle zwei Tage.

In meinem Privatleben drehte sich alles nur noch um Sport und die Meisterschaftsvorbereitung.

Um lokale Wirkungen an bestimmten Körperstellen zu erreichen, gibt es einen Trick. Man nehme mehrere Spiropent oder Ephedrin-Tabletten und pulverisiere diese in einem Mörser; dann mische man das Ganze mit der Salbe Dolobene Gel. Diese enthält unter anderem den Wirkstoff DMSO. Dieser Stoff bewirkt eine direkte Aufnahme über die Haut. Die Salbe wird leicht auf der Haut verteilt und zieht vollständig ein. Dass dies tatsächlich möglich ist, merkt man an einem pelzigen Geschmack auf der Zunge wenige Minuten nach dem Auftragen.

Auch um das Wasser aus der Haut zu bekommen, gibt es etwas. Ein Spruch von damals war: „Lasix – the Bodybuilder best friend".

„Zum Kotzen"

Lasix ist ein sehr starkes Diuretikum. Ein anderes Mittel war Alddactone. Beide Mittel habe ich nicht vertragen. Eine halbe Lasix reichte mir, um mich heftig zu übergeben. Von anderen Bodybuildern, die mittlerweile auf Weltmeisterschaftsebene Wettkämpfe bestreiten, weiß ich, dass es ihnen genauso geht. Mit dem Unterschied, dass sie es in Kauf nehmen und es trotzdem einsetzen. Diese Perversion ist wohl kaum zu steigern.

Mit diesem Wissen bekommt eine Meisterschaft ein anderes Gesicht. Man sieht jemanden auf der Bühne, der stark wie ein Baum aussieht, und weiß genau, was für Qualen er ein bis zwei Tage vorher durchgemacht hat.

Interessant ist sicherlich auch die Ernährungsweise in der Vorbereitung auf eine Meisterschaft. Erstes Gebot ist, möglichst jegliches Fett zu meiden. Auf der anderen Seite hat man einen sehr hohen Eiweißkonsum. Typische Eiweißquellen sind: abgekochte Putenbrust, Aminosäure-Tabletten, Eiweißpulver, Steak, Eiklar, Quark, Milch (fettarm), Joghurt 0,3 Prozent Fett, magerer Schinken. Kohlenhydratquellen sind: Weißmehlnudeln, geschälter Reis, Kartoffeln, gekaufte Haferflocken, Kohlenhydratpulver, Obst (meist Banane und Apfel).

In der Meisterschaftsvorbereitung wurde alles Essen abgewogen und notiert. Jeden Abend wurden die Kalorien ausgerechnet. Es wurde genau erfasst, wie viel Kohlenhydrate, Eiweiß und wie viel Fett am Tage aufgenommen wurde. Zur Kontrolle wurde auch täglich eine Fettmessung per Hautfaltenmessung durchgeführt.

Das Essen für den Tag wurde morgens zubereitet, abgewogen und mitgenommen. Die Nahrungsmittel für den Tag verteilte ich auf sechs bis sieben kleinere Mahlzeiten. Zur besseren Kontrolle kaufte ich mir damals eine Uhr mit integriertem Timer. Dieser war so eingestellt, dass die Uhr sich alle 2,5 Stunden meldete. So wusste ich immer, wann ich wieder etwas essen musste. Außerdem trank ich extrem viel – vier bis sechs Liter oder mehr am Tag.

Als Nahrungsergänzung kamen noch spezielle Vitamin-Packs zum Einsatz. Diese bestellte ich über die Niederlande. Sie hatten Namen wie Animal-Pack oder Fit-Pack usw. Eine Packung bestand aus 30 kleinen Einzeltütchen mit jeweils acht bis zehn Tabletten. In diesen Tabletten waren hoch dosierte Vitamine, Mineralien, Aminosäuren und viele andere Inhaltsstoffe, die angeblich eine Wirkung haben (L-Carnitin, Inositol, pflanzliche Stimulanzen …). Zusätzlich hatte ich mir noch Trinkflaschen besorgt mit einem flüssigen Wirkstoffkomplex zur Fettverbrennung. Ich habe teilweise für 500,– bis 700,– DM Nahrungsergänzungsmittel bestellt. Überhaupt war der finanzielle Einsatz enorm.

Es kam einige Male vor, dass mein Trainer mich während des Trainings vom Fahrrad-Ergometer zog, weil ich kreideweiß war. Es gab auch Tage, an denen ich nicht mehr in der Lage war, alleine nach Hause zu kommen.

Kreislaufprobleme

Die gesamte Meisterschaftsvorbereitung lief neben meiner regulären Arbeit als Erzieher ab. Durch meinen Ehrgeiz trainierte ich nicht selten weit über das gesunde Maß hinaus. Es kam einige Male vor, dass mein Trainer mich während des Trainings vom Fahrrad-Ergometer zog, weil ich kreideweiß war. Es gab auch Tage, an denen ich nicht mehr in der Lage war, alleine nach Hause zu kommen. Ich hatte durch die kalorienreduzierte Diät und das harte Training schwere Kreislaufprobleme. Diese äußerten sich auch Stunden später noch durch heftiges Erbrechen. Es war ein Spiel mit dem Leben, dem absoluten körperlichen Limit.

Schlimm war auch das Thema Dopingkontrolle. Durch gute Kontakte erfuhr ich schon weit vor der Meisterschaft, dass ich mir darum keinerlei Sorgen machten musste. Ich wusste also definitiv, dass ICH nicht getestet wurde. Somit brauchte ich mich auch nicht um ein rechtzeitiges Absetzen der Medikamente zu kümmern.

Das erste Buch in diese Richtung war „Unsere Nahrung – unser Schicksal". Mit all dem „Wissen", welches ich hatte, war es ein extremer Standpunkt, den Dr. M.O. Bruker für mich hatte.

Als ob dies noch nicht genug Stress gewesen wäre, machte ich ja auch noch meine Ausbildung zum Ernährungsberater. Während der Nahphase (ähnlich wie in Lahnstein – eine Woche Blockunterricht) kam ich das erste Mal mit der neuen vitalstoffreichen Vollwertkost in Berührung. Allerdings nicht durch den Dozenten (dieser war Ernährungsberater des UGB), sondern durch einen Teilnehmer, der ein großes Wissen über Vollwertkost hatte.

Das erste Buch in diese Richtung war „Unsere Nahrung – unser Schicksal". Mit all dem „Wissen", welches ich hatte, war es ein extremer Standpunkt, den Dr. M.O. Bruker für mich hatte. Auf der anderen Seite war vieles für mich logisch und einfach nachzuvollziehen.

Nachdem ich auch noch „Die Ordnung unserer Nahrung" von Prof. Dr. Werner Kollath gelesen hatte, war ich von der Richtigkeit der gemachten Aussagen überzeugt.

Wie bei so vielen kam mir die Umstellung allerdings sehr schwierig, zeitaufwändig und teuer vor. So kam es vorerst nicht zu einer Umsetzung in meinem Leben.

Die letzten sechs Wochen vor der Meisterschaft waren die schwierigsten. Das Trainingspensum wurde von Woche zu Woche erhöht, während die Kalorien beibehalten oder sogar verringert wurden. Da ich in dieser Zeit auf das Thema Essen sehr sensibel war, sah ich plötzlich nur noch Menschen, die etwas zu essen dabei hatten. In dieser Zeit war jeder Imbiss, Bäcker und Lebensmittelladen ein magnetischer Anziehungspunkt.

Meisterschaft und Pommes

Dann war es so weit: Der Tag der ersten Meisterschaft war gekommen. Es war ein einmaliges Erlebnis für mich, auf der Bühne zu stehen, in einer voll besetzten Halle, und die Menschen nur mit meinen Muskeln zu begeistern. Ich startete in der leichtesten Männerklasse (bis 70 kg). Mit einer Diät hatte ich circa 12 kg abgenommen, um in diese Männerklasse zu rutschen. Ich belegte den ersten Platz. Dies war eine ungemeine Motivation. In derselben Nacht fuhr ich noch nach Hamburg, um einen Tag später auch dort bei einer Meisterschaft zu starten.

Total übermüdet, aber sehr glücklich ging es abends nach der Veranstaltung zurück nach Berlin. Das Erste, was ich in dieser Nacht machte, als ich in Berlin angekommen war: an einem Imbiss halten, um mich mit Pommes und Currywurst vollzustopfen.

Die ganze erste Woche nach den Meisterschaften sah so aus, dass ich alles aß, was mir in die Hände fiel: Döner, Pommes, Pizza, Kuchen usw. In sieben Tagen hatte ich meine zehn Kilogramm wieder drauf. Viele Informationen und Tricks, was Aufbau und Meisterschaft betraf, brachte ich von den Meisterschaften mit. Das meiste findet man in keinem Buch. Kurz nach der Meisterschaft machte ich neue Pläne, um weiterzukommen. Auch meine Ausbildung als Ernährungsberater schloss ich ab. Diese war natürlich komplett kalorisch und nach den Richtlinien der DGE (Deutsche Gesellschaft für Ernährung) aufgebaut.

Die ganze erste Woche nach den Meisterschaften sah so aus, dass ich alles aß, was mir in die Hände fiel: Döner, Pommes, Pizza, Kuchen usw.

Ich kündigte meinen Job im Kindergarten und fing an, im Sportstudio zu arbeiten. Da ich Trainer werden wollte, machte ich meine erste Lizenz für Fitness und Bodybuilding. Der Sport wurde ganz und gar mein Leben. Ich wurde zum „Experten", was Training und Ernährung anging. Im Sportstudio ist es heute leider immer noch so, dass die Kompetenz eines Trainers nach seiner Figur bemessen wird.

Feuer und Wasser

Ich habe viel und sehr lange darüber nachgedacht, wie ich den Absprung aus diesem „Affenzirkus“ geschafft habe. Es gab kein Schlüsselerlebnis oder keinen Zeitpunkt, den ich benennen könnte. Ich weiß aber, je mehr ich mich mit der vitalstoffreichen Vollwerternährung beschäftigte, umso mehr drängte sie sich in mein Leben. Das Erste, was ich übernahm, war das Frischkorngericht. Es ersetzte mein morgendliches Müsli mit Quark.

Als Nächstes wollte ich aufhören, Fleisch zu essen. Ich machte mir allerdings dabei größte Sorgen um meine Eiweißversorgung. Als ich aufhörte, Fleisch zu essen, steigerte ich den Konsum von Milch, Quark (bis zu einem Kilogramm pro Tag) und Eiklar. Außerdem stieg ich auf Vollkornnudeln und Naturreis um. Vollkorntoast wurde durch Vollkornbrot ersetzt. Es handelte sich um abgepacktes Vollkornbrot aus dem Supermarkt – also kein wirkliches Vollkorn. Mehr und mehr baute ich auch Obst und rohes Gemüse in die tägliche Ernährung ein.

Ich startete in dem Jahr eine Meisterschaftsvorbereitung ohne Hilfsmittel wie Anabolika, Spiropent und dergleichen.

In den ersten Jahren war diese Ernährung bei den Meisterschaftsvorbereitungen ausgeschlossen. Dort blieb, bis auf das Frischkorngericht, alles beim Alten. Auch Medikamente konsumierte ich munter weiter. Allerdings wuchs die Diskrepanz zwischen der Vollwertkost und dem Sport. Es kommt mir heute so vor, als würde man versuchen, Feuer und Wasser zusammenzubringen. Manchmal denke ich (oder hoffe ich), dass mich meine Umstellung vor „Schlimmerem“ bewahrt hat. Einen großen Einfluss bei der Umstellung hatte damals mein Chef im Sportstudio. Er kannte sich sehr gut mit der vitalstoffreichen Vollwertkost aus, und es gab so manche Diskussion. Über einen Zeitraum von circa zwölf Monaten stellte ich meine Ernährung um. Nachdem ich ja schon auf Fleisch verzichtet hatte, drosselte ich außerdem drastisch meinen Konsum an Milch und Milchprodukten. Als „Nebeneffekt“ verringerte sich meine Anfälligkeit für Erkältungskrankheiten. Die Häufigkeit sank, und der Verlauf war deutlich kürzer. Zu diesem Zeitpunkt hatte ich übrigens mein höchstes Körpergewicht von circa 85 bis 89 Kilogramm. Der befürchtete Muskelabbau durch die Verringerung der Eiweißmenge blieb aus.

Durch die Beschäftigung mit NLP (Neurolinguistisches Programmieren) musste ich mich zwangsläufig mit meinen Prioritäten und meinen Zielen im Leben auseinandersetzen. 1998 war der letzte Versuch, das neue und das alte Leben zusammenzubringen. Ich startete in dem Jahr eine Meisterschaftsvorbereitung ohne Hilfsmittel wie Anabolika, Spiropent und dergleichen. Ich forderte eine unmenschliche Disziplin von mir. Ich belegte den achten Platz und war mit diesem Ergebnis sehr zufrieden. Für viele andere war es ein enttäuschendes Ergebnis. In ihren Augen war es mir nicht gelungen, in optimale Form zu kommen. Ich brach danach den Kontakt mit den Aktiven weitgehend ab.

Es geht in keinem Bereich mehr um Ursache und Wirkung. Man ist vielmehr immer auf der Suche nach einem Wundermittel. Die Menschen sind längst zu freiglaubenden Sklaven geworden.

Im Sportstudio arbeitete ich zu dieser Zeit schon als Trainer und Ernährungsberater. Die Ernährungsberatung erfolgte nach der vitalstoffreichen Vollwertkost und nicht kalorisch. Dies war nur möglich, weil mein Chef mit der neuen Ernährungslehre vertraut war und die Ausbildung in Lahnstein absolviert hatte. Wir waren in Berlin mit Sicherheit das einzige Studio, welches nicht auf den Verkauf von Zusatzprodukten aus war.

Sportstudios und Profit

Heute besteht ein Großteil der Einnahmen in einem Sportstudio aus dem Verkauf von Mineraldrinks, Vitaminen, Eiweiß- und Kohlenhydrat-Pulvern. Auch Molke und Diätpulver sind ein lukratives Zusatzgeschäft. Die Trainer und Ernährungsberater werden schon während der Ausbildung auf den Verkauf von Zusatzprodukten geschult. Das Fatale ist, dass sie wirklich glauben, den Menschen damit zu helfen. Druck, um die Zusatzprodukte zu verkaufen, ist nicht nötig, da das angebliche Wissen und der Nutzen allgegenwärtig sind. Da ich als Trainer freiberuflich tätig war, arbeitete ich in mehreren Sportstudios. Je mehr ich die Menschen im Sportstudio aufklärte, umso mehr Schwierigkeiten bekam ich mit der Studioleitung der anderen Studios.

Gesundheit ist in diesem Umfeld kein Zustand, sondern ein „Produkt“, das man benutzt, um den Menschen das Geld aus der Tasche zu ziehen. „Es ist mir scheißegal, was Ihr den Mitgliedern erzählt, Hauptsache, Ihr verkauft unsere Produkte!" Diesen Satz äußerte auf einer Trainersitzung der Chef eines renommierten Sportstudios.

Gerade das Bodybuilding ist für mich der Inbegriff für einen gesteigerten Darstellungsdrang.

Die Hersteller von Pillen und Pulvern bieten für die Sportstudios und deren Trainer kostenfreie Produktschulungen an. Nach der Schulung erhält man als erfolgreicher Teilnehmer eine Urkunde, mit der man wiederum seine Kompetenz in Sachen Ernährung belegen kann. Es ist mittlerweile ein millionenschwerer Markt. Nicht zuletzt durch den massiven Werbeeinsatz und die internen Verzahnungen von Nahrungsmittelindustrie und Sportinstituten ist es so weit, dass das Märchen von ausgelaugten Böden, fast vitalstofffreiem Obst und Gemüse als Allgemeinwissen gilt. Es geht in keinem Bereich mehr um Ursache und Wirkung. Man ist vielmehr immer auf der Suche nach einem Wundermittel. Die Menschen sind längst zu freiglaubenden Sklaven geworden.

Was bewegt einen Menschen, seine Grenzen so zu ignorieren und sich in diesen Strudel ziehen zu lassen? Für mich war es sicherlich die Suche nach Anerkennung. Es muss wohl einiges in der Kindheit schief gelaufen sein, um einen so gesteigerten Darstellungsdrang zu haben. Gerade das Bodybuilding ist für mich der Inbegriff dafür. Ich wollte etwas darstellen. Stark sein – gesund – anerkannt – bewundert. Ich habe es genossen, auf der Bühne zu stehen und beklatscht zu werden. All die Mühen der Vorbereitung waren in diesem Moment vergessen.

Mit dem Leben bezahlt

Mein Beispiel erscheint auf den ersten Blick extrem. Es liegt jedoch weit unter dem, was andere Leistungssportler mit sich anstellen oder anstellen lassen. Ein Großteil schafft den Absprung nicht. In den letzten sechs bis acht Jahren sind einige von meinen damaligen Helfern oder Aktiven gestorben. Unter ihnen auch Detlef, der mir so bei meiner ersten Meisterschaftsvorbereitung geholfen hatte. Er wurde keine 40 Jahre alt.

Auch zu meiner aktiven Zeit gab es schon einige Todesfälle, die von der Presse aufgegriffen wurden. Als Aktiver hat man die Möglichkeit für sich ausgeschlossen, dass man im Grunde mit seinem Le-

ben spielt. Die Verdrängungsmechanismen funktionieren bei Sportlern genauso gut wie bei Rauchern, Trinkern usw. Außerdem wiegt man sich durch die ärztliche Kontrolle in einer Scheinsicherheit. Auch die Verharmlosung von Medikamenten oder Supplements trägt natürlich dazu bei. Wenn jemand mal wieder „richtig" aufbauen will, holt er sich zum Training eine Dose Eiweiß.
Der Eiweißwahn hat bei Sportlern sicher den Höhepunkt erreicht. Oft hörte ich von anderen Trainern, dass sie Eiweiß als „Muskelschutz" den Trainierenden empfehlen. Dasselbe Eiweiß wurde auch zum Abnehmen empfohlen (neben Halbfettmargarine usw.). Der Eiweißwahn und die Angst vor Fett ziehen sich durch alle Sportarten. Ich persönlich kenne kein Buch eines Sportlehrers über Ernährung, welches nicht diesen Wahn und die Richtlinien der DGE propagiert.

Ich habe den Absprung geschafft und bin froh darüber.

Fatal ist, dass die Freizeitsportler dieses Bild übernehmen. Fängt heute jemand an, sich sportlich zu betätigen, macht er sich auch wieder mehr Gedanken um seine Ernährung. Leider meist in eine falsche Richtung. Wie kurz ist dann der Weg zu Multivitaminpräparaten, einzelnen Mineralstoffen wie Magnesium oder Calcium ... für die Knochen!

Durch die Unwissenheit von Trainern, Ärzten, Apothekern, Ernährungsberatern und nicht zuletzt von anderen Aktiven ist dies ein Kreislauf, der nur schwer zu durchbrechen ist. Da die Menschen sehr produktorientiert denken, ist es auch nicht so einfach, einen anderen Weg aufzuzeigen, ohne dabei ein Produkt zu vermitteln.

Ich habe den Absprung geschafft und bin froh darüber.

Gerhard Andreas

„Energiedrinks" machen süchtig

Ich bin männlich und Baujahr 61, Größe 177 cm mit ca. 67 kg. Eigentlich bin ich seit meiner Jugend in meiner Freizeit immer schon sportlich tätig gewesen. Alpin Ski, Langlaufen, Bergwandern, Radfahren. Schwerpunkt ist aber Jogging. Mit der Zeit bin ich bis zum Marathon gekommen. Gegessen und getrunken habe ich immer sehr viel von den so genannten „Sportlerprodukten". Brav habe ich alle Erkenntnisse akzeptiert und mitgemacht. Mit dem Ergebnis, dass ich bei fehlenden Drinks oder Riegeln schlapp gemacht habe. Ich bin sogar so weit gegangen, dass ich meine Drinks extra auf Kalorien und Flüssigkeit berechnet habe!

Bergradeln: Nicht als Wettkampf, sondern einfach als wunderschöner Sport in einer wunderschönen Umgebung.

Erstaunlicherweise stellte sich bei mir ein erhöhter Harnsäurespiegel ein und auch meine Migräne bekam ich nicht in den Griff. (Niemand in meiner Familie hat Gicht; Mutter, Großvater und Bruder haben auch Migräne.)

Seit circa 10 Jahren ist mein Hauptsport aber das Bergradeln geworden. Nicht als Wettkampf, sondern einfach als wunderschöner Sport in einer wunderschönen Umgebung. Da sind schon einige Touren von fünf bis acht Stunden dabei. Auch hier habe ich gedacht, ich brauche meine diversen Mittelchen. 1999 lernte ich erfreulicherweise die vitalstoffreiche Vollwerternährung kennen und praktiziere diese nun zu ca. 90 Prozent. Ich bin im Außendienst unterwegs und muss leider ab und zu konventionelle Teigwaren essen.

Meine Erfahrungen waren für mich sehr überraschend. Ohne übliche Riegel und Energiedrinks, nur mit Wasser und Vollwertriegel bin ich ohne Probleme stundenlang in den Bergen unterwegs. Keine Krämpfe und auch danach bei weitem nicht so kaputt wie früher. Seit meiner Umstellung meide ich jede Art von Fabrikzucker und Produkte mit Auszugsmehl. Ich verspüre auch keinerlei Verlangen mehr nach diesen Produkten. Auch auf mein früher heiß geliebtes und kiloweise verspeistes Eis kann ich ohne Probleme verzichten.

Das heißt schon was, da ich aus Wien komme, der „Welthauptstadt der Eissalons“!

Was mich bei der Vollwerternährung so überzeugt, ist die leichte Nachvollziehbarkeit. So ist zum Beispiel mein Harnsäurespiegel nach 10 Minuten, ohne jede Tablette, wieder völlig normal!

Ohne übliche Riegel und Energiedrinks, nur mit Wasser und Vollwertriegel bin ich ohne Probleme stundenlang in den Bergen unterwegs.

Ein Erlebnis hat mir aber besonders die Augen geöffnet. Am Beginn meiner Umstellung wollte ich eine sehr schwere und lange Tour in den französischen Alpen fahren. Ich dachte, da nehme ich doch lieber wieder meine (zuckerreichen) Energiedrinks mit. Gesagt – getan. Die Tour war fantastisch. Aber am nächsten Tag hatte ich extreme Probleme, mein Verlangen nach Süßem zu unterdrücken! Süßes, das ich normalerweise nicht einmal mehr gesehen habe, zog mich magisch an. Ich bin hart geblieben, und am nächsten Tag war dieses „Suchtgefühl“ wieder vorbei.

Dieses und andere Erlebnisse haben mir überdeutlich die Richtigkeit von Dr. Brukers Aussagen gezeigt. Zusammenfassend kann ich eindeutig sagen, dass ich mit der vitalstoffreichen Vollwerternährung leistungsfähiger bin und auch die früheren diversen Erkrankungen keine weiteren Beschwerden bereiten beziehungsweise nicht mehr auftreten.

Andreas Auer

Leistungsvermögen kehrte zurück

Als ich im Alter von 20 Jahren (Jahrgang 1966) mit dem Laufsport begann, war ich damals trotz meiner fürchterlichen Ernährung (viele Süßigkeiten, Fleisch und Weißmehlprodukte) relativ flott unterwegs. Fast auf Anhieb lief ich die 10-km-Strecke unter 40 Minuten.

Nach einer mehrjährigen Laufpause begann ich mit etwa 30 Jahren erneut mit dem Laufen. Ich sah aber, dass ich nicht mehr an die Leistungen von damals anknüpfen konnte.

Mitte bis Ende der neunziger Jahre war dann auch die Zeit, in der ich begann, mich für das Thema gesunde Lebens- und Ernährungsweise zu interessieren.

Auf Umwegen kam ich zu dem Buch „Unsere Nahrung – unser Schicksal“. Ich war beeindruckt von der Lesbarkeit und Klarheit dieses Buches von Dr. M. O. Bruker. Nachdem ich bereits zuvor mit meiner Ernährungsweise in verschiedene Richtungen „experimentiert“ hatte, war mir dann jedoch klar, dass ich diesen Weg einschlagen werde. Auf dem Weg zur Vollwertkost begann ich auch mit der Ausbildung zum Gesundheitsberater GGB, welche ich im August 2002 abschloss.

Buchtipp: Unsere Nahrung – unser Schicksal

Ein Nebeneffekt der Ernährungsumstellung war, dass ich in einer Phase, in der ich fast ausschließlich Frischkost gegessen hatte, die 10 Kilometer plötzlich wieder spielend unter 39 Minuten lief. Diese Nahrung gab mir das Leistungsvermögen zurück, ohne dass ich den Trainingsaufwand nennenswert erhöhte.

Meine bisherigen ernährungsbedingten Erkrankungen (immerhin 30 Jahre Zivilisationskost) wie Zahnkaries und Wirbelsäulenbeschwerden (M. Scheuermann) kann ich zwar nicht wegwischen. Ich bin aber überzeugt, sie nun in ihrem Fortgang aufzuhalten. Seit ungefähr zwei Jahren ernähre ich mich vollwertig und tiereiweißfrei bei einem Frischkostanteil von circa 50 Prozent. Den Frischkostanteil werde ich mit zunehmendem Alter erhöhen.

Diese Nahrung gab mir das Leistungsvermögen zurück, ohne dass ich den Trainingsaufwand nennenswert erhöhte.

In meiner Arbeit als Gesundheitsberater GGB erreiche ich nicht nur kranke, sondern auch gesunde Menschen, wie etwa Sportler, welche neben der Bewegung auch die Ernährung verbessern wollen.

Lahnstein war für mich wie eine Wegkreuzung, wie sie eben manchmal im Leben kommt. Für diesen eingeschlagenen Weg werde ich mein ganzes Leben lang dankbar sein.

Nicole Bärschneider

Jede Menge Energie

Nicole Bärschneider

Vor einigen Jahren fing ich mit einer Ernährungsumstellung an, weil ich mich nicht mehr wohl fühlte in meiner Haut. Meine damalige Nahrung bestand überwiegend aus Süßigkeiten, Weißmehlprodukten, wenig Obst und Gemüse. Von Sport hatte ich noch nie viel gehalten und ihn in der Schule leider nur als lästiges Übel angesehen. Trotz allem kaufte ich mir nun Laufschuhe, ein Fahrrad und meldete mich in einem Fitnesscenter an. Und auf einmal machte die ganze Sache großen Spaß.

Dabei gab mir die Ernährung, die ich nun genoss, jede Menge Energie. Sehr schnell stellte ich Unterschiede fest und gab der vegetarischen Vollwertkost den Vorrang. So konnte ich innerhalb von vier Jahren meine Kraft und Ausdauer enorm ausbauen.

Mittlerweile lebe ich fast vegan, habe mir allerdings kein Dogma auferlegt.

Mittlerweile lebe ich fast vegan, habe mir allerdings kein Dogma auferlegt. Großen Wert lege ich auf Bioprodukte. Viele meiner Freunde und Bekannten können gar nicht verstehen, wie man ohne Fleisch, Zucker und Milch solche Energie und Ausdauer haben kann.

Vollwertkost und Sport haben mir geholfen, viel Kondition zu bekommen, unanfälliger für Krankheiten zu werden und kräftiger und gesünder auszusehen. Ich bekam straffe, glatte Haut und eine sehr gesunde Gesichtsfarbe. Noch positiver aber ist das Gefühl, ausgeglichen zu sein und eine innere Kraft zu haben, mit der man das Schwierigere im Leben leicht meistert und es als Herausforderung ansieht.

Nadja und Rudolf Bausch

Körner, Boogie Woogie und Rock 'n' Roll

Wir, Nadja und Rudolf Bausch, haben im Mai 1982 unsere ersten Schritte im Rock 'n' Roll-Tanzsport gemacht. Nach circa einem halben Jahr lernten wir, wie es zum Rock 'n' Roll gehört, auch die ersten Akrobatikelemente. Schon bald waren wir vom Rhythmus und der damit verbundenen Bewegung angetan. 1986 versuchten wir uns mit wachsendem Erfolg auf dem Turnierparkett. Nach Trainerwechsel konnten wir 1988 unser erstes Turnier gewinnen und erreichten durch weitere gute Plätze auf dem Siegerpodest den 1. Platz in der Rangliste der C-Klasse. Durch diesen Erfolg haben wir uns für die deutsche Meisterschaft qualifiziert und den Aufstieg in die B-Klasse erreicht. Nach anfänglichen Schwierigkeiten konnten wir uns durch unseren Trainingsfleiß aber bald in der baden-württembergischen Spitzengruppe behaupten. Durch sehr gute Platzierungen unter den ersten sieben Plätzen an verschiedenen Turnieren haben wir uns wieder für die deutsche Meisterschaft qualifiziert und den Aufstieg in die höchste deutsche Amateurklasse, die A-Klasse, erreicht.

Nach dem Turniersport haben wir uns für den Showtanz entschieden, wobei wir mittlerweile auch Boogie Woogie und Lindy Hop dazugelernt haben. Um das Eingeübte zu erhalten bzw. zu erweitern, trainieren wir noch bis zu vier Mal in der Woche.

Bevor wir zum Sport kamen, war Rudolf bis 1978 starker Raucher und Stubenhocker, von da an Nichtraucher und machte gelegentlich Jogging im nahe gelegenen Wald. Nadja war Paffer, hauptsächlich, weil der Stuhlgang nicht richtig funktionierte. Nachdem wir seit 1983 regelmäßig zwei bis vier Mal die Woche trainierten, machte sich dies alsbald in besserer Kondition, Konstitution und geistiger Fitness bemerkbar. Auch die üblichen Erkältungskrankheiten hatten wir weniger.

Durch unseren Sport glaubten wir immer, Kuchen, Süßigkeiten, Cola, Kaffee usw. ohne Bedenken essen und trinken zu können, ohne dass dies uns schaden würde, da es uns nun ja besser ging. Dass dies ein Fehler war, erfuhren wir, als die ersten gesundheitlichen Probleme auftraten und uns der Weg 1997 endlich ins Bruker-Haus führte. Wir sind mittlerweile beide Gesundheitsberater GGB, essen ausschließlich eine vitalstoffreiche Vollwertkost und sind überzeugte Vegetarier.

Die Ernährungsumstellung, die 1998 erfolgte, hat sich auch sportlich bemerkbar gemacht.

Die Ernährungsumstellung, die 1998 erfolgte, hat sich auch sportlich bemerkbar gemacht. Wir haben eine bessere Kondition wie auch Konzentration, so gut wie keine Verletzungen und mehr Energie als unsere Vereinskollegen, die teilweise sehr viel jünger sind als wir. Von Krankheiten werden wir nur noch selten heimgesucht beziehungsweise sie sind verschwunden, wie die sporadischen Migräneanfälle und immer wiederkehrenden Prostataentzündungen bei Rudolf sowie die chronische Stuhlverstopfung und so genannte Allergien bei Nadja.

Auf Grund unserer jetzigen Erfahrungen sind wir beide davon überzeugt, hätten wie diese Ernährung schon zu unserer Turnierzeit angewendet, wären noch bessere Leistungen möglich gewesen.

Lukas F. Becher

Mit Gemüsebrühe betankt

Seit meiner Kindheit habe ich Neurodermitis (auch atopische Dermatitis). Salben und Tinkturen begleiteten mein Leben. Mit etwa 20 Jahren verschlimmerte sich die Erkrankung. Arztbesuche und Klinikaufenthalte wurden in immer kürzeren Intervallen nötig. Schwitzen war strikt zu vermeiden. An Sport war nicht zu denken. Mit Anfang 30 stellte ich meine Ernährung auf vitalstoffreiche Vollwertkost um. Von da an ging es bergauf. Bald fing ich wieder an, Sport zu treiben.

Eine meiner Leidenschaften ist das Bergsteigen. Um meine Kondition zu verbessern, begann ich mit dem Laufen. Ende der neunziger Jahre hörte ich, dass Joschka Fischer einen Marathon gelaufen

Lukas F. Becher

sei. „Och", dachte ich, „wenn der Joschka Marathon läuft, dann kannst du das auch!" Schon einige Zeit hatte ich mit längeren Strecken experimentiert, um meine Belastbarkeit und Ausdauer für Hochtouren zu verbessern. Da kam mir die Herausforderung für einen Marathon gerade recht. Als ein Freund sich zum Köln-Marathon meldete, war die Sache klar. 1998 lief ich das erste Mal die 42,195 Kilometer. Vor dem Start rieten mir erfahrene Läufer, den Energieriegel aus meinem Kleidersack zu essen. Ich muss gestehen, ich tat es – aus Ehrfurcht vor der Strecke! Ich lief knapp unter vier Stunden. Aber im Ziel ging es mir elend, es tat alles weh. Ich dachte: „So will ich nie wieder ankommen!" Damals entstand der Entschluss, nur noch „Vollwert-Marathons" zu laufen und dabei auf mein Wohlbefinden zu achten. Ich wollte vor allen Dingen nichts sehnlicher, als mich gut fühlen – während und nach (!) dem Lauf.

Nicht aus Zufall stehen bei vielen Veranstaltungen Promoter bei Kilometer 35 an der Strecke und reichen den „Verendenden" ihre Power-Riegel, Energie-Gels oder Iso-Drinks. Die Läufer nehmen die Gaben wie Verdurstende einen Schluck Wasser. Den Kick beschreiben viele Läufer als enorm. Da kommt mancher, der schon kurz vor dem Aufgeben war, noch zu seinem Endspurt. Dass das für Muskeln, Sehnen und Gelenke eine Überforderung darstellt, hatte ich bei meinem ersten Lauf erfahren. Da hatte ich solche Schmerzen in den Beinen, dass ich eine Treppe nicht mehr vorwärts runtergehen konnte.

Heute merkt keiner mehr, wenn ich tags zuvor einen Marathon gelaufen bin. Dies ist auf die Erfahrung mit der Strecke, den körperlichen Anpassungsprozess durch jahrelanges Training und die vitalstoffreiche Vollwerternährung nach Dr. M. O. Bruker zurückzuführen. Ich bin überzeugt, dass die gesunde Ernährung eine Grundvoraussetzung ist, damit der Körper bei solchen Belastungen keinen Schaden nimmt. Das bedeutet auch, Körpersignale wie Erschöpfung oder Schmerzen zu respektieren. Mein Ziel ist, mit Spaß und Wohlbefinden zu laufen, dann bin ich nicht in Gefahr, meinen Organismus zu schädigen.

Zur Vorbereitung auf den Marathon lege ich mir schon Wochen vorher die Reste der Gemüseabfälle ins Tiefkühlfach. Am Abend vor dem Lauf werden diese in einem großen Topf in drei Liter Wasser gegart und dann abgesiebt. Die Gemüsebrühe ergibt ein optimales Getränk. Vermutlich enthält die Brühe ein gutes Maß an Mineralien und noch einige Vitamine. Davon trinke ich abends einen Liter und morgens nach dem Aufstehen einen weiteren. Zwei Stunden vor dem Start noch mal einen. Die letzten drei Tage vor dem Marathon esse ich vermehrt Kartoffeln, Vollkornreis und Getreide (Frischkorngericht), um die Glykogenspeicher aufzufüllen. Am Abend vor dem Lauf schrote ich etwa 100 g Weizen und setze ihn mit Wasser an. Am Morgen mische ich den Brei mit einer Banane und esse das Gericht ohne weitere Zutaten. Beim Marathon habe ich beste Erfahrungen mit dem Bananen-Getreidegericht gemacht. Inzwischen konnte ich acht Marathonläufe bestreiten und fühlte mich bis auf meinen ersten Lauf gut dabei. Vollwertig und mit Gemüsebrühe betankt konnte ich 2002 in Duisburg 3:27 Stunden laufen.

„Och", dachte ich, „wenn der Joschka Marathon läuft, dann kannst du das auch!"

Ich habe mich auch oft gefragt, was kann ich zu mir nehmen bei längeren Bergtouren? In den Bergen bin ich Tage unterwegs. Was tun, um die nötige Kraft zu haben, auch zehrende Touren zu gehen? Ich habe für mich herausgefunden, dass Getreide, frisch geschrotet, mit Banane und Obst ein wahrer Energiespender ist. Beim Marathon ebenso wie bei langen, mehrtägigen zehrenden Bergtouren. Eine kleine Getreidemühle mit Kurbel im Rucksack und Weizen waren der Grundstock für meine Versorgung. Dazu habe ich in den Bergen immer auch Nüsse und Obst dabei. Das Frischkorngericht lässt sich auch durch mancherlei Früchte vom Wegesrand bereichern. Brombeeren, Heidelbeeren und Trauben findet man gar nicht so selten. Nun ist es allerdings kaum möglich, den gesamten Lebensmittelvorrat für eine oder gar zwei Wochen in die Berge mitzunehmen. Das heißt man ist – vor allem beim Abendessen – auf die Versorgung auf den Berghütten angewiesen. Nach meiner Erfahrung ist das Abendessen oft gar nicht so schlecht. Knackpunkt ist meines Erachtens das Frühstück (meist Weißbrot und Marmelade) sowie der Proviant für unterwegs. Viele Bergsteiger lieben Schokolade und Energie- oder Müsliriegel, weil sie haltbar, sättigend und leicht zu transportieren sind. Demgegenüber bin ich mit einem Frischkorngericht zum Frühstück und einer Nussmischung sowie Obst für die Rast immer gut gefahren (gegangen). Dass ich auf der Hütte beim Abendessen auch mal ein Auge zudrücke, scheint mir bei sonst guter Ernährung vertretbar.

Für mein Empfinden hat es in den letzten Jahren von industrieller Seite einen regelrechten Boom hinsichtlich neuer Produkte zur Sporternährung gegeben. Im Ausdauerbereich erfreuen sich frühere Exotensportarten wie Triathlon und Marathon zunehmender Teilnehmerzahlen. Die Freizeitsportler eifern ihren Idolen nach und feilschen heute um Minuten und Sekunden. Dabei benutzen sie, wie die „Großen", vielerlei Mittelchen, ob erlaubt oder nicht, um noch größere „Erfolge" zu feiern. Bergsteigern suggeriert die Werbung mittlerweile, dass der Gipfel leichter zu schaffen ist mit dem neuen leichten Energie-Riegel im Gepäck. Geringes Gewicht ist hier das Hauptargument. Und was für Assoziationen kommen einem denn bei so wohlklingenden Namen wie „Power-Bar" oder „Fitness-Riegel"? Vielleicht sollte ich das Frischkorngericht ja „Kraftbrei" nennen oder die Gemüsebrühe künftig als „Power-Trunk" deklarieren. Und ist die gemeine Banane – von den Marathonis so geliebt – nicht eigentlich eine „Energie-Bar" und ein Apfel nicht eine wahre „Power-Bomb"?

Kurz zu meiner Person. Ich bin vierzig Jahre alt und arbeite als Diplom-Psychologe in einer internistisch-psychosomatischen Rehabilitationsklinik.

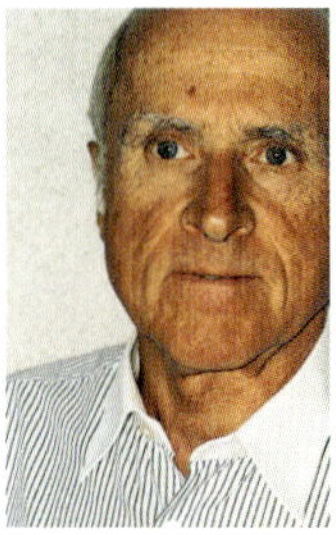
Erwin F. Bieri

Erwin F. Bieri

Mit dem Bike auf 2000 Meter

Ich lernte Dr. M. O. Bruker anlässlich eines fantastischen Vortrages vor vielen Jahren in Bregenz kennen und habe seitdem alle seine Bücher verschlungen. Vor vielen Jahren fing unsere Umstellung der Ernährung nach seinen Richtlinien dank seines Werkes „Unsere Nahrung – unser Schicksal" an.

Ich bin Jahrgang 1934 und sportlich sehr viel unterwegs. Je nach Jahreszeit sind Biken, Rennrad und alpiner Skisport (früher Akrobatik-Skisport) meine bevorzugten Sportarten. Selbstverständlich wird auch viel marschiert und kein Tag vergeht ohne Bewegung. Jeder Morgen beginnt gleich nach dem Aufstehen mit 5 km auf dem Hometrainer mit Lockerungsübungen jeder Art (der Hometrainer zeigt bereits weit über 50 000 km an). Ich glaube, dass dieser morgendliche Start bereits einen Heißhunger auf einen Frischkornbrei auslöst (welchen ich seit Jahren selbst herstelle). Ich betrachte diese Mahlzeit als die Grundlage für den gesamten Tagesablauf, weil selbst bei größten Anstrengungen kein sofortiger Hunger entsteht.

Als Zwischenmahlzeit stelle ich die Sportriegel selbst her und als Durstlöscher hat sich bei mir herausgestellt, dass Apfelessig mit Honig, der Saft einer Orange (je circa 10 %) und der Rest Leitungswasser der absolute Renner ist. Ich lebe im Rheintal auf ca. 450 m ü. d. M. und habe die Möglichkeit, ebene Strecken wie auch Berge bis über 2000 m ü. d. M. mit dem Bike zu erklimmen. Ich fühle mich dermaßen in guter Form, dass ich zur Überwindung von 1000 Höhenmetern und mehr keine Rast brauche, sondern – je nach Straßenqualität – dies innerhalb circa 60 bis 70 Minuten hinter mich bringe. (Der Biker kann die Leistung entsprechend einordnen.)

Als Zwischenmahlzeit stelle ich die Sportriegel selbst her und als Durstlöscher hat sich bei mir herausgestellt, dass Apfelessig mit Honig, der Saft einer Orange (je circa 10 %) und der Rest Leitungswasser der absolute Renner ist.

Mein Körper arbeitet wie ein Uhrwerk, und ich stelle praktisch keine Müdigkeit im Anschluss fest. Sport als solchen betrachte ich seit vielen Jahren als die schönste Nebensächlichkeit im Leben überhaupt.

Gleichzeitig möchte ich erwähnen, dass ich innerhalb der letzten 15 Jahre nie mehr einen Arzt aufgesucht habe.

Über die Gesundheitsvorsorge in den europäischen Ländern bin ich sehr enttäuscht, weil sich diese in der Ernährungsfrage überhaupt um nichts oder um das Falsche kümmert. Dr. Brukers Werk müsste schon seit Jahren Standard bedeuten.

Rita Bolliger-Weder

Rita Bolliger-Weder

Walken oder Der bewusste Umgang mit dem Körper

Ich bin 41 Jahre alt, verheiratet und habe drei Kinder, 8, $10^1/_2$ und 12 Jahre. Meine Aufgabe als Mutter und Hausfrau füllt mein Alltagsleben inklusive Wochenende und Schulferien fast komplett aus. Daneben arbeite ich jeweils freitags in der Kantonsschul-Mensa (Gymnasium) in Glarus. Dies gibt mir großen Einblick in die weite Welt der Jugend und deren falsche Ernährung.

Wir haben einen großen Garten zu betreuen mit vielen Sträuchern und Obstbäumen. Zur Zeit ist das halbe Haus mit Trauben bewachsen. Inmitten der kleinsten Hauptstadt leben wir hier in Glarus wie im Paradies. Das stimmt mich glücklich und zufrieden. Wir genießen diese wunderbare Möglichkeit der Selbstversorgung vom Frühling bis tief in den Herbst hinein.

Allein schon diese Arbeit im Garten rund ums Haus, mit den Tieren (Katze und Hasen) und auch drinnen halten mich sportlich auf Trab!

Wenn die Zeit es erlaubt, unternehmen mein Partner und ich eine zwei- bis dreistündige Bike-Bergtour.

Da wir seit der Familiengründung kein Auto mehr haben, erledige ich alles per Velo (Fahrrad), zu Fuß oder mit dem Zug. Das ist unser persönlicher Beitrag gegen die Umweltverschmutzung.

Früher quälte ich mich mit Jogging, um fit zu bleiben. Dabei hatte ich große Atem- und Gelenkprobleme (Kreuz, Knie). Seit ich Walken und Nordic Walken entdeckt habe und ausübe, geht es mir gesundheitlich viel besser.

Im August 2003 habe ich das erste Mal am Grenzlauf hier im Glarnerland teilgenommen (Tal- und Berglauf 10 km). Es war ein riesiger Erfolg und ein wunderbares Erlebnis. Zum ersten Mal in meinem Leben erlebe ich eine Sportart wie das Walken mit sehr gutem Gewissen meinem Körper gegenüber. Früher, bevor ich verheiratet war, habe ich einige andere Sportarten ausgeübt, zum Beispiel Leichtathletik, Judo (zur Selbstverteidigung), Rock 'n' Roll, Tennis, Skifahren. Leider musste ich erfahren, dass diese zu sehr leistungsorientiert sind und dementsprechend gesundheitsschädigend für mich. Ich bin zwar immer noch leidenschaftliche Skifahrerin, aber nehme nicht mehr so viel Tempo und Risiko in Kauf, dafür mehr Genuss.

Zusammen mit meinem Partner habe ich das Radfahren kennen und lieben gelernt. Wir sind vor der Ehe in der Schweiz und dem anliegenden Europa herumgeradelt und haben uns somit auf die große Weltreise vorbereitet. 1989 bis 1991 haben wir mit Sack und Pack, Zelt, Kochutensilien und was es sonst noch braucht, um draußen zu überleben, zuerst Kanada durchquert von Toronto nach Vancouver, dann weiter nach Hawaii, Fidschi, Australien, Neuseeland. In Neuseeland wollten wir eigentlich eine neue Heimat finden und blieben schlussendlich ein ganzes Jahr. Wir konnten auf Farmen arbeiten für Kost und Logis. Dabei sammelten wir Erfahrungen speziell im Biolandbau.

Vollwertkost und Sport bedeutet für mich einen bewussten Umgang mit dem Körper.

Vollwertkost und Sport bedeutet für mich einen bewussten Umgang mit dem Körper.

Nebenbei musiziere ich noch im Kammerorchester mit meiner Violine und gebe mir somit die richtige geistige, körperliche und seelische Entspannung.

Inge Brenner

Fange nie an aufzuhören – Höre nie auf anzufangen

Dies ist mein persönlicher Leitsatz geworden, als ich 1997 eine harmonische Fastenwoche erlebte.

Ich bin 44 Jahre alt, verheiratet und habe zwei liebenswerte Adoptivkinder aus Chile im Alter von 11 und 13 Jahren.

Seit meine Kinder aus dem Sandkastenalter raus sind, habe ich wieder Zeit, regelmäßig Sport zu treiben. Ich treffe mich mit Freunden dreimal pro Woche in einer Gruppe unseres Sportvereins zum Laufen. Wir joggen zwischen 45 und 60 Minuten, je nach Witterung, Lust und Trainingseinheit, mit viel Spaß und fröhlichem Gelächter. Es gibt immer etwas Witziges zu berichten. Manchmal laufe ich aber auch ganz alleine durch die Natur und lasse meinen Gedanken freien Lauf.

Bisher habe ich an drei Wettkämpfen teilgenommen und es war ein tolles Erlebnis, dabeigewesen zu sein.

16. 6. 2002 Halbmarathon Leverkusen in 2:11:21 Std.

15. 5. 2003 Halbmarathon Leverkusen in 2:08:23 Std.

23. 2. 2003 Staffel-Marathon in Zons in 58:34 Min. (10,55 km).

Außerdem mache ich regelmäßig für meinen Rücken und die Bauchpartie Bodengymnastik. Im heißen Sommer 2003 bin ich oft schwimmen gewesen.

Jedes Jahr freue ich mich wieder auf meine Fastenwoche im Frühjahr bei Ingeborg Busch, Gesundheitsberaterin GGB. Die ausführlichen Informationen über eine sinnvolle Ernährung, der Austausch von leckeren Vollwertrezepten, die Meditation und vor allem das Gruppenerlebnis bereichern mich jedesmal aufs Neue. Eine positive Nebenerscheinung des Fastens ist der Gewichtsverlust. Es macht mir Freude, mit einigen Pfunden weniger den Sommer zu beginnen. Durch den regelmäßigen Sport und meine Fastenerfahrungen habe ich auch meine Ernährung immer mehr auf Vollwertkost umgestellt.

Es macht mir Freude, mit einigen Pfunden weniger den Sommer zu beginnen.

Da ich meine Kindheit auf dem Bauernhof verbracht habe, war ich schon immer gewohnt, viel frisches Obst und Gemüse aus dem Garten zu essen. Seit einigen Jahren mahle ich mein Getreide selbst und backe regelmäßig Brot und leckere Vollkornkuchen. Zu einer weiteren lieben Angewohnheit ist mir der Frischkornbrei mit Obst der Jahreszeit geworden.

Der Anteil an Fleisch und „ungesunden Lebensmitteln" auf dem Tisch ist bei uns in den letzten Jahren gering geworden – es schmeckt einfach nicht mehr. Wir haben uns alle an eine gesunde Ernährung und viel Bewegung gewöhnt.

Mein Tipp: Laufen und essen Sie sich jung!

Elsbeth Burmann

Elsbeth Burmann

Lebensqualität: Sport und Vollwerternährung

Meine Kindheit war sehr turbulent, da meine Brüder 11 und 12 Jahre älter waren. Als ich vier Jahre alt war, starb meine Mutter an Lungenembolie und ich kam zu ihren Eltern. Das war 1941. Die Großeltern ernährten sich sehr bescheiden, nicht weil es wenig gab, sondern es war Großmutters Lebenseinstellung: „Wir leben nicht, um zu essen, sondern wir essen, um zu leben". Je älter ich wurde und je mehr Hunger ich hatte, umso öfter hörte ich diesen Spruch. Der Garten lieferte für das ganze Jahr Obst und Gemüse. Es wurden zusätzlich Bucheckern gesammelt, beim Bauern Kartoffeln gestoppelt und auch Ähren auf den Feldern gelesen. Allein mit dem Besorgen der einzelnen Lebensmittel war sehr viel Bewegung verbunden.

Von jeher radelte ich bei gutem als auch bei schlechtem Wetter – heute noch. In der Jugend spielte ich Handball und machte das Silberabzeichen bei der DLRG, da meine Brüder segelten und ich mich anschließen wollte.

Als Kind hätte ich mir sicherlich die Essensabwicklung der heutigen Kinder gewünscht. Es gab nur einmal in der Woche Fleisch- und Fischgerichte, eine Eierspeise und viele schmackhafte Eintöpfe. Am Nachmittag gab es eine Scheibe Weißbrot mit Butter. Kuchen gab es nur an Geburtstagen. Zu Weihnachten wurde nach alten Rezepten das Weihnachtsgebäck gebacken. Süßigkeiten gab es einmal im Monat, dann, wenn der Großvater seine Pension aus der Stadt holte. Er brachte drei „Kopenhagener" und ein paar Marzipanfiguren mit. Im Winter gab es abends, während der Schummerzeit, einen Bratapfel.

Während meiner Ausbildung, 1959, zur Hauswirtschaftsleiterin gab es unter anderem die Lehrbücher von Prof. Kollath „Getreide und Mensch – eine Lebensgemeinschaft" und das Kochbuch von Martha Zwerg. Seit 1988 bin ich Gesundheitsberaterin GGB. Anfang der achtziger Jahre habe ich in Niedersachsen in der VHS unterrichtet.

Meine Kinder wurden etwas „fortschrittlicher" ernährt, das heißt es wurde mehr gebacken, trotzdem wenig Naschzeug. Die Kinder hatten bis zu ihrem 18. Lebensjahr eine wunderbare Gesundheit und Zahnstellung! Wie die wiederum ihre Kinder „bepflegen" und Zahnarztbesuche anstehen, entsetzt mich geradezu.

Um die Söhne und mich in Bewegung zu halten, hatte ich mit ihnen das Surfen erlernt. Auf vielen Seen hatten wir unsere Freude. Nachdem die Kinder aus dem Haus sind, haben mein Mann und ich uns dem Segeln gewidmet. Viele Törns auf der Nord- und Ostsee haben wir durchgestanden. Da bei den ewigen Bewegungen meine Fußgelenke schmerzten und die Handgelenke anfingen, habe ich vor vier Jahren beim „Kiesertraining“ meine Übungen, um die Gelenke zu stabilisieren, begonnen. Hinzu kommen jeden Dienstag Yogaübungen, die mir sehr gut tun.

Sport und Vollwerternährung geben mir eine Lebensqualität. Ich habe selten eine Erkältung, es sei denn, eine kranke Enkelin gibt mir ein paar Bazillen ab.

Sport und Vollwerternährung geben mir eine Lebensqualität. Ich habe selten eine Erkältung, es sei denn, eine kranke Enkelin gibt mir ein paar Bazillen ab.

Dieter Buschkämper

Regina Oellrich

Dieter Buschkämper

Mit dem Rennrad in die Alpen

Meine Frau Regina Oellrich und ich sind Menschen, die sich „richtig“ ernähren und Sport treiben. Ich bin seit mehr als 15 Jahren Gesundheitsberater der GGB. Das Thema Gesundheit interessiert mich seit meiner Jugend. Seit dem 40. Lebensjahr liegt der Schwerpunkt meiner Gesunderhaltung in der vitalstoffreichen Vollwertkost nach Dr. Bruker. Ich bin 61 Jahre alt. Meine Frau (44 Jahre) ernährt sich seit etwa 10 Jahren fast tiereiweißfrei. Ausnahmen: Käse – einmal die Woche und alle vier Wochen mal ein Spiegelei. Ich ernähre mich zu 80 Prozent tiereiweißfrei. Bei besonderen Anlässen (Feier, Ostern, Weihnachten) esse ich Fleisch oder Fisch.

Wir treiben regelmäßig Sport: zwei- bis dreimal in der Woche Joggen bis zu 40 Minuten. Letztes Jahr im Herbst bin ich in Berlin Marathon gelaufen. Wir haben in unserem Haus im Keller ein eigenes Studio mit Profi-Fitnessgeräten auf einer Fläche von ungefähr 50 qm eingerichtet, in dem wir zwei- bis dreimal die Woche unsere Muskeln betätigen.

Wir fahren Rennräder, mit denen wir im Urlaub in den Alpen oder den Pyrenäen die hohen Pässe fahren: 20 km Anstiege bei einer Steigung von 8 bis 10 Prozent – und das nicht mit einem Stück Fleisch und Müsliriegel, sondern mit einem Kilo Weintrauben und Bananen. Was sagt Prof. Kollath: „Lasst die Nahrung so natürlich wie möglich". Ich fahre ungefähr 3000 km im Jahr, meine Frau 1000 km. Auch meine Frau fährt mit dem Rennrad diese Berge hoch.

Ohne Rennrad, Joggingschuhe, Körnermühle, Hafer, Vollkornbrot und Butter und Sahne aus Rohmilch von einem Bauern aus unserem Dorf (Fett macht nicht fett) fahren wir nie in den Urlaub. Wegen unserer Ernährung nehmen wir eine Wohnung und kein Hotel, damit wir unser Essen selber machen können.

Im Winter laufen wir Ski, aber nicht nur Abfahrt, sondern wir machen Skitouren, das heißt mit Fellen unter den Skiern steigen wir den Berg hinauf – vier bis fünf Stunden, ausruhen, dann Abfahrt auf Skiern.

Ohne Rennrad, Joggingschuhe, Körnermühle, Hafer, Vollkornbrot und Butter und Sahne aus Rohmilch von einem Bauern aus unserem Dorf (Fett macht nicht fett) fahren wir nie in den Urlaub. Wegen unserer Ernährung nehmen wir eine Wohnung und kein Hotel, damit wir unser Essen selber machen können.

Hiltrud Dell

Sport allein schützt nicht vor Herzinfarkt

„Wir", das sind Toni Dell (67 Jahre) und Hiltrud Dell (65 Jahre). Toni ist seit 30 Jahren aktiver Läufer. Er hat sich gesteigert vom langsamen Dauerlauf über Marathonlauf bis zu 100-km-Läufen. Als Marathonläufer mit einer Bestzeit von 2:52 Stunden hat er an vielen nationalen und internationalen Wettkämpfen teilgenommen. Leeds, London, Athen, Wien, Stockholm, Jungfraumarathon in der Schweiz, New York, Hawaii und China waren Stationen von den insgesamt 51 Marathonläufen. Er lief die 100-km-Strecke in Unna sieben Mal. Seine Bestzeit war: 8 Stunden und 3 Sekunden!

Als Leiter des Lauftreffs „Do-Ost" hat er 22 Jahre die Laufbewegung in Dortmund mitgeprägt. Zu seinen sportlichen Aktivitäten

Hiltrud und Toni Dell

gehörten auch die Gründung einer Fitnessgruppe „Sie und Er“, die er 13 Jahre als Übungsleiter betreute. Auch zwei Sportgruppen für Diabetiker gründete er und leitet sie seit über drei Jahren. Toni war 1986 Teilnehmer des Deutschlandlaufes von Flensburg nach Mittenwald – 1 112 km in 18 Tagen. Von den 32 gestarteten Teilnehmern gehörte er zu den 16 glücklichen, die das Ziel erreichten. Als Normalköstler gestartet, hat er während des Laufes auf die Signale seines Körpers reagiert und sich sukzessive der Vollwertkost zugewandt.

Als „Küchenhilfe“ habe ich die Laufgruppe eine Woche begleitet. Hierbei bekam ich die ersten Kontakte zur Vollwerternährung. Die Verpflegung für die Teilnehmer war in drei Gruppen unterteilt: 1. Frischkost ohne tierisches Eiweiß, 2. Vitalstoffreiche Vollwertkost, 3. Konventionelle Zivilisationskost. Neugierig und mit vollem Interesse lernte ich von den mitfahrenden Gesundheitsberaterinnen GGB die Unterschiede kennen. Kurze Zeit danach meldete ich mich in Lahnstein zur Ausbildung als Gesundheitsberaterin GGB an und machte 1993 mein Examen. Ab diesem Zeitpunkt achteten wir auf die „richtige“ Ernährung. Diese bekommt uns bestens, schmeckt gut und hält uns fit. Aufgrund meiner Ausbildung und der guten Erfahrung mit der Vollwertkost habe ich mein Wissen durch Vorträge in diversen Gruppen weitergegeben. Ich selbst bin über 10 Jahre zweimal in der Woche langsam gelaufen. Seit 1993 habe ich die Walkinggruppe in unserem Lauftreff geleitet.

Bei den Läufern waren früher Traubenzucker und Salztabletten scheinbar eine wichtige Voraussetzung für gute Leistung. Ein großer Irrtum, wie sich bald herausstellte. Die heute aufgeklärten Sportler nehmen Bananen, Äpfel, Haferschleim, Mineralwasser und Apfelschorle. Eine spezielle „Sportlerernährung“ ist nicht erforderlich.

Ab Juni 2003 hat Toni als Mentor eine Marathongruppe betreut. Anfang Dezember merkte er, dass seine Beine beim Training schneller müde werden (ich werde alt?). Nach einem Belastungs-EKG beim Hausarzt folgte eine Herzkatheteruntersuchung in der Klinik. Großes Erstaunen – bei drei Herzkranzgefäßen wurden Stenosen bis zu 80 Prozent festgestellt. Zu einer Operation wurde dringend geraten. Das Ergebnis nach der Operation lautete: vier Bypässe und eine neue Aortenklappe.

Jeder fragte nun, wie kann so etwas passieren, bei der guten Fitness und der gesunden Ernährung. Es ist nur so zu erklären, dass die über fünfzig Jahre aufgenommene Zivilisationskost dazu beigetragen hat. Beide Eltern hatten schon Herzkrankheiten.

Bei den Läufern waren früher Traubenzucker und Salztabletten scheinbar eine wichtige Voraussetzung für gute Leistung. Ein großer Irrtum, wie sich bald herausstellte. Die heute aufgeklärten Sportler nehmen Bananen, Äpfel, Haferschleim, Mineralwasser und Apfelschorle. Eine spezielle „Sportlerernährung" ist nicht erforderlich.

Ein halbes Jahr nach der Operation hat Toni sich nun erstaunlich gut erholt. Er hat einige Aktivitäten abgegeben, baut die körperliche Fitness durch Walking und Radfahren auf und betreut auch wieder seine Diabetiker-Sportgruppen. Wir sind überzeugt, dass durch die richtige Ernährung, reichlich Bewegung und eine optimistische Lebenseinstellung die schnelle Erholung so stark beeinflusst wurde. Wir sind froh und glücklich, dass alles so gut verlaufen ist und dass wir Dr. Bruker und seine Lehre kennen gelernt haben.

Anneliese Döring

Anneliese Döring

21 Mal im Krankenhaus, jetzt fit wie ein Turnschuh

Mein Mann und ich ernähren uns seit nunmehr zwei Jahren „richtig“! Und es geht uns prächtig. Wie ist es dazu gekommen?

Vor zwei Jahren ging es mir körperlich sehr schlecht. Von einer Brustkrebsoperation (hervorgerufen durch verschiedene Hormone) hatte ich mich gerade mühsam erholt. Aber die Schmerzen in den Gelenken machten mir mächtig Probleme. Eine Fußpflegerin musste mir alle zwei Wochen die Füße pflegen, weil ich mich kaum noch bücken konnte. Die Gartenarbeit war ein Horror geworden. Aber nicht genug damit. Starker Haarausfall machte mir Probleme. Das Zahnfleisch und die Zähne waren überempfindlich. Sehr quälend waren auch die ständigen Bauchschmerzen. Ich konnte kaum noch Obst essen. Magen und Darm waren in ihrer Funktion gestört. Als Krönung muss ich noch die elenden Rückenschmerzen erwähnen: Durchschnittlich alle sechs Wochen hatte ich mit einem eingeklemmten Nerv zu kämpfen. Ich wurde zu einem Dauergast bei meinem Heilpraktiker, denn die Ärzte konnten mir schon lange nicht mehr helfen. Sie hielten mich für eine Simulantin. In den letzten 30 Jahren war ich 21 Mal im Krankenhaus mit 15 Operationen, von denen mit Sicherheit einige nicht unbedingt nötig waren.

Vor etwas über zwei Jahren lernte ich bei einem Brotbackkurs Johanna Busboom, Gesundheitsberaterin GGB, kennen. Nach drei Abenden Brotbacken trafen wir uns zu einem theoretischen Info-Abend. Das wurde für mich die Wende! Alles, was Johanna erklärte und schilderte, war in sich logisch und schlüssig. Es war wie eine Prophezeiung! Ich sprach mit meinem Mann. Er litt seit Jahren unter einer heftigen Tierhaar-Allergie. Wir wurden uns sehr schnell einig: Es musste etwas passieren. Unser Leidensdruck hatte die richtige Grenze erreicht.

Am 17. Dezember 2001 räumten wir den gesamten Nahrungsmittelvorrat meiner Küche in drei große Umzugskartons, ließen die Obdachlosenhilfe des Deutschen Roten Kreuzes alles abholen und begannen ein neues Leben. Ich kaufte neu ein. Ich hatte mich in der Zwischenzeit mit einigen Büchern eingedeckt und mich schlau gelesen.

Schon kurz nach der Umstellsung spürte ich körperliche Besserung. Meinem Mann dagegen ging es zunächst schlechter. Er hatte „Entzugserscheinungen". Aber nach 14 Tagen ging es uns beiden deutlich besser.

Seitdem ernähren wir uns vitalstoffreich-vollwertig konsequent nach Dr. M. O. Bruker – ohne jede Fleisch- und Wurstwaren, ohne Weißmehl und Zucker. Auf diesen ehemaligen Genuss können wir heute sehr gut verzichten.

Meine Haare wachsen wieder, die Zähne sind gesund, die Rückenschmerzen wie weggeblasen usw.

Ich habe in den letzten Monaten einige gemütliche Kochabende bei mir zu Hause durchgeführt. An ihnen haben viele Gleichgesinnte teilgenommen. Ein zusätzlicher Nebeneffekt soll nicht unerwähnt bleiben: Wir haben unsere Krankenkasse auf die Erstattung stationärer Behandlungskosten reduziert, weil wir den eingeschlagenen Weg auch in Zukunft streng einhalten wollen. Seit nun zwei Jahren habe ich weder einen Arzt noch einen Heilpraktiker gebraucht! Meine Haare wachsen wieder, die Zähne sind gesund, die Rückenschmerzen wie weggeblasen usw.

Als meine sportlichen Betätigungen kann ich das regelmäßige Schwimmen einmal wöchentlich sowie das Fahren mit dem Fahrrad und das tägliche Spazierengehen anführen. Diskussionen und Rechtfertigungen über unsere heutige Ernährung führen wir nicht mehr sehr gerne, da leider die meisten Menschen keinen Zusammenhang zwischen Ernährung und Gesundheit sehen oder sehen wollen.

Hans Engels

Meine Sportgegner könnten meine Enkel sein

Tischtennis ist mein Leib- und Magensport. Ich spiele seit meiner Jugend, als Leistungssportler seit meinem 20. Lebensjahr. In den Jahren meiner beruflichen Tätigkeit in Brüssel auf Landesliganiveau, damals aber noch nicht vollwertig.

Seit 1975 ernähre ich mich vegetarisch. Damals galt dies für die gesamte Familie (fünfköpfig), aber heute bin ich wohl der Einzige, der noch bei der Stange geblieben ist. Das, was man den Kindern vermitteln kann, hält sich in Grenzen. Von der anfänglichen Makrobiotik über einen toleranten Vegetarismus bis hin zur konsequent (fast) veganen Ernährung (kein Fleisch, kein Fisch, kein Käse mit Kälberlab, kein Ei, aber auch kein Alkohol und Ähnliches) war es natürlich ein langer, auch spiritueller Weg.

Ich interessierte mich schon leit langem für Gesundheitsthemen. Ich habe mir jetzt, nach meiner Pensionierung, einen Wunsch erfüllt. Im April 2002 schloss ich die Ausbildung als Gesundheitsberater GGB erfolgreich ab. Gerne denke ich an die kreative, inspirierende Atmosphäre im „Dr.-M.-O.-Bruker-Haus“ in Lahnstein. Dies erfüllt mich stets mit Dank.

Im Sport stehe ich nach wie vor meinen Mann. Meine Mannschaft spielt dieses Jahr in der 1. Kreisliga, voriges Jahr Bezirksklasse. In den Verbandsligaspielen und Turnieren (mit Ausnahme der Seniorenwettkämpfe) spiele ich ja fast ausschließlich gegen Gegner, die allesamt meine Kinder (oder Enkel) sein könnten. Beim Training (circa sechs Stunden wöchentlich), hinzu kommt in der Saison ein Pflichtspiel jede Woche, bin ich regelmäßig bei den Letzten, nachdem die anderen aufgegeben haben. Voriges Jahr habe ich in Luzern (Schweiz) an den Senioren-Weltmeisterschaften teilgenommen, allerdings ohne jenen Erfolg, der die Presse alarmiert hätte. Muss ja auch nicht sein. Jedenfalls brauche ich mich nicht zu verstecken. 2003 nahm ich an den Europameisterschaften für Senioren in Courmayeur (Italien) teil.

Das Alter bringt es mit sich, dass ich zwar mit vollem Ehrgeiz spiele und mich 100-prozentig einsetze, aber Niederlagen mit Gleichmut tragen kann, was für einen Sportler ein Vorteil ist.

Das Alter bringt es mit sich, dass ich zwar mit vollem Ehrgeiz spiele und mich 100-prozentig einsetze, aber Niederlagen mit Gleichmut tragen kann, was für einen Sportler ein Vorteil ist. Wenn ich auch langsam, aber sicher etwas Gelenkprobleme bekomme, die ich im Griff habe, kann ich mich doch dank meiner guten Ernährung und Lebensführung voll auf meinen Körper verlassen. Das verleiht mir eine enorme innere Sicherheit.

Ja, liebe Freunde, ernährt euch nach Bruker, sage ich! Das kann ich wärmstens empfehlen! Aber: Obwohl es eine ganze Reihe von Kollegen gibt, die gravierende Gesundheitsprobleme haben (beispielsweise schwere Psoriasis, schwere Wirbelsäulenschäden und

Kniearthrose, Raucherbein, Fettsucht mit Neurodermitis in der Familie, Zuckerkrankheit usw. usw., die Liste kennen wir ja alle auswendig), habe ich mir inzwischen abgewöhnt, meinen gut gemeinten Rat feilzubieten. Keiner möchte das wissen. Einer sagte mir sogar, er wolle auf seine „Lebensqualität" nicht verzichten.

Auch hier gilt es, Gleichmut zu lernen!

Elsbeth Flick

Mit 61 Jahren Meisterschwimmerin

Elsbeth Flick

Durch ein Buch von Barbara Rütting, das sich meine Tochter 1989 von mir zu Weihnachten gewünscht hatte und das ich vorher erstmal selbst gelesen habe, bin ich an die Vollwertkost gekommen. Seitdem hat sich die Idee bei mir festgesetzt und ist von Jahr zu Jahr gewachsen. Das heißt ich habe allmählich immer mehr auf vollwertiges Essen geachtet und viele Bücher von Dr. M. O. Bruker gelesen. Komischerweise habe ich erst circa drei Jahre später begonnen, täglich ein Frischkorngericht zu essen, und zwar erst, als ich irgendwo gelesen hatte, der Frischkornbrei sei das Herzstück der Vollwertkost. Da machte es „klick" bei mir. Seitdem esse ich das Gericht täglich. Sogar mein Mann akzeptiert es, obwohl er Raucher ist und gerne Fleisch isst.

Ich fühle mich mit 61 Jahren körperlich und geistig fit und gehe nur zum Arzt, um meinen Wettkampfpass verlängern zu lassen. Meine sportliche Laufbahn begann schon als Kind im Schwimmverein. Nach der Baby-Pause meldete ich mich bei den „Masters" zurück. Inzwischen nehme ich regelmäßig an NRW- sowie Deutschen Meisterschaften teil. 2003 finden in Südfrankreich die Europa-Meisterschaften der Masterschwimmer statt und ich trainiere schon für diesen Wettkampf. Erzählen mir meine wesentlich jüngeren Schwimmkollegen von ihren Knie- oder Rückenproblemen, so frage ich sie nach ihrer Ernährungsweise. Manche hören auch zu, wenn ich ihnen etwas über Vollwertkost erzähle. Einem Schwimmkollegen habe ich sogar mal Frischkornbrei mitgebracht. Er hat probiert, fand ihn köstlich und wollte ihn sich auch zubereiten. Auf meine Nachfrage nach ein paar Wochen zuckte er nur mit den Schultern und meinte, er habe keine Zeit dafür.

Fünf Enkelkinder in der Nachbarschaft und ein großer Gemüsegarten lassen keine Langeweile aufkommen. Im Sommer gibt es jeden Tag einen köstlichen Salat aus dem eigenen Garten mit vielen frischen Kräutern.

Fazit: Die Vollwerternährung übernahm ich Schritt für Schritt. Ich ließ immer mehr Speisen weg, die ich als „nicht vollwertig" erkannte. Vielleicht schaffe ich es eines Tages noch, das Fleich ganz wegzulasen. Ich bin auf dem Weg dorthin!

Dieser Bericht soll „Anfängern" zeigen, dass das Ganze ein Prozess über Jahre sein kann. So war es jedenfalls bei mir.

Sabine Frey

Wettkampf-Aerobic und fitter Hund

Sabine Frey (dritte von links)

Ich bin 36 Jahre alt, verheiratet und habe zwei ungeimpfte Vollwertkinder. Wir ernähren uns seit Januar 1996 vollwertig.

Ich mache Wettkampf-Aerobic. Wir trainieren dreimal die Wodche ein bis zwei Stunden. Zu unserer Gruppe gehören zwölf Frauen. Wir studieren eine Kür ein, die die Schwerpunkte Kraft, Ausdauer, Beweglichkeit und Synchronität enthält. Unsere Gruppe konnte schon viele Erfolge verbuchen. Zum Beispiel qualifizierten wir uns 2001 für die Deutschen Meisterschaften und belegten einen guten 8. Platz. Dieses Jahr wurden wir ausgewählt, Deutschland bei der Weltgymnastrada in Lissabon zu vertreten.

Ohne Frischkornbrei und Sport fehlt mir etwas. Noch etwas zu unseren Kindern. Linda geht seit knapp zwei Jahren in den Kindergarten (Waldorf-Einrichtung) und war fast nie krank. Es ist den anderen Müttern schon aufgefallen, und sie sind sich fast alle einig, dass es an unserem Lebensstil liegt.

Übrigens, unsere Hündin (Westhighland Terrier) wird auch vollwertig ernährt. Es geht ihr blendend. Sie ist jetzt acht Jahre alt und hält beim Joggen tapfer mit.

Gisela Fuchs

Ich habe mit Yoga durchgehalten

Ich bin 68 Jahre und habe vor elf Jahren mit der Vollwertkost nach Dr. Bruker angefangen.

Ein Jahr später habe ich mit Yoga angefangen. Ich bin überzeugt, wenn ich mich nicht vollwertig ernährt hätte, wäre es mir nicht möglich gewesen, die Yogaübungen durchzuhalten. Die Überzahl der mit mir Übenden – sehr viel jünger als ich – haben aufgegeben. Da Yoga Arbeit am Selbst ist, gehört Mut dazu, nach innen in das Körper-Seele-Geist-Haus zu gehen.

Heute könnte ich mir ein Leben ohne Vollwertkost und Yoga nicht mehr vorstellen.

Bei mir stellten sich schon nach der Vollwertkost positive Veränderungen ein. Das war ein Erlebnis für mich, da ich nach langer lebensbedingter Krankheit merkte, wie ich mich immer wohler fühlte. Allerdings war dies ein langer Lernprozess.

Heute könnte ich mir ein Leben ohne Vollwertkost und Yoga nicht mehr vorstellen. Es hilft, alle Klippen des Lebens zu überwinden. Ich bin dankbar, dass es mir geschenkt wurde, denn für mich ist nichts im Leben selbstverständlich …

Monika Fuhrbach

Laufen als Lebensrhythmus

Ich bin 55 Jahre alt. Vor etwa 25 Jahren fing ich mit dem Laufen an. Es ist für mich ein nicht mehr wegzudenkender wichtiger Ausgleich zum Alltag. Wenn ich laufe, bin ich mit mir allein. Die Landschaftsformationen ähneln den Abläufen im Leben. Schwierig, anstrengend bergauf, alle Kräfte fordernd, schneller bergab, sonnig, regnerisch, stürmisch, kalt – an Ausdauer, Lust, Einstellung, Strukturierung, Einsatz, an körperliche Voraussetzungen appellierend. Das „Wie" entspricht der Art und Weise, mit dem Leben umzugehen, zeigt die Schwachstellen und Stärken.

Wie kam ich zum Laufen? Als älteste Tochter sollte ich den elterlichen Hof übernehmen. Das entsprach in keiner Weise meinen Vorstellungen. Protest, Streit, Unverständnis, Ablehnung, später Flucht in die Magersucht, die mit einem Selbstmordversuch endete. Meine linke Niere ging dabei kaputt und musste operativ entfernt werden.

Im selben Jahr – 1970 – starb meine Mutter an Nierenversagen. Es fiel mir sehr schwer, körperlich und seelisch aus diesem Loch von Schuldgefühlen wieder herauszukommen. Die Krankheitsanfälligkeit häufte sich: Infekte, Nierenbecken- und Venenentzündungen, Unverträglichkeit der Pille nach 15 Jahren. Mein Körper wehrte sich gegen die viele Chemie, die mich gesund machen sollte. Die Antibiotika setzten mir mehr zu als die Krankheiten selbst.

Irgendwann fällte ich dann den Entschluss, andere Wege zu gehen. Ich traf auf den erfahrenen Naturarzt Dr. zur Linden. Meiner natürlichen Bakterienflora war gründlich der Garaus gemacht worden. Es folgten nun Symbioselenkung, Eigenblutspritzen, Lymphdrainagen und Umstellung der Ernährung auf vitalstoffreiche Vollwertkost. Eine Getreidemühle wurde angeschafft, das Korn frisch gemahlen und viel rohes Gemüse, Obst und Vollkornbrot gegessen. Die ersten Monate kämpfte ich noch, aber dann ging's kontinuierlich bergauf. Die verlorene Kraft und Energie kehrten zurück, ich fühlte mich fit.

Mein Mann und ich intensivierten die sportlichen Aktivitäten. Radfahren, Skitouren, Tiefschneeabfahrten, Windsurfen und Laufen. Mein Zyklus setzte wieder monatlich ein, der Kinderwunsch erfüllte sich mit einem Jungen und zwei Mädchen. Krankheit war Vergangenheit geworden.

Vor zwölf Jahren zogen wir nach Koblenz. Die hohen Berge waren weit weg gerückt. Ich intensivierte das Laufen. Im Königsforst bei Köln schaffte ich meinen ersten Marathon mit 52 Jahren. Es folgten noch drei, davon einer in Pauillac, durch die Weinberge des Médoc, der mir unvergesslich blieb. Jetzt lief ich nicht mehr für mich, sondern auf Zeit. Das Trainingspensum steigerte sich, auch im Hinblick auf die Teilnahme an Volksläufen. Manchmal streikten Gelenke und Knie durch Überbelastung. Irgendwann dann knickte ich bei einem Halbmarathon unglücklich um, eine Sehne war angerissen. Dann gab es die Halux-valgus-Operation. Ich musste ein halbes Jahr aussetzen. Nach einem viertel Jahr begann ich wieder zu trainieren – alle Ratschläge und Warnsignale in den Wind schlagend. Durch die Überbelastung wurde der Miniskus am rechten Knie stark geschädigt. Ich musste operiert werden.

Mein Mann und ich intensivierten die sportlichen Aktivitäten. Radfahren, Skitouren, Tiefschneeabfahrten, Windsurfen und Laufen.

Jetzt laufe ich wieder, wie zu Anfang, für mich und mit mir. Ich versuche, meinen Rhythmus zu finden. Ich achte mehr auf meinen Körper und mich, nicht auf Vorgaben anderer. Diese Orientierungsschwierigkeiten haben auch mein übriges Leben in dieser Zeit geprägt …

Die Balance zu finden zwischem dem, was mein Körper mir sagt und dem, was in mir angelegt ist für den spannenden Lauf meines Lebens, der noch vor mir liegt, das wünsche ich mir. Ich hoffe, mit meinen positiven Erfahrungen über Vollwerternährung und Bewegung (Laufen) anderen von Nutzen sein zu können, denn ich habe im Februar 2004 meinen Abschluss zur Gesundheitsberaterin GGB gemacht.

Evelyn Gabel

Wir reißen Bäume aus

„Der Mensch ist, was er isst!" Dies ist die Quintessenz meiner Erfahrung.

Schon als Kind habe ich immer gerne Sport getrieben. Sei es Fußballspielen mit den Buben auf der Straße oder Rollschuhfahren – das heutige „Skaten". Später dann, als Lehrerin, durfte ich in der Schule Sport sogar unterrichten. Zum Ausgleich des „passiven" Sports habe ich danach in meiner knapp bemessenen Freizeit meine Entspannung beim Schwimmen gefunden. Im Winter, bei guter Schneelage, war Skifahren mein Sport zur Regenerierung. Aktiv wie ich war, habe ich in diesen Jahren insgesamt zwölf goldene Sportabzeichen in meiner Altersklasse erworben. Die Medaillen waren sozusagen der Beweis: Ich bin fit.

Dann kam meine „Leidenszeit". Rheuma und Asthma haben mich in meinem sportlichen Leben im wahrsten Sinne des Wortes „schwach" werden lassen. Als Krönung dieser Jahre musste aus meinem Bein ein Tumor im Knochen entfernt werden. Einige Operationen ließen mich drei Jahre im Rollstuhl verbringen. Trotz meines hilfsbereiten Mannes, der mich überall „hinrollte", schienen all diese Krankheiten das Ende meines bis dahin energievollen Lebens zu sein.

Doch wie so oft im Leben: Ein Schimmer am Horizont, wie bei der aufgehenden Sonne. Ich fand zu Dr. M. O. Bruker und damit natürlich zur Vollwerternährung. Im Rollstuhl und auf Krücken habe ich dann meine Ausbildung und Examen zur Gesundheitsberaterin GGB gemacht. Danach ging es aufwärts mit mir. Nachdem ich mit Hilfe der Vollwertkost Rheuma und Asthma losgeworden war, konnte ich nach vier Jahren auch wieder ganz gut laufen. Nun wollte und konnte ich sportlich aktiv werden. Zunächst habe ich mit Schwimmen einige Kraft gewonnen. Voller Energie konnte ich auch wieder „Ringkämpfe" mit meinem Mann gewinnen. Durch meine Ernährung bin ich so fit und energiegeladen, dass ich mit meinem

Mann, nachdem es uns in die USA verschlagen hat, auf der Farm „Bäume ausreiße“.

In meinem Sportverein beschäftigt mich mein wöchentliches Sportprogramm voll: fünf Mal Wasseraerobic, zwei Mal Gewichte heben in der Gruppe, zwei Mal Yoga. Als Krönung des Erfolges meiner Ernährungsform betreibe ich noch Taekwon-Do (Sport zur Selbstverteidigung). Ich habe voller Stolz mir mittlerweile den „schwarzen Gürtel“ erkämpft. Eines besseren Beweises der Richtigkeit einer vollwertigen Ernährung bedarf es eigentlich nicht. Nach dem Motto: „Je mehr Vollwertkost du kostest, desto weniger du rostest“.

Doch wie so oft im Leben: Ein Schimmer am Horizont, wie bei der aufgehenden Sonne. Ich fand zu Dr. M. O. Bruker.

Dr. Bruker hat auch an mir ganze Arbeit geleistet. Ich denke gerne in Dankbarkeit an ihn.

Andreas Grella

Vollwertkost – Sauna – Sport

Ich gehe drei- bis viermal die Woche joggen, jeweils 30 bis 40 Minuten, unabhängig davon, wie die Wetterverhältnisse sind. Bei Sonnenschein macht das Laufen natürlich mehr Spaß, doch an grauen Tagen hilft es umso mehr, den Stimmungspegel zu heben.

Andreas Grella

Ich bin es gewohnt, morgens nach dem Aufstehen sportlich aktiv zu sein mit nüchternem Magen und gleich anschließend richtig gut zu frühstücken mit Frischkorngericht und Vollkornbrot. Eine Wohltat!

Der Organismus verlangt geradezu die Zufuhr von komplexen, natürlichen Kohlenhydraten. Des Weiteren halte ich zweimal die Woche im Fitness-Studio meine Muskeln straff und schwitze abschließend in der Sauna. Ein wunderbar wohlig-ausgeglichenes Körpergefühl stellt sich bei dieser Kombination ein: Vollwertkost – Sauna – Sport.

Andreas Grub

Wasserball und keine Pickel

Andreas Grub

Ich heiße Andreas Grub, wurde am 23.4.1986 in Neunkirchen (Saar) geboren (26.4.1986 Katastrophe in Tschernobyl; ich war drei Tage alt!) und gehe seit der 6. Klasse in eine Freie Waldorfschule. Die Fehlernährung unserer Familie endete, als ich circa vier Monate alt war. Ich wurde mit Muttermilch allein sieben bis acht Monate, in Verbindung mit dem Frischkorngericht, Getreidebreien, Vollkornbrot, biologischem Obst und Gemüse, 20 Monate gestillt/ernährt. Daheim wurde ich weiterhin mit gesundem Essen verpflegt, doch mit der Pubertät löste ich mich mehr von zu Hause und aß die überall erhältliche Mangelkost zusätzlich. Ich war sogar immer froh, wenn ich von zu Hause weggehen konnte und das „normale" Essen „genießen" durfte, also Auszugsmehlprodukte, Wurst und Fleisch, Süßwaren mit Fabrikzucker usw...

Mitte 2002: Ich wurde Vegetarier und verzichtete auf das Fleisch. Milch und Käse verzehrte ich jedoch weiterhin außerhalb meines Zuhauses.

Ab circa Anfang 2003 änderte sich alles plötzlich... In der Schule kam die Aufgabe für jeden, eine Jahresarbeit zu schreiben. Nach langem Hin und Her entschloss ich mich für Ernährung und befasste mich erstmals richtig mit der Lehre von Dr. M. O. Bruker. Ich bin jetzt 17 Jahre alt und ernähre mich seit Anfang 2003 konsequent mit der vitalstoffreichen Vollwertkost, ohne Fleisch, tierisches Eiweiß und Fabriknahrungsmittel. Ich kenne niemanden in meinem Alter, der sich in dieser Weise ernährt. Gut, ab und zu ein Bier außerhalb ist genehmigt. Sonst bin ich Nichtraucher, konsumiere also nur gesundes Essen (viel Frischkost, circa 60 Prozent), Wasser und die Umgebungsluft.

Dazu kommt mein Sport. Seit fünf Jahren gehöre ich einem Schwimmverein an. Ich trainiere in der Woche ein- bis zweimal Schwimmen, anschließend Wasserball. An Wochenenden ist öfters mal ein Spiel. Sonst gehe ich gelegentlich Fahrrad fahren. Vier Stunden in der Woche ist Zeitungen austragen angesagt. Dann decke ich durch das Gehen meinen Bewegungsbedarf. Eine Stunde Schulsport in der Woche darf dazugerechnet werden.

Durch die Kombination von vitalstoffreicher Vollwertkost und Sport geht es mir sehr gut. Ich bin selten müde (nur durch zu wenig Schlaf!), habe seit meiner konsequenten Vollwerternährung keine „pubertätsbedingten" (angeblich!) Pickel mehr und krank bin ich äußerst selten mal, höchstens ein bis zwei Tage im Jahr; es geht mir also richtig prima.

Durch die gesunde Ernährung und den Sport kann sich mein Körper gut entwickeln. Ich habe Kraft beim Sport. Auch wenn ich mal ab und zu eine längere Pause mache, habe ich immer noch gute Kondition, um mitzuhalten.

Ich bringe ein „Gegenbeispiel" aus dem Wasserball. Ein Junge, etwa in meinem Alter, trainiert regelmäßig und öfter als ich. Demnach schwimmt er auch schneller, womöglich, weil er schon länger dem Verein angehört und größer ist als ich. Nun ja, er ernährt sich von einer typischen Mangelkost, bestehend aus Getränken wie Coca-Cola und Energiedrinks, Auszugsmehlprodukten, vielen tierischen Produkten, Süßwaren usw. Das Ergebnis kommt sogleich: Der Junge ist öfter krank als jeder andere, den ich kenne. Eine Grippe folgt der nächsten, Bauchschmerzen dem Kopfweh. Seine geistige Entwicklung ist auf dem Stand eines Zwölfjährigen! In diesem Fall scheint mir die Verbindung Sport – falsche Ernährung schädlich.

Aus dem Beispiel ist zu folgern, dass der Sport kranker macht als nur die falsche Ernährung. Der Körper ist überbelastet, da auch wichtige Vitalstoffe fehlen. Für Sportler ist eine gesunde Ernährung also noch viel wichtiger. Ich fühle mich sehr wohl mit meinem Leben und der Verbindung Vollwertkost und Sport. Ich kann das nur weiterempfehlen.

Monika Hannusch

Meist der erste Platz – trotz Arthrose

Berlin-Marathon: mein Mann Ali bei km 36, ich bin nur eine kurze Strecke mitgelaufen.

Mit knapp 50 Jahren erkrankte mein Mann an Polyarthritis. Auf der Suche nach alternativen Behandlungsmöglichkeiten lernten wir Dr. M. O. Bruker kennen und ernähren uns seitdem vegetarisch-vollwertig. Zu Beginn der Krankheit war mein Mann kaum in der Lage zu gehen. Einige Jahre nach der Ernährungsumstellung ging es ihm so gut, dass er anfing, kleine Läufe zu machen. Zuerst nur 100 oder 200 Meter – dann immer mehr. Und vor zwei Jahren ist er dann in Berlin seinen ersten Marathon gelaufen.

Infiziert durch meinen Mann habe ich vor circa zwei Jahren – trotz Arthrose in beiden Kniegelenken – auch mit dem Laufen begonnen. Zuerst mit Walking, bin dann aber sehr schnell zum Joggen übergegangen. Wir laufen regelmäßig mindestens dreimal die Woche jeweils eine Stunde.

Ich habe auch schon mehrmals an 10-km-Wettkämpfen teilgenommen und belege dort fast immer den 1. Platz – nicht weil ich so schnell bin, sondern weil ich in meiner Altersklasse (ich bin 57 Jahre alt/mein Mann 58 Jahre) meistens die einzige Teilnehmerin bin. Anscheinend läuft Frau in meinem Alter nicht mehr – oder, besser gesagt, nimmt nicht mehr an Wettkämpfen teil. Bei den Männern sind häufig auch noch Siebzigjährige dabei.

Die Beschwerden in meinen Knien halten sich in Grenzen. Zum Kirchentag fahren mein Mann und ich nach Berlin mit dem Rad (500 km = pro Tag circa 100 km).

Mein Mann macht häufiger lange Radtouren von mehreren Wochen und mehreren Tausend Kilometern. Ein Arbeitskollege von mir ernährt sich seit etwa 25 Jahren vegetarisch-vollwertig und läuft seit vielen Jahren. Er nimmt in jedem Jahr an mindestens zwei Marathon- oder Ultramarathon-Wettkämpfen teil.

Inge Hammerschmidt

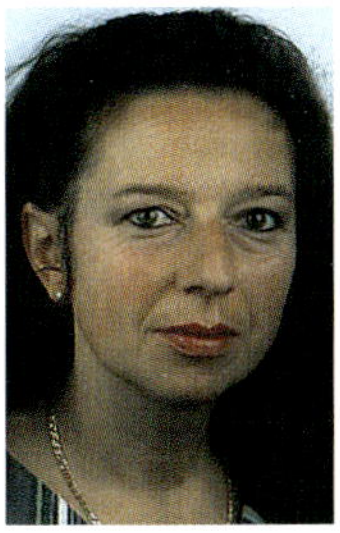
Inge Hammerschmidt

Sport: Quälerei oder Vergnügen?

Ich treibe seit 22 Jahren Sport, bin vollwertköstliche Vegetarierin und erfreue mich heute bester Gesundheit. 1981 begann ich als Zivilisationsköstlerin Tennis zu spielen und fühlte mich meistens auch ganz fit. Ich spielte täglich circa zwei Stunden Tennis und ging zwei- bis dreimal wöchentlich joggen. Im Laufe der Zeit verschlechterte sich mein Gesundheitszustand allerdings. Sport wurde eher zur Quälerei denn zum Vergnügen. 1984 nahm ich in den Urlaub an den Gardasee das Büchlein „Schweinefleisch und Gesundheit" von Reckeweg mit und kam als Vegetarierin aus dem Urlaub nach Hause. Da ich sehr gesundheitsbewusst eingestellt war und dachte, über Ernährung gut informiert zu sein, stellte ich 1986 nach einer Fastenkur die Ernährung auf reine, sehr fettarme Rohkost (Obst und Gemüse) um.

1989 kam ich in einem sehr desolaten Zustand mit gerade mal 40 Kilo in die Klinik Lahnhöhe und lernte dort Dr. M. O. Bruker kennen. Ich war mit einer Gesundheitsberaterin GGB, die gerade das Abschlussseminar hinter sich gebracht hatte, auf einem Zimmer und lieh mir alle Bruker-Bücher von ihr aus. In den vier Monaten, die ich in der Klinik verbrachte, las ich alle zu dieser Zeit existierenden Bruker-Bücher. Ich verschlang sie richtig. Keinen Schritt machte ich mehr, ohne ein Buch von Dr. Bruker in der Tasche zu haben. Alles erschien mir so logisch und nachvollziehbar, was er schrieb. Ich war fasziniert von Dr. Bruker. Dass er abends auch um 22 Uhr noch bei Patienten am Bett saß und Händchen hielt, dass er immer ein offenes Ohr für seine Patienten hatte und nie müde wurde, immer wieder das Gleiche zu erzählen. Dass er Antworten auf Fragen nach Ursachen wusste. Dass er unbeirrt seinen Weg ging gegen alle Widerstände. All das und noch vieles mehr beeindruckte mich sehr und machte ihn für mich als Arzt und als Mensch einzigartig. Es war für mich eine sehr große Bereicherung, Dr. Bruker kennen gelernt zu haben und veränderte komplett mein ganzes Leben. Noch im gleichen Jahr begann ich mit der Ausbildung zur Gesundheitsberaterin GGB.

Mein Gesundheitszustand besserte sich mit der Ernährungsumstellung zusehends. Ich konnte meine sportlichen Aktivitäten wieder ausweiten. Ich begann 1991 wieder mit dem Joggen und Tennisspielen. Ich lief morgens vor der Arbeit schon meine 12 Kilometer, war dann ganztags als Erzieherin berufstätig und führte abends noch Vollwertkostkurse in Kindergärten durch. Als ich 1996 schwanger wurde, lief ich im 7. Monat noch 10 km täglich, erfreute mich bester Gesundheit und hatte eine völlig problemlose Schwangerschaft. Nachdem meine Tochter geboren war, machte ich eine Babypause von einem Jahr und begann danach wieder mit dem Laufen und dem Tennisspielen.

Heute bin ich halbtags berufstätig, gehe in der Mittagspause in aller Regel täglich 10 bis 15 km joggen, widme mich dann meinem Kind und bin abends noch als Gesundheitsberaterin sehr aktiv, indem ich zwei- bis dreimal pro Woche Vorträge und Praxiskurse in verschiedenen Einrichtungen anbiete. Ab und zu schickt mir mein Arzt Patienten zur Ernährungs-Einzelberatung, die ich samstags anbiete. Ich habe zurzeit sechs Tage in der Woche einen 17- bis 18-Stunden-Tag und fühle mich dabei sehr fit und leistungsfähig. Ich ernähre mich fast ausschließlich von Frischkost, ab und zu mal eine Scheibe Brot oder am Wochenende ein selbst zubereitetes Vollwertmenü. In meinen Praxiskursen probiere ich natürlich auch mit den Teilnehmern zusammen, was wir zubereitet haben. Meine Tochter hat sich an die Ernährung gewöhnt und akzeptiert sie hoffentlich noch eine Weile (sie ist erst sieben). Ich bin 43 Jahre, lebe mit meiner Tochter alleine und bin dadurch auch relativ unabhängig vom Geschmack anderer. Meine Tochter habe ich frühzeitig an die Frischkost gewöhnt. Sehr beliebt sind bei ihr Hülsenfrüchte, die ich dann gekocht unter die Frischkost mische. Wir fühlen uns sehr wohl dabei, haben nicht das Gefühl, auf etwas verzichten zu müssen oder etwas zu versäumen und sind überwiegend froh gelaunt.

In den vier Monaten, die ich in der Klinik verbrachte, las ich alle zu dieser Zeit existierenden Bruker-Bücher.

Bianka Heidenreich

Berlin-Marathon ohne Energieriegel

Wie viele andere Menschen, bin ich durch Krankheit zur konsequenten Umstellung auf die vitalstoffreiche Vollwertkost gekommen. Zuvor fiel mir zwar schon das „Große Ernährungsbuch von Dr. M. O. Bruker" in die Hände. Ich fand das Buch sehr informativ und kochte ab und zu ein Rezept daraus.

Als ich schließlich drei Monate arbeitsunfähig war und die Hälfte dieser Zeit im Krankenhaus verbrachte, kam für mich die Wende. Im Januar 2000 begann ich mit der Ausbildung zur Gesundheitsberaterin GGB und absolvierte im Januar 2003 erfolgreich die Prüfung.

Schon bevor ich krank wurde, machte ich viel Sport, teilweise nahm ich an Aerobic-Kursen teil, bis ich irgendwann vom Joggen sehr begeistert war. Ich fühlte mich sehr wohl, an der frischen Luft eine Sportart durchführen zu können, zu jeder Zeit, wie es mir mein Tagesablauf erlaubte. Mein Interesse, einen Marathon zu laufen, wurde immer größer. Es faszinierte mich, die Strecke von 42,195 km zu laufen, weil es sich hier um eine Strecke handelt, die man ja nie zuvor im Training läuft.

Ich sehe für mich den Sport als Gesundheitssport und möchte nicht den Profis nacheifern.

Schließlich erfüllte ich mir diesen Traum im September 2001 in Berlin. Ich alleine unter 26 000 Menschen, Profis und Amateure, mit dem Vorhaben, den Marathon erfolgreich zu bewältigen. Einige Bücher hatte ich mir zuvor gekauft, um zu erfahren, wie man sich am besten dafür vorbereitet. Eine weitere Hilfe waren spezielle Laufzeitschriften und ein paar Gespräche mit einem erfahrenen Arbeitskollegen, der Triathlonerfahrung hatte. Aus all diesen Informationen erstellte ich mir einen individuellen Trainingsplan, den ich auch mit meiner Berufstätigkeit vereinbaren konnte.

Einige andere Freizeitinteressen mussten allerdings in dieser Zeit auf der Strecke bleiben. Die Intervall- und Tempoläufe absolvierte ich meist im Wald, der Waldboden war doch gelenkschonender als der Asphaltboden. Die langen und langsamen Läufe lief ich sonntags am Rhein entlang. Ich lief Stunde um Stunde, Runde um Runde… Fünf bis sechs Trainingseinheiten absolvierte ich wöchentlich, je nachdem, wie es mit der Arbeit zu vereinbaren war.

Was ich nicht aus den Büchern und Zeitschriften übernahm, waren die Ernährungshinweise. Da ich mich vitalstoffreich und vollwertig ernähre, sah ich keinen Anlass, daran etwas zu ändern. Ich blieb bei meiner tiereiweißfreien Kost mit meinem täglichen Frischkornbrei, viel Rohkost, Gemüse und Vollkornprodukten. Ich trank keine diversen Eiweißdrinks, sondern blieb bei meinem Wasser und den Kräutertees.

Klar, Ermüdungserscheinungen traten auf, aber auf Grund der belastenden Trainingseinheiten. Ich hatte nie das Gefühl einer, wie es unter den Sportlern genannt wurde, „Unterzuckerung“. Ich empfand auch kein extrem großes Hungergefühl (Hungerrast unter den Sportlern genannt). Viele Bekannte versuchten mir einzureden, dass ich unbedingt die „normalen“, das heißt weißen Spaghetti essen müsste, weil sie besser verdaulicher wären und schneller die Kohlenhydrate freisetzen würden. Ich winkte ab und verzehrte weiterhin in erster Linie Kartoffeln. Zur Abwechslung meines täglichen Speiseplans aß ich natürlich auch Vollkornspaghetti und Vollreis. Am liebsten mochte ich Hirse als Getreidebeilage. Dann kam aber auch schon der nächste Einwand, ich müsse auf meine langen Läufe unbedingt Energieriegel und Energiegels mitnehmen und verzehren. Ich lehnte ab mit der Begründung, solche Chemieprodukte benötige ich nicht.

Zur Abwechslung meines täglichen Speiseplans aß ich natürlich auch Vollkornspaghetti und Vollreis. Am liebsten mochte ich Hirse als Getreidebeilage.

Nach elf Wochen anstrengendem Training stand ich nun in Berlin im Startblock. Bei manchem mitlaufenden Marathoni dachte ich, er wolle unterwegs ein Picknick durchführen. An dem mitgenommenen Getränkegürtel hingen nämlich diverse Energieriegel und Powergels.

Ich bin die gesamte Strecke im regelmäßigen Tempo durchgelaufen. Trank unterwegs nur Wasser, kein Cola, was man angeblich ab km 35 oft wegen der Unterzuckerung trinken müsse. Ich benötigte auch keinen gezuckerten Zitronentee und keine Energieriegel. Stolz, aufrecht und überglücklich bin ich im Ziel eingelaufen, ohne den „Mann mit dem Hammer“ getroffen zu haben. Mit Sicherheit lag mein Erfolg nicht alleine an der Ernährung, sondern in erster Linie an der Einhaltung meines Trainingsplans. Aber man sieht, dass man bei einer vollwertigen Ernährung keine Zusatzprodukte der Sportindustrie benötigt. Überhaupt, finde ich, benötigt man diese Produkte allenfalls dann, wenn man den Bogen überzogen hat und sich nicht an seine Leistungsgrenzen hält.

Ich sehe für mich den Sport als Gesundheitssport und möchte nicht den Profis nacheifern. Das geht auch nicht, denn diesen Trainingsaufwand kann man neben seinem Beruf gar nicht aufbringen.

Stephan Heimer

Frei von Asthma und Rückenschmerzen

Seit 1989 ernähre ich mich vollwertig und vegetarisch, treibe in meiner Freizeit auch Sport (bis vor zwei Jahren Basketball, sonst Jogging) und kann nur feststellen, dass mich die Vollwerternährung und der Verzicht auf Fleisch sowie Fisch in der Ausübung des Sports unterstützt, auf keinen Fall aber einschränkt.

Vor 25 Jahren wurde bei mir von einem „Facharzt für Lungen- und Bronchialheilkunde" die Diagnose allergisches Asthma festgestellt. Doch leider bekam ich keinen Rat, meine (damals noch falschen) Ernährungsgewohnheiten umzustellen. Das ist der Anfang vom Altwerden, dachte ich. Nun ist es wohl vorbei mit dem Sport, und das mit Anfang 20! Zum Sport nahm ich immer ein Aerosol-Spray der Fa. Boehringer mit, das mir bei auftretender Atemnot weiterhelfen sollte. Im Laufe der Jahre kamen noch stärker werdende Rückenschmerzen hinzu, die mich immer mehr einschränkten.

Doch dann passierte das Beste in meinem Leben: Ich lernte meine Frau kennen, die bereits das Frischkorngericht, wie es von Dr. Max Otto Bruker beschrieben wurde, täglich verzehrte!

Doch dann passierte das Beste in meinem Leben: Ich lernte meine Frau kennen, die bereits das Frischkorngericht, wie es von Dr.-Max-Otto-Bruker beschrieben wurde, täglich verzehrte! Nach kurzer Übergangszeit durch meine Frau und der Literatur von Dr. Bruker war der erste Schritt zur Vollwertkost getan. Ein Jahr später stellten wir uns auf die vollwertige und vegetarische Ernährung um. Meine Frau begann in Lahnstein die Ausbildung zur Gesundheitsberaterin GGB. Der gesundheitliche Aufstieg wurde spürbar. Die

Atemnot ließ mehr und mehr nach, die Rückenschmerzen sind Vergangenheit!

Unsere beiden Töchter, inzwischen 9 und 11 Jahre alt, wurden von Anfang an, das heißt nach dem Stillen, vollwertig und vegetarisch ernährt. Selbst unser Hund „speist" vollwertig – allerdings nicht vegetarisch!

Jetzt bin ich 46 Jahre alt, jogge gerne als Ausgleich für meine überwiegend sitzende Tätigkeit im Büro, und habe mittlerweile auch ein paar Kollegen mit der Vollwertkost angesteckt. Übrigens: Die 10-km-Laufstrecke bin ich vor einem Jahr mal auf Zeit gelaufen in 43:29 Min., obwohl ich kaum trainiert hatte. Vor 25 Jahren unmöglich!

Ich kann jedem – ob er Sport treibt oder auch nicht – nur raten, sich nach den Ratschlägen der GGB vollwertig und vegetarisch zu ernähren, dann klappt es auch mit der Fitness.

Zum Schluss noch eine Anmerkung, die nicht mit Sport in Verbindung steht:

Als ich mich 1989 einem Test auf Zeugungsfähigkeit unterzog, konnte diese nach ärztlichem Rat eines Urologen nur mit medikamentöser Hilfe gesteigert werden. Nach einigen Tests zeigte sich nur ein mäßiger Erfolg. Ein weiterer Test im Jahre 1993 zeigte ohne medikamentöse Hilfe nach vierjähriger Vollwerternährung bereits eine deutliche Verbesserung! Ein Jahr später wurde unsere zweite Tochter geboren. Besteht hier eventuell ein Zusammenhang zwischen Ernährung und Zeugungsfähigkeit? Ich glaube es jedenfalls.

Adrian Heymans

Großglockner, Piz Palü, Mont Blanc

Ich bin Jahrgang 1942, bin 174 cm groß und wiege 79 kg. Die Ernährung ist vollwertig; das heißt, in der Frühe (mit seltenen Ausnahmen) das Frischkorngericht mit allem Drum und Dran (die Ausnahmen sind selbst gebackenes Brot aus Dinkelvollmehl, Tee). Mittags Rohkost in Form von immer wechselnden Salaten, nicht jodiertes Meersalz, selbst hergestellten Apfelessig, kalt gepresste Öle (Son-

Vor dem Matterhorngipfel, 4475 m

nenblumen, Kürbiskerne, Oliven) und die verschiedensten Kräuter aus eigenem Garten. Gekochtes: Kartoffeln, Vollreis, Gemüse, kein tierisches Eiweiß, auch keine Milchprodukte, ganz selten (vielleicht einmal im Monat?) heiße Wurst (muss dann zwei Tage mit Rheuma büßen). Bei Einladungen durch Freunde lässt sich Auszugsmehlbrot nicht verhindern. Abends werden Reste vom Mittag oder Brot mit Butter und Tomaten oder eine Schüssel Salat gegessen.

Auf meinen Bergfahrten nehme ich mir immer sehr viel Obst, Tomaten oder Paprika mit, weiters meine schnellen Dinkelweckerln. Auf den Hütten, wenn's geht, Salat, Spaghetti oder auch mal einen Apfelstrudel (ohne Zucker). Zum Trinken reines Wasser, aber auch nicht sehr viel, da ich durch die Rohkost wenig Durst habe. Mir tut soweit nichts weh, außer ab und zu die Zähne (Knochenschwund im Kiefer). Aber da muss ich mich trösten, dass es hoffentlich die Fehler der vorangegangenen Generation waren. Mein Rheuma ist seit tierisch eiweißfreier Kost verschwunden (ich habe Jahre gelitten).

Nun zu meinen Aktivitäten: Im Sommer hauptsächlich Bergsteigen (fast jedes Wochenende) im Hochgebirge: Großglockner sieben Mal, Mont Blanc drei Mal, Ortler vier Mal, Piz Palü im Winter, Großvenediger fünf Mal, etliche 4000er in den Westalpen und als Höhepunkt im Jahr 2002 die Überschreitung des Matterhorns von Cervinja zur Hörnlihütte. Ich bin aktiv bei der österreichischen Bergrettung tätig (Rettung von Verunfallten aus unwegsamen Gebieten, meistens bei Schlechtwetter), außerdem bei der Bergwacht. Das ist eine Körperschaft öffentlichen Rechts für die Erhaltung der Pflanzen und Tiere, die Vermeidung von Müll im freien Gelände usw.

Ab und zu fahre ich mit dem Bergfahrrad. Bei uns geht's entweder nur bergauf oder bergab. Ich radle zu den verschiedenen Berghütten in unserer näheren Umgebung. Im Winter Skitouren, Schneewanderungen, Langlaufen (ich wohne im Skigebiet Katschberg) und Eisklettern an gefrorenen Wasserfällen.

Katrin Hilscher

Katrin Hilscher

50 Kilometer in der Woche

Ich bin Katrin Hilscher, Jahrgang 1962. Ich wuchs in der ehemaligen DDR auf. Mit 28 Jahren, genau zur Wende, siedelte ich nach Hannover über. Ich arbeitete in einer kleinen Boutique, als ich die erste „Begegnung" mit der Vollwertkost, Bruker & Co. hatte. Mein damaliger Chef brachte mir beim Besuch der Modemesse Frühstück in einer Tupperdose mit – Frischkornbrei! Lecker!

Seither bin ich ein großer Fan vom Bruker-Clan und der vitalstoffreichen Vollwertkost. Ich besitze jede Menge Koch- und Sachbücher und lese den „Gesundheitsberater". Außerdem begeistere ich inzwischen schon viele Freunde und Bekannte von der Vollwertkost.

Zur gesunden Ernährung kam auch bald der Sport! 1993 begann ich, völlig untrainiert, zu laufen. Durch regelmäßiges Training, circa drei- bis fünfmal die Woche, fühlte ich mich bald körperlich fit. So fit, dass ich 1997 in Berlin meinen ersten Marathon lief und ein Jahr später in Hamburg. Heute laufe ich in der Woche an die 50 Kilometer. Ich mache Spinning und Fitness. Ich ernähre mich ausschließlich von Frischkost. Das kann ich jedem nur empfehlen. Ich fühle mich körperlich wohl.

Christina Horn

Sturmfeste Gesundheit

Der allgemeinen Motorisierung kritisch gegenüberstehend, haben wir (Familie mit zwei Kindern, Alter zwei Mal 43, 14 und 17 Jahre) vor acht Jahren das Auto abgeschafft und uns fortan anders fortbewegt. Meist mit dem Fahrrad, längere Strecken mit Bus oder Bahn. Auch auf zwei Beinen lässt sich mehr Distanz überwinden als gedacht. Der Entschluss, ohne Auto zu leben, fiel etwa zusammen mit dem Interesse an gesunder Ernährung, war sozusagen ganzheitlich. Beides war ein längerer Prozess und musste sich langsam entwickeln.

Christina Horn

Mittlerweile (seit August 2002) bin ich ausgebildete Gesundheitsberaterin GGB. Wir ernähren uns vollwertig, wobei die beiden halbwüchsigen Töchter sich auch schon mal Süßigkeiten kaufen und das Frischkorngericht ablehnen. Ich bestehe jedoch auf der abendlichen gemeinsamen Mahlzeit mit einem schönen Salat vorneweg. Ich nehme es für mich ganz genau.

Ich arbeite seit gut anderthalb Jahren in einem neun Kilometer entfernt liegenden Kindergarten als Erzieherin. Vor Antritt der Stelle hatte ich ein leichtes Unwohlsein, ob denn diese Distanz auf Dauer mit dem Fahrrad zu bewältigen ist. Sie ist! Bei starkem Wind, Regen oder winterlichen Straßen ist es nicht immer spaßig, aber dass ich in zwei Wintern nur eine Woche wegen Glatteis auf den Bus ausweichen und nur einen Tag in der ganzen Zeit krank war, darauf bin ich schon stolz. Pro Tag kommen neben der Fahrt zur Arbeit noch alle anderen Wege, die ich auch radele, wie zum Einkaufen, zum Yogakurs, zum Bummel in die nächste größere Stadt und anderes mehr, dazu. Am Wochenende, bei schönem Wetter (da mache ich's wie die anderen Leute), ist dann auch mal eine größere Radtour bis 100 km dran.

Ich habe mir ein spezielles Fahrrad angeschafft (kaum zu glauben, wie viel Geld ohne Auto übrig bleibt). Auf diesem Liegerad kann ich einen Regenschutz befestigen. Das Rad (und ich mit) wird geradezu verkleidet. Auch kann ich in dem normalerweise vorn befestigten großen Einkaufskorb vieles transportieren und – jetzt kommt der Knaller: In eine Alukiste, die statt des Einkaufskorbes vorne draufkommt, kann ich alle Utensilien für einen Kochkurs nebst gegebenenfalls der Getreidemühle einladen.

Es erfordert halt einige Planung. Für einen Autofahrer ist das wohl kaum nachvollziehbar. Aber für die sprichwörtlich sturmfeste Gesundheit, die mir und der Familie eigen ist, und für die Umwelt lohnt es sich allemal.

Übrigens sind mein Mann und ich mit dieser Haltung nicht alleine. Wir gehören dem Verein „autofrei leben!“ an. Seine Mitglieder (deutschlandweit gehen wir auf die 200 zu) verzichten auf den Besitz eines Autos.

Karin Howald

Meine Leistungen im Sport sind super

Ich bin 1961 geboren und habe zwei Kinder (9 und 11 Jahre), Ausbildung zur Gesundheitsberaterin GGB 1999.

Ich treibe leidenschaftlich gern Sport, schon seit meiner Kindheit. Führte schon früh im Sportverein eigene gemischte Gruppen im Freizeitsportbereich. Hatte die Woche über am Anfang drei Freizeitgruppen und es steigerte sich bis Ende letzten Jahres auf acht Stunden die Woche. Es war im Bereich Fitnessgymnastik, Ausdauersport wie Laufen, Mountainbikefahren, Inliner, Aquafitness. Zu Beginn mit 16 Jahren habe ich die übliche Kost, die viele Menschen zu sich nehmen, gegessen. Viel Haferflocken (konserviert) mit Milch und Kakao, das sollte ja gesund sein! Mit zunehmendem Alter wurde ich krank und kränker (Gott sei Dank). Mit Anfang 30 habe ich so langsam mein Leben nach Dr. Bruker umgekrempelt.

Wegen der zunehmenden Allergien meiner Kinder bin ich dann ganz plötzlich aufgewacht.

Wegen der zunehmenden Allergien meiner Kinder bin ich dann ganz plötzlich aufgewacht. Danach aßen wir tiereiweißfrei und wurden häufig und oft belächelt und sogar bedauert. Anfangs war ich sehr lehrhaft und die Aussagen der anderen haben mich sehr getroffen. Inzwischen lehrt mein Mann (aus Überzeugung), und ich lächle, weil es mir sooo gut geht. Meine Leistungen im Sport sind super. Mir fehlt nichts, und ich bin top fit. Über die Jahre haben sich die Krankheiten wie Erkältungen, Grippe etc. drastisch verringert und die Muskelanfälligkeiten (Zerrungen, Überdehnungen, Knie- und Fersenprobleme) sind nun nicht mehr vorhanden. Wenn ich mich doch mal überschätzt habe und unter Muskelkater leide, dann nehme ich Arnika-Globuli und alles ist wieder im Lot! Ich danke so oft, dass ich die Möglichkeit hatte, Dr. Bruker selbst noch im Seminar erleben zu dürfen.

Gerhard Huber

Kilos verschwunden, Tempo nahm zu

Gerhard Huber

Ich heiße Gerhard Huber. Ich bin Jahrgang 1968, 178 cm groß, wiege zwischen 76 und 79 Kilo und wohne in Linz/Österreich. Seit 2000 betreibe ich Marathon. Meine sportlichen Ausbildungen: 1997–1998 staatlich geprüfter Fitnesslehrwart, 1999–2000 staatlich geprüfter Dipl. Fitnesstrainer. Ich bin ärztlich geprüfter Gesundheitsberater GGB seit 2003.

Wie kam ich zum Ausdauersport? Schon von klein auf war ich sportbegeistert und bevorzugte einige Sportarten wie Fußball, Wasserball. Ab dem 15. Lebensjahr zog es mich zur Leichtathletik, wo ich fast alle Disziplinen ausprobierte samt Zehnkampf und sehr viel in ganz Österreich unterwegs war. Bei den verschiedensten Meetings, von Landesmeisterschaften bis Staatsmeisterschaften, war ich, so wie die Zeit es zuließ, immer dabei. Da ich mit der Zeit an Kilos zulegte (94 bis 100 kg), machte ich zum Schluss nur mehr die Disziplinen Kugel, Diskus und Speer und führte diese bis zum Jahr 1999 leistungsmäßig aus. Von aerober Ausdauer bekam ich wenig bis fast gar nichts zu spüren und interessierte mich auch nicht dafür.

Als ich dann im Jahr 1999 die Dipl.-Trainer-Ausbildung begann (vorher Lehrwartausbildung), lernte ich sehr viel über die gesamte Ausdauerkomponente kennen. Ich lernte Herrn Univ.-Prof. Dr. Paul Haber aus Wien kennen, der sich sehr für Ausdauersport engagiert. Seine Trainingstheorie imponierte mir. Auf einmal entschied ich mich, extensiv Ausdauer zu trainieren. Es waren überwiegend die positiven Effekte, die ein Ausdauertraining mit sich bringt und die Zielvorstellungen, die ein jeder erreichen konnte. Seine anschaulichen Trainingsunterlagen waren klar. Nach der Abschlussprüfung erstellte ich mir einen eigenen langfristigen Trainingsplan.

Der Trainingspuls ergab eine Höhe von 125–135, der sich aus einer Ergometrie errechnete. Alle 6 Wochen erhöhte ich die erforderliche WNTZ (Wöchentliche Netto Trainingszeit) um 15 Minuten (hierzu zählt kein Aufwärmtraining). Die Streckendistanz ist völlig überflüssig. Die Voraussetzung für ein sinnvolles Training war einzig und allein der richtig ausgerechnete Puls und die Zeit, die sich aus einer Tabelle ergibt. Eine der wichtigsten Schlüsselstellen zum Erfolg ist die Erholung, die ja eigentlich zum Wesentlichen, der Anpassung, führt.

Nach dieser Trainingszeit erfolgte wieder eine Ergometrie bei einem Internisten. Es ergab eine Leistungsfähigkeit von 322 Watt = 145%. Dies war eine sehr hohe Stufe in der Tabelle. Mein nächstes Ziel stand fest: Marathon in Wien 2002 im Mai. Ich erstellte mir anhand einer Marathon-Tabelle selbst ein Aufbauprogramm über sieben Etappen. So war ich mitten im Lauftraining, das mich ehrgeizig machte.

Wie kam ich aber zu Dr. med. M. O. Bruker? In den einzelnen Ausbildungen waren die Informationen über die Ernährung sehr spärlich und „nur" kalorienbezogen. Dabei hatte ich auch erfahren, dass sich Menschen und auch Sportler „nur" mit der Vollwertkost ernähren. Es erwähnte kurz einer den Namen Dr. M. O. Bruker. Ich ging in den nächsten Buchladen. So kam ich zu der Literatur „Unsere Nahrung – unser Schicksal", las es, war überwältigt und meldete mich zu der Ausbildung zum ärztlich geprüften Gesundheitsberater GGB an.

Ich schrieb mir den Namen auf und ging in den nächsten Buchladen. So kam ich zu der Literatur „Unsere Nahrung – unser Schicksal", las es, war überwältigt und meldete mich zu der Ausbildung zum ärztlich geprüften Gesundheitsberater GGB an.

Ab diesem Zeitpunkt kam eine radikale Ernährungswende, weitere Kilos verschwanden. Ich spürte eine zusätzliche Leistungsfähigkeit. Nun ernähre ich mich seit dieser Zeit so gut es geht vitalstoffreich vollwertig. Ich bin überzeugt, dass nicht nur sportliche Leistungen, sondern Leistungen aller Art lang andauernd nur möglich sind, wenn man sich bewusst ernährt.

Hans-Ferdinand Hunkel

Taekwon-Do: Alle meine Krankheiten verschwanden

Hans-Ferdinand Hunkel

Rechtes Bein hoch, linkes Bein hoch, nach links drehen, linke Faust vor nach rechts drehen, linker Fuß zur rechten Hand, so geht es in unserer Gruppe eine Stunde lang ohne Pause. Am Ende sind wir alle verschwitzt und fröhlich. Die konzentrierte und intensive Arbeit mit mir selbst, nach Vorgabe des Lehrers, macht mich geistig frei und körperlich rundherum locker.

Ich, Hans-Ferdinand Hunkel, Jahrgang 1944, leite das Kieler Taekwon-Do-Training, ich trainiere also fast täglich. Zwei bis vier Wochen im Jahr trainiere ich unter meinem langjährigen Lehrer Großmeister Kwon, Jae-Hwa. Schüler und Lehrer zu sein, ist für die eigene langfristige Entwicklung am erfolgreichsten.

Traditionelles Taekwon-Do, System Kwon, Jae-Hwa ist eine Kampfkunst, bei der sehr viel Wert auf persönliche Entwicklung gelegt wird. Damit ist nicht so sehr gemeint, dass man sehr viel liest und damit glaubt zu wissen, sondern jeder Einzelne soll und muss persönlich erfahren. Erfahren heißt hier, jeder Einzelne muss es selber tun, muss auf die verschiedenste Art belastende und anstrengende Wege gehen. Der sichtbare Erfolg setzt zwar nach außen relativ schnell ein, nach innen ist dies jedoch ein langwieriger, immerwährender Prozess, der nie endet und regelmäßig vom Aktiven Höchstleistungen verlangt.

Die spätere Entwicklung mit dem Partner setzt voraus, dass ich mich schon etwas besser kenne. Zielsetzung ist bei allen Kampfübungen, dass das Wesen des anderen mich ergänzt und stabilisiert. Partner, mit denen ich im Augenblick scheinbar oder tatsächlich nicht zurechtkomme, weil sie möglicherweise zu hart, zu schnell, zu aggressiv oder sonst aus meiner Sicht zu wenig einfühlsam und kooperativ sind, fordern hier meine ganze geistige, intuitive, intellektuelle und körperliche Kraft, um aus dieser Übung positive Erfahrungen zu nehmen. Wer sich hierbei bewähren will, benötigt viel Fleiß, Respekt und Disziplin. Belohnt wird jeder Einzelne dafür mit immer besser werdenden Fähigkeiten, einem hohen Aktivitätsgrad und Gesundheit bis ins hohe Alter.

Etwas jedoch ist dabei sehr wichtig: „Niemals aufhören". Bekannt sind wohl jedem die Sprichwörter „Wer rastet, der rostet", „ohne Fleiß kein Preis" usw. Sie finden auch hier sehr gute Anwendung. Mein Lehrer Großmeister Kwon, Jae-Hwa, geb. 1937, trainert als unser Vorbild selbstverständlich täglich, mit unvorstellbarer Energie und Präzision. Sein Anspruch heißt: „never never Quit". Seine Definition des Taekwon-Do heißt:

„Taekwon-Do ist Bewegung für Körper und Geist, vermittelt Respekt, Höflichkeit, Bescheidenheit und Selbstdisziplin, fördert Koordination, Konzentration und Reaktion, aber auch Geduld und Ausdauer. Ob Meister oder Anfänger, jung oder alt, Taekwon-Do beansprucht die mentalen ebenso wie physischen Kräfte und Fähigkeiten und fördert ihr harmonisches Zusammenspiel durch jahrelanges Training. Taekwon-Do ist mehr als nur ein Sport, es ist eine Lebenseinstellung. Es ist lebenslange Herausforderung und mehr Chance zugleich, körperliche Gesundheit und geistige Stärke bin ins hohe Alter zu behalten."

Badauerlicherweise habe ich lange Jahre auf meine Ernährung zu wenig Wert gelegt, beziehungsweise war falsch informiert.

Ein sich daraus ergebender großer Vorteil ist der bessere Umgang mit sich selbst in jeder Situation. Verletzungen und Ansätze von Disharmonien (Krankheiten) bemerke ich meist im Anfangsstadium und kann sie auf Grund des besseren Körpergefühls leichter korrigieren. Dieses Kwon, Jae-Hwa Taekwon-Do praktiziere ich nun schon fast 40 Jahre und habe mich selbst erfreulicherweise immer besser unter Kontrolle. Habe ich doch davor nie Sport betrieben und war entsprechend konditionsarm und unbeweglich.

Bedauerlicherweise habe ich lange Jahre auf meine Ernährung zu wenig Wert gelegt, beziehungsweise war falsch informiert. Als ich vor circa 10 Jahren mit immer mehr Schwierigkeiten (Krankheiten) konfrontiert wurde und bei all meinen Befragungen mit dem Hinweis vertröstet wurde, „auch du wirst langsam älter", fing ich an, mir Gedanken über Veränderungen in der Ernährung zu machen. Meine bisherige Denkweise „was mir schmeckt, ist auch gut für mich" schien nicht erfolgreich. In dieser Situation bekam ich durch Zufall ein Heft aus der Kleinschriftenreihe von Herrn Dr. M. O. Bruker in die Finger. Nachdem ich mir die Kleinschriftenmappe bestellt und gelesen hatte, war ein Entschluss gefasst. Ich hatte ja nichts zu verlieren.

Taekwon-Do ist Bewegung für Körper und Geist, vermittelt Respekt, Höflichkeit, Bescheidenheit und Selbstdisziplin, fördert Koordination, Konzentration und Reaktion, aber auch Geduld und Ausdauer.

Ein konsequenter Vier-Wochen-Test dieser Ernährungslehre war angesagt. Dieses bedeutete für mich ein Rundschreiben an alle Bäcker in meiner Nähe mit der Frage: Aus welchem Mehl ist euer Brot gebacken? Vermeidung aller Fabrikzuckerarten und Fabrikfette. Vermeidung von Fleisch, jede Menge Rohkost (Gemüse, Obst) und täglich den so genannten Frischkornbrei.

Die Wirkung war für mich erstaunlich. Wesentlich bessere Ausdauer, lockere und besser steuerbare Muskulatur, alle meine großen und kleinen Krankheiten verschwanden, ja selbst mein Gewicht hat sich um 5 kg reduziert, und dies, obwohl ich schon über 30 Jahre das gleiche Gewicht hatte. Ein absoluter Volltreffer und in dieser Stärke unerwartet, was das Ergebnis betraf. Die Folge war natürlich Beibehaltung dieser Ernährungsweise. Dass dies im Ergebnis auch noch preiswerter war, bleibt eine angenehme Nebenerscheinung. Natürlich habe ich mich seit diesem Zeitpunkt sehr intensiv mit Ernährung befasst. Viele schreiben und verbreiten Ähnliches, aber niemand sagt es aus meiner Sicht so klar und einfach wie Dr. Bruker. Selbstverständlich verbreite ich diese Ernährungslehre, mit Vollwertkost das Leben zu genießen, aber dieses ist in der Tat ein schwieriger, mühsamer Weg. So versuche ich auch hier Vorbild zu sein.

Manfred Hunold

Abenteuer Kilimandscharo

Immer wieder hatte ich es aufgeschoben. Meine Frau sagte, jetzt bist du 54 Jahre alt, wenn du noch länger wartest, schaffst du es nicht mehr. Mit meinem Sohn Sascha (29) flog ich am 1. Juni 2003 von Hannover über Amsterdam zum Kilimandscharo-Airport, ca. 10 Stunden. Am nächsten Morgen wurden wir zu unserem Ausgangspunkt im Regenwald auf 1700 m Höhe gebracht. Mit einem Führer, Koch und vier Trägern ging es los. Da die Regenzeit gerade vorbei war, mussten wir oft durch tiefen aufgeweichten Boden laufen.

Manfred Hunold

Nach sieben Stunden waren wir auf dem ersten Übernachtungsplatz. Auf einer Lichtung wurden die Zelte aufgeschlagen.

Am zweiten Tag ging es auf 3700 m Höhe und ich bekam Kopfschmerzen. Die ersten Anzeichen für Höhenkrankheit. Der dritte Tag wurde noch schlimmer, auch mein Magen machte sich bemerkbar. Ich aß nur zwei Limetten und eine Banane, dazu frisches Wasser vom Berg. Vorsichtshalber zerkaute ich noch eine Kohletablette. Allmählich ließen die Bauchschmerzen nach.

Wir waren jetzt auf 4500 m, und ich konnte zum ersten Mal gut schlafen. Am vierten Tag blieben wir auf einer Höhe von 4300 m. Man geht immer sehr langsam, damit der Körper sich an die dünne Luft gewöhnen kann. Es werden alle Klimazonen der Erde bis zum Gipfel durchquert.

Am fünften Tag zelteten wir auf 5400 m Höhe und nach drei Stunden Schlaf wurden wir um Mitternacht geweckt. Jetzt ging es mit Stirnlampen in dunkler Nacht bei minus 10 Grad auf den Gipfel.

Fast am Gipfel war viel loses Gestein, so dass man immer wieder abrutschte. Endlich kam der berühmte Schnee am Kilimandscharo.

Wir gingen an einer riesigen Gletscherwand vorbei, bis zum höchsten Punkt Afrikas, dem Uhuru Peak, mit 5895 m. Es war ein herrlicher Sonnenschein und ein unbeschreibliches Gefühl von Freiheit, als ich morgens um 8.00 Uhr auf dem Gipfel war.

Zur Stärkung unterwegs hatte ich 4-Korn-Flocken, Mandeln, Feigen, Datteln, Rosinen, Trockenobst und eine Nussmischung dabei. Da es morgens immer Porridge gab (in Wasser gekochte Haferflocken), konnten wir das Essen etwas vollwertiger gestalten. Es gab aber auch jeden Tag frisches einheimisches Obst. Überhaupt bin ich überzeugt, dass meine fast 20-jährige Vollwerternährung viel zum Gelingen beigetragen hat. Aber wir hatten uns auch im Harz vorbereitet. So wanderten wir einige Male auf den Brocken. Die Wanderungen gingen sieben bis acht Stunden, so dass wir eine gute Kondition bekamen.

Überhaupt bin ich überzeugt, dass meine fast 20-jährige Vollwerternährung viel zum Gelingen beigetragen hat.

Ortrud Kenngott

Die Kunst des Atmens

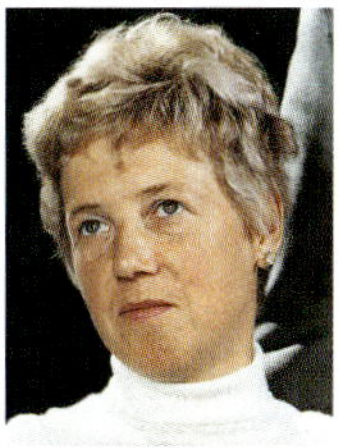

Ortrud Kenngott

Der Atem als lebensnotwendige Grundfunktion wird vielfach unterschätzt. Ist er doch der Motor des Lebens, der alle Systeme mitzieht. Seine Qualität, Größe und Anpassungsfähigkeit entspricht der individuellen Lebensqualität eines Menschen. Er kann anregen, beruhigen, stabilisieren, ausgleichen.

Wir arbeiten insbesondere an der Tonusregulation. So streben wir mit entsprechenden Übungen einen Spannungsausgleich im Menschen an, damit die Atmung unbehindert ihre Aufgaben erfüllt und den Stoffwechsel bedarfsorientiert stützt. Da eine optimale Sauerstoffversorgung auch für Hirn- und Nervenfunktionen wesentlich ist, kommt unser Atemtraining auch der Konzentrations- und Gedächtnisleistung zugute.

Die langjährige Tätigkeit mit Atem und Bewegung ist mir selbst ausgezeichnet bekommen. Ständiges Anleiten, Vorzeigen, Mitüben bei Einzelpatienten oder in Gruppenlektionen beschert mir täglich mehrstündige Bewegung. Zunächst regen wir Atem und Kreislauf mit einfachen Übungen an, damit sich der Atem vergrößert, vertieft und besser wahrnehmbar wird. Wir phonieren die Ausatmung, machen sie hörbar und koordinieren Atem- und Bewegungsrhythmus. Dabei setzen wir auf ständigen Wechsel sowohl in den Bewegungsmustern als auch in ihrer dynamischen Gestaltung, um die Atemanpassung an die Alltagsbedürfnisse zu schulen.

Im üblichen Sport- und Bewegungsmarkt wird die Atmung höchstens in den Bewegungspausen angesprochen. Falls die Teilnehmer außer Atem sind oder man trendgemäß mitreden möchte, wird empfohlen, die Arme hochzunehmen, dabei tief einzuatmen, die Arme wieder zu senken und die Luft hinauszuschieben. Dies geschieht noch immer, obwohl bekannt ist, dass willkürliches (absichtliches) Luftholen die Atmung irritiert und die Sauerstoffaufnahme ins Blut stört. Bei allen Bewegungsformen gilt es so zu trainieren, dass die Einatmung durch die Nase gewährleistet bleibt.

Besonders gern arbeite ich mit Hochschulstudenten, die fürs Lehrfach in Atem- und Sprechtechnik geschult werden. Mit großem Interesse erarbeiten sich diese jungen Menschen etwas Atemphysiologie und viele, viele Übungen, die sie und ihren Atem fit machen für die Karriere, Übungsformen, die neben der körperlichen Spannungsregulation das seelisch-geistige Gleichgewicht anpeilen.

Seit dem Erwachsenenalter ernähre ich mich vegetarisch und ziemlich vollwertig, seit über 20 Jahren tiereiweißfrei. Neben der Atem- und Bewegungstätigkeit, trotz fortgeschrittener Jahre, bevorzuge ich einfachste Küchenführung mit Schwerpunkt Früchte und Nüsse, etwas Rohkost, reichlich Avocado, wenig Brot, in der kühlen Jahreszeit Vollkorn-Getreidebreie. Dabei sind meine Elastizität und Beweglichkeit vergleichsweise hervorragend. Dies liegt eindeutig an der langjährigen pflanzlichen Ernährungsweise. Nach meiner Beobachtung sind Menschen, die sich vorwiegend pflanzlich und vollwertig ernähren, in vieler Hinsicht spontaner und flexibler. Aus dieser positiven Erfahrung heraus preise ich die Vorzüge und den ethisch-gesundheitlichen Wert der vegetarischen Vollwertkost. Unter dieser Ernährungsform bewegen sich die Menschen anstrengungslos und gerne. Wird gleichzeitig eine vollwertige Atmung angestrebt und regelmäßig dafür geübt, entsteht genügend Lebensschwung für eine heiter-kreative Daseinsgestaltung.

Gerlinde Ullein

Laufleidenschaft

Gerade kommen wir (mein Mann und ich) von einem morgendlichen Waldlauf im herrlichen Sonnenschein zurück. Es war wunderbar, kaum Menschen unterwegs… Angefangen hat es mit der Laufleidenschaft eigentlich mit dem Karneval 1998, als ich meinen Mann kennen lernte. Er, als aktiver Läufer mit inzwischen 36 Marathons und über 500 Laufveranstaltungen – also ein passionierter Läufer, hat mich angesteckt.

Mit 48 Jahren (Jahrgang 50) startete ich meine Laufkarriere. Erst langsam und mit vielen Gehpausen, da ich ja vorher kaum sportlich aktiv war. Silvester 1998 bestritt ich meinen ersten 5-Kilometer-Wettkampf. Inzwischen nehme ich auch an 10-km-Wettkämpfen teil und letztes Jahr auf Mallorca sogar an einem Halbmarathon (21,1 km in knapp 2 Std.). Als letzte „Siegerin“ erhielt ich einen Pokal und war am nächsten Tag in der Zeitung abgebildet. Ich war sehr stolz und überglücklich, eine solche Distanz bei 30 Grad bewältigt zu haben. Ein weiteres Highlight war die Teilnahme an einem Freundschaftslauf in New York. Mit vielen internationalen Teilnehmern liefen wir vom Start (UN-Gebäude) durch die Schluchten Manhattans zum Central Park und nahmen ein gemeinsames Frühstück ein – leider nicht vollwertig. Am Tag darauf lief mein Mann seinen zweiten New-York-Marathon.

Ich suchte „Unsere Nahrung – unser Schicksal“ wieder heraus, und wir beschäftigten uns intensiver mit der Vollwerternährung.

Als wir uns kennen lernten, waren wir beide bereits an einer gesunden Ernährung interessiert, hatten aber noch nicht konsequent umgestellt. Mein Mann ist seit circa 15 Jahren überzeugter Vegetarier.

Ich suchte „Unsere Nahrung – unser Schicksal“ wieder heraus, und wir beschäftigten uns intensiver mit der Vollwerternährung. Der Frischkornbrei gehörte ab sofort zu unserer täglichen Ernährung. Nicht genug, wir informierten uns über die Ausbildung zum Gesundheitsberater GGB und legten gemeinsam im Juli 2000 mit dem Grundseminar los. Weiter ging es mit dem Aufbau- und Praxisseminar. 2002 machte ich meine Prüfung bei der Gesellschaft für Gesundheitsberatung GGB und habe mich seither Sportvereinen verschrieben.

In unserem eigenen Verein habe ich angefangen mit dem ersten Vortrag über die gesunde Vollwertkost und Sport. Ich habe kleine Kostproben wie selbst gebackenes Brot und Brotaufstriche etc. angeboten. Weitere folgten und sind auch noch in Planung.

Ganz besonders froh bin ich, dass meine heftigen und oft lang anhaltenden Spannungs-Kopfschmerzen, die ich über 15 Jahre hatte, sich verflüchtigt haben. Dank regelmäßiger Bewegung – zwei- bis dreimal die Woche – und gesunder Ernährung.

Dass wir beide so fit sind und uns meist im guten Mittelfeld platzieren, führen wir schon auf die gute Ernährung zurück. Auch sonst fühlen wir uns gut und haben kaum Verletzungen im Gegensatz zu vielen Laufkameraden. Ein besonderes Plus ist es natürlich, wenn der Partner ebenso überzeugt ist von der vitalstoffreichen Vollwertkost wie in unserem Fall.

Jana Kopp

Jana Kopp

Unsere Tochter Jana

Gern übersenden wir Ihnen einen Erfahrungsbericht über die persönliche und sportliche Entwicklung unserer Tochter Jana. Wir als Familie haben vor circa 19 Jahren auf Vollwertkost umgestellt.

Jana begann mit fünf Jahren in den Rollschuhsport hineinzuschnuppern (1 × pro Woche eine Stunde Training).

Ihre Ernährung sah zu diesem Zeitpunkt folgendermaßen aus:

Bis 13.00 Uhr	– nur Obst; eventuell Trockenfrüchte,
Mittagessen	– Rohkostteller – und frisch zubereitetes vegetarisches Vollwertessen;
Nachmittags	– Obst/Vollwertkuchen oder Vollwertkekse;
Abends	– nur Obst oder Vollkornbrot, Gemüserohkost, Pasteten, Käse

Mit sieben Jahren trainierte Jana dreimal in der Woche circa 1,5–2 Stunden. Heute mit 11 Jahren 5–6 × pro Woche circa 2–3 Stunden täglich (in den Ferien 4–5 Stunden). Jana läuft erfolgreich im Landes- und Bundeskader des Deutschen Rollsportverbandes.

Heutige Ernährung von Jana ist:

Morgens im Wechsel	– Frischkornbrei, Obst oder frisch gepresster Obstsaft
Pausenbrot	– Vollkornbrot mit Gemüse
Mittagessen	– Rohkostteller sowie frisch zubereitetes vegetarisches Vollwertessen
Nachmittags	– Obst, Brezel, eventuell Vollkornkuchen (nach dem Training)
Abends	– Vollwertbrot mit Käse, Gemüsebeilage, Obst oder Getreidebrei

Die Ernährungsumstellung innerhalb der Familie erfolgte auf Grund des Bruker-Buches „Biologischer Ratgeber für Mutter und Kind".

Keine zuckerhaltigen Süßígkeiten, etwas Trockenfrüchte, meist vor Ostern/Weihnachten einige Stückchen alternativer Schokolade bzw. selbst gebackenen Vollwertkuchen. Obwohl ihre Sportkameraden extrem viele Süßigkeiten verzehren, hat Jana keine „Gelüste" danach. Nahrungsergänzungsmittel wurden bisher fast keine verabreicht, außer etwas „Basica" vor Wettkämpfen mit großer Sommerhitze.

Die Ernährungsumstellung innerhalb der Familie erfolgte auf Grund des Bruker-Buches „Biologischer Ratgeber für Mutter und Kind". Seit circa 15 Jahren sind wir GGB-Mitglieder.

Jana wird jährlich als Mitglied des Bundeskaders sportmedizinisch (orthopädisch/internistisch) untersucht. Sie besucht die sechste Klasse einer Realschule und ist eine gute Schülerin. Jana ist nicht geimpft, sie hatte Masern und Windpocken, jedoch ohne medikamentöse Behandlungen. Sie ist bisher wenig infektanfällig gewesen, und wir benötigen daher fast keine Arztbesuche.

Im Jahr 2003 hat unsere Tochter an nationalen und internationalen Wettkämpfen sehr erfolgreich teilgenommen.

Ann Kruttschnitt

Beim Tennis bin ich die Ausdauerndste

Nachdem ich, behaftet von vielen Zivilisationskrankheiten, ständig auf der Suche war (kein Arzt wusste außer Cortison einen Rat), ging ich in die Bibliothek und holte mir alte Bücher, die irgend etwas über die Zusammenhänge von Gesundheit, Krankheit und Ernährung sowie Lebensführung aufwiesen. Ich stieß auf ein Buch des australischen Arztes Dr. Philipps, der den ersten Pfennig vom Groschen bei mir ins Rollen brachte. Letztendlich wies die Geschichte des Hunsa-Volkes den rechten Weg. Wie es immer war in meinem Leben – stieß ich auf die richtigen Menschen oder Bücher: Ich lernte endlich Dr. Bruker und seine GGB kennen. Unverzüglich machte ich die Ausbildung zur Gesundheitsberaterin GGB. Der Erfolg blieb nicht lange aus. Nachdem mein Rheuma, Heuschnupfen, Asthma, in drei- bis vierwöchigem Abstand Hexenschuss und sonstige Rückenschmerzen nach und nach verschwanden, machten meine Familie und Freunde, allerdings neue Freunde, auch mit.

Wie es immer war in meinem Leben – stieß ich immer auf die richtigen Menschen oder Bücher: Ich lernte endlich Dr. Bruker und seine GGB kennen.

Doch irgendwann merkte ich, da fehlt noch etwas. Ich fing an, intensiv Tennis zu spielen, ging regelmäßig schwimmen und fuhr viel mit dem Rad. Nach und nach kehrte meine sportliche Figur zurück, und ich fühlte mich immer wohler.

Entscheidend für mich war, wie positiv doch unsere Vollwertkost im Zusammenhang mit dem Sport wirkt. Folgendes Erlebnis: Als ich in unseren Tennisclub eintrat, spielten alle Frauen (ungefähr in meinem Alter) schon mindestens 25 Jahre lang. Natürlich hatte ich gegen sie anfänglich auch keine Chance. Jedoch durch persönlichen Ehrgeiz und viel Training geprägt, holte ich sie nach und nach ein. Und heute nach 10 Jahren ist es so, dass sie zwar 25 Jahre mehr Erfahrung besitzen und vielleicht auch den ein oder anderen Trick besser drauf haben, aber sie können beides nicht mehr anwenden, weil sie nach kurzer Zeit nicht mehr können, allerhöchstens noch einen Satz, und dies höchstens einmal pro Woche, denn mehr hält ihr Körper nicht mehr aus.

Ich hingegen spiele ohne Schwierigkeiten drei Sätze am Stück, und dies, wenn möglich, täglich. Was ich am wenigsten verstehen kann, ist die Tatsache, dass die Leute akzeptieren, dass sie ja nun „in die Jahre“ gekommen sind (obwohl einige 10 Jahre jünger sind) und sich angeblich „schonen“ müssen. Dazu kommt natürlich, dass einige ganz schön Übergewicht haben.

Oliver Stefan Lang

Schwarzer Gurt und schnelle Beine

Ich bin 33 Jahre alt und auf „Bruker“ durch die Literatur („Zucker, Zucker“) im Jahre 1995 gestoßen. Seither lebe ich mit allen „Konsequenzen“ danach (täglich Frischkornbrei, überwiegend tierisch-eiweißfrei und vollwertig kochen). Das hat den positiven Effekt, dass ich meinen Heuschnupfen weitgehend beseitigen konnte. Zur Hauptallergiezeit faste ich circa 10 Tage, in der dann keinerlei Allergiesymptome auftreten.

Generell betreibe ich seit fünf Jahren Taekwon-Do, laufe zwei Mal die Woche je circa 10 km, spiele ein Mal die Woche Badminton und betreibe Krafttraining zu Hause. Ein Mal im Jahr trainiere ich für einen Triathlon und zwar fünf bis sechs Mal die Woche etwa drei Monate lang nur Ausdauer. Anstatt einem Müsli-Power-Riegel habe ich jetzt auf dem Fahrrad eine Banane dabei und das Isogetränk durch normales Wasser ersetzt.

Letztes Jahr hatte ich viel zu tun. Beim Taekwon-Do habe ich die Prüfung zum Schwarzen Gurt mit Erfolg bestanden und bei einem Kampfturnier den zweiten Platz belegt. Bei zwei Stadtläufen über 10 km konnte ich mit einer Zeit von 41 Minuten gute obere Plätze belegen und wurde beim 9. Erdinger Stadttriathlon 128. von 289 männlichen Teilnehmern.

Einen Leistungseinbruch durch die Ernährungsumstellung hatte ich nicht. Ich war vielmehr nach einem Wettkampf oder anstrengendem Training nicht mehr so kaputt wie früher und auch schneller wieder regeneriert.

Brigitte Langer

Leichtigkeit und Leistungsfähigkeit

Brigitte Langer

„Laufen ist absolut nicht mein Sport", so war meine Antwort, als mich Freunde und Bekannte immer wieder zum Laufen animieren wollten und mir erzählten, wie befreiend Laufen sei. Nein, für mich war es einfach kein Vergnügen. Wenn ich schon mal ab und zu einen Sprint hinterm Bus hermachen musste, spürte ich „Blei" in meinen Beinen. Ich war aus der Puste, und ich hatte das Gefühl, nicht von der Stelle zu kommen.

Dann begleitete ich meinen Mann im Januar 1999 zufällig zu einem Informationsabend übers Laufen. Dort erzählte die Vereinsleiterin, dass es für Laufanfänger möglich sei, nach 10 Übungsabenden eine Stunde ohne Unterbrechung durchzulaufen. Das erschien mir unmöglich, aber ich ließ mich herausfordern. Und tatsächlich, nach der angegebenen Zeit lief ich eine Stunde ohne Pause, und das nun schon seit vier Jahren mit wachsender Begeisterung.

Im gleichen Jahr begann ich meine Ausbildung zur Gesundheitsberaterin GGB und machte im Frühjahr 2001 meinen Abschluss. Die vitalstoffreiche Vollwerternährung ist für mich und meinen Mann zu einem der wichtigsten Teile unseres Lebens geworden. Kurz vor meiner Laufstunde esse ich noch ein paar Stücke Möhre, Kohlrabi, Apfel oder Banane. Ich habe während des Laufens keinen Leistungsabfall und komme ohne Mühen alle Berge hoch. Gerne gehe ich auch einmal die Woche morgens zum Schwimmen.

Meine große Leidenschaft, schon seit jüngster Kindheit, ist das Radfahren. Hier in Lüdenscheid ist es zwar etwas beschwerlich durch das viele Rauf und Runter, aber trotzdem benutze ich fast täglich mein Rad. Meine gesamten Obst-, Gemüse- und Getreideeinkäufe bewältige ich mit dem Rad, und abends fahre ich zur Entspannung gerne an den Stadtrand.

Durch die Vollwerternährung und fast täglichen Sportaktivitäten bin ich wesentlich leistungsfähiger und überhaupt nicht mehr infektanfällig. Es ist sehr erfüllend und bereichernd, diese Erfahrung gemacht zu haben: Vollwertkost und Ausdauersport sind eine ideale Ergänzung.

Jürgen Lörzer

Stolz auf meine Bestzeiten

Es begann alles 1994. Ich lernte durch meine damalige Freundin, die sich in der Ausbildung zur Gesundheitsberaterin GGB befand, Stück für Stück die ganze Thematik und Zusammenhänge einer gesunden Ernährung kennen. Das Schlüsselerlebnis war dann jedoch das erste selbst gebackene Brot, welches wunderbar duftete und fantastisch schmeckte.

Jürgen Lörzer

Fasziniert von der Einfachheit ging es dann erst so richtig los mit der vitalstoffreichen Vollwertkost. Als positive Begleiterscheinung verschwanden dann auch peu à peu meine häufigen grippalen Infekte, mein zeitweiliges Bronchialasthma und der Hautausschlag. Eine Tatsache, die ich in erster Linie einer konsequenten tiereiweißfreien Kost zu verdanken habe. Und der begleitende sportliche Erfolg unterstützte mich in der Absicht, dass es, trotz verständnisloser Reaktionen meiner Sportskollegen, mit der vitalstoffreichen Vollwertkost nicht so falsch sein konnte ... Mittlerweile kann ich mir nichts anderes mehr vorstellen. Die logische Konsequenz aus diesen Erfahrungen war dann letztendlich die eigene Ausbildung zum Gesundheitsberater GGB.

Schon während meiner Schulzeit entwickelte ich die Neigung zum Ausdauersport. Im Alter von 16 bis 22 Jahren entdeckte ich dann das Rennrad und mit ihm die Welt. Besonders reizte mich dabei das Gebirge. Diese „Leidenschaft" führte mich von 1981 bis 1987 über mehr als 100 Alpenpässe! Abenteuerlust und sportlicher Ehrgeiz waren damals meine Hauptantriebsfeder.

Nach einer „lebensbedingten Pause" von knapp fünf Jahren erlebte ich so etwas wie die Wiedergeburt von Tatendrang und Ehrgeiz. 1992 und 1993 ging ich unter die Triathleten, bis ich mich dann letztendlich wieder der natürlichsten Art der Fortbewegung – dem Laufen – widmete, denn darin sah ich doch mein größtes Potenzial. Wettkämpfe über 10 000 m, Halbmarathon und seit 1995 Marathon traten in den Vordergrund, wenngleich der Hochleistungssport nie meine Sache war – zum einen wegen der Belastungsverträglichkeit, zum anderen aber wegen des geistigen Ausgleichs zum Sport. Mir war immer wichtig, nicht nur körperlich, sondern auch geistig unterwegs zu sein.

Was ich auch gelernt habe, ist der viel bewusstere Umgang mit mir selbst und der Umwelt. Das bringt schon sehr viel, und schließlich kann im sportlichen Wettstreit eine positive Denkweise auch von entscheidender Bedeutung sein.

In dieser Lebensphase, in der ich meine vitalstoffreiche Ernährung zu einer veganen Vollwerternährung optimierte, konnte ich meine Leistungen langsam, aber kontinuierlich verbessern. Bei den hiesigen Volksläufen war ich meist unter den besten Zehn zu finden. Mein Laufpensum pro Woche betrug dabei meist zwischen 30 und 80 km und war stets sehr abwechslungsreich gestaltet.

1997 war es dann so weit. Nach 32 Lebensjahren gewann ich den Duisburger Rheinuferlauf über die Halbmarathonstrecke (21,1 km) in meiner Altersklasse (M 30) in 1:21:06!! Im gleichen Zeitraum konnte ich auch neue persönliche Bestzeiten über 10 000 m (37:16) und Marathon (3:33:11) laufen. Und das alles ohne tierisches Eiweiß, ohne Pülverchen und Pillen, ohne Aminosäure- und L-Carnitin-Ampullen, ohne Vitamin- und Mineralstoffpräparate, ohne diverse Zuckerriegel und weiß der Henker, was da in Sportlerkreisen noch so alles konsumiert wird!

Ich kann an dieser Stelle nur sagen und an alle (noch) ungläubigen und skeptischen Sportler appellieren: „Lasst euch auf eine vitalstoffreiche Vollwertkost ein. Probiert es aus – aber bitte nicht halbherzig – und lasst euch nicht von der sportspezifischen Ernährungsindustrie für dumm verkaufen und sei es auch noch so häufig, ‚wissenschaftlich erwiesen‘. Nicht nur euer Geldbeutel wird's danken."

Ein Ende der Fahnenstange, was die Erfolge angeht, war aber noch nicht erreicht. Mittlerweile steht die Bestzeit über 10 000 m bei 36:05 und die über Marathon bei 3:14:30, gelaufen in Duisburg 2002.

Was ich sportlich noch erreichen möchte, ist noch nicht weiter abgesteckt. Ein Ziel könnte sein, den Marathon mal unter drei Stunden zu laufen oder an dem 100-km-Lauf von Biel teilzunehmen. Unmöglich erscheint es mir nicht (mehr).

Ute Mayer

Rheuma – nicht resignieren

Ich bin kein Profi, nur Wochenend-Sportlerin. In der Schön-Wetter-Zeit bin ich draußen beim Laufen (Standard 6- bis 10 km-Touren) oder Radfahren und Schwimmen. Für den Winter habe ich einen Stepper im Fitnessraum mit Gelegenheit zu weiteren gymnastischen Übungen.

Im August 2001 fing ich an, meine sportliche Betätigung zu intensivieren. Damals noch als „Normalköstler" und aus Gründen beruflich sitzender Tätigkeit, einhergehend mit starken Gelenkschmerzen an Händen und Hüfte, sowie des Öfteren Erkältungskrankheiten.

Ab Januar 2002 bin ich erstmals die 10 km-Etappe an einem Stück gelaufen. Dies bis dorthin in kleinen Schritten mit Pulsmesser und anfangs im Wechsel Gehen und Laufen. Ab Februar 2002 kamen starke Kniegelenk-Probleme dazu, die ich von einer Ärztin begutachten ließ. Sie verschrieb mir eine Salbe auf pflanzlicher Basis und ließ wegen der anderen Gelenkprobleme eine Blutprobe entnehmen, um auf Rheuma zu untersuchen. Der Befund war negativ, kein Rheuma feststellbar.

Ab März 2002 entdeckte ich erstmals in einer Läufer-Zeitschrift den Namen Dr. Max Otto Bruker, der hier von einem älteren Marathon-Läufer lobend erwähnt wurde.

Ab März 2002 entdeckte ich erstmals in einer Läufer-Zeitschrift den Namen Dr. Max Otto Bruker, der hier von einem älteren Marathon-Läufer lobend erwähnt wurde. Ich forschte im Bücherladen nach. Im ersten jedoch vergebens. Keine Eintragungen eines Autors Dr. Bruker. In einem anderen wurde ich fündig und bestellte mein erstes Buch „Gesund durch richtiges Essen".

Somit ernähre ich mich seit Mitte März 2002 biologisch vollwertig nach Dr. Bruker und inzwischen zu 80 Prozent tiereiweißfrei. Die erste Änderung zeigte sich sofort, indem ich fast keine Erkältungen mehr bekam, und mein allgemeines Wohlbefinden steigerte sich zunehmend. Meine Gelenkprobleme blieben. Bergab konnte ich nicht laufen, nur vorsichtig gehen.

Da ich ein ungeduldiger Mensch bin, habe ich die Heilung durch ein fünftägiges Fasten, natürlich nach Dr. Bruker, vorangetrieben.

(Mit gleichzeitigen Kneipp-Anwendungen, die ich weiterhin betreibe). Dies brachte mir eine Schub-Verbesserung. Meine Arme schmerzten danach nur noch bei verrenkten Handbewegungen und Überlastung. Die Hüfte sticht nur noch, wenn ich mal wieder gegen die Naturgesetze verstoße, die ich mir durch die Arbeit auferlegt habe. Bergab-Strecken laufe ich wieder schmerzfrei, jedoch aus Rücksicht wähle ich nur Touren mit kurzen Bergab-Stücken.

Nach dem Laufen oder Steppen sind meine Gelenke so fit wie bei einem Gesunden. Deshalb arbeite ich weiterhin an meiner Genesung und Fitness und bin froh, diesen Weg nach langer Suche endlich in Dr. Bruker gefunden zu haben.

Hans Meyer

Ich kann mit den jüngeren Sportkameraden mithalten

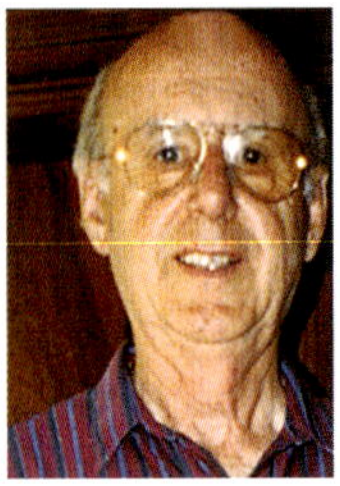
Hans Meyer

Zwar war ich auf Grund des viel zu frühen Todes meines Vaters 1950 – ich war damals 21 Jahre alt – immer darauf bedacht, gesund zu leben, denn ich wollte und will einen so schmerzhaften Tod, wie ihn mein Vater erleiden musste, nicht sterben. Aber ich bin lange nicht an die richtige Literatur gekommen, um zu erfahren, was gesunde Ernährung bedeutet. Erst durch einen Geschäftsfreund, dessen Tochter im Hause Dr. Bruker nach vierwöchigem Aufenthalt wieder vollkommen gesund entlassen wurde, wurde ich auf das segensreiche Wirken des Herrn Dr. M. O. Bruker und seine zahlreichen Bücher über gesunde Ernährung aufmerksam.

Dr. Bruker sagte ja, dass man wenigstens 30 Prozent seiner Nahrung roh essen soll, wenn man gesund ist. Je kränker, umso mehr Frischkostanteil sollte sein. Seit fast 30 Jahren ernähre ich mich – ich sage immer zu 75 Prozent – vollwertig. Salate und Gemüse werden bei mir nicht im Supermarkt gekauft, sondern im eigenen Garten voll biologisch angebaut. Selbstverständlich gibt es bei mir sechs Tage in der Woche einen Frischkornbrei mit viel Obst.

Im Januar 2004 werde ich 75 Jahre alt. Ich war bis zu diesem Frühjahr immer sportlich aktiv. Früher habe ich wöchentlich drei- bis viermal einen Dauerlauf von circa 3 km gemacht und etwas Gymnastik im Wohnzimmer. Sonntags lief ich bis zu 10 km. Seit 17 Jahren gehe ich einmal wöchentlich zum Breitensport. Es ist ein gutes Gefühl, festzustellen, dass man mit den meisten der 10 bis 40 Jahre jüngeren Sportkameraden mithalten kann. Das Goldene Sportabzeichen habe ich als weitaus Ältester im Sportverein 16 Mal hintereinander abgelegt. Alle geforderten Übungen habe ich weit unter- beziehungsweise überschritten.

Diese Fitness führe nicht nur ich ausschließlich auf meine seit Jahren (fast) vollwertige Ernährung zurück. Meinen Sportfreunden habe ich versprochen, bis zum 80. Lebensjahr jährlich das Sportabzeichen abzulegen. Und das werde ich – so Gott will – auch durchführen.

Sandra Muß

Sandra Muß

Keine Bedenken vor Marathon

Hier kurz meine Erfahrung zum 30 km-Lauf (Drei-Brücken-Lauf in Bonn vom 19. Oktober 2003). Die letzten 10 Tage habe ich nichts Gekochtes mehr gegessen.

Während der ganzen Zeit habe ich Kneippsche Maßnahmen durchgeführt (kalte Ganzkörpergüsse, Gesichtsguss) und habe mich sehr, sehr wohl gefühlt. Das Laufen hat viel Freude gemacht. Hatte während der Zeit keinerlei Beschwerden.

Den Lauf selbst habe ich von Beginn bis Ende in dem gleichen Tempo laufen können. Ohne Schwierigkeiten. Habe am Abend vorher um 22 Uhr einen Frischkornbrei zu mir genommen (doppelte Portion). Am Morgen des Laufes habe ich nichts mehr gegessen! Während des Laufes habe ich nur Wasser getrunken – keine Isogetränke. Start war um 9 Uhr.

Gebraucht habe ich 3 Stunden und 27 Minuten. War am Ende noch fit und hätte auch weiterlaufen können. Dieses Gefühl war sehr wichtig für mich. Nun habe ich keine Bedenken, den Marathon im Mai 2004 in Dresden anzutreten.

Dr. med. Marike Papen

Ernährung, Sport und Lebensfreude

Dr. med.
Marike Papen

Ich bin aufgewachsen im Westerwald. Ich habe mich schon früh für den Sport und die Natur begeistert. Es begann mit der Turnstunde, der Leichtathletik und dem Skilanglauf. Später gab es nichts Schöneres, als nach der Schule mit dem Fahrrad durch Wiesen, Wälder und Schluchten zu rollen oder an den Felsen zu klettern und dabei den Ausgleich zur geistigen Arbeit zu finden.

Hinzu kam dann die Umstellung der Ernährung durch meine Mutter Mitte der 80er Jahre. Sie führte die Vollwertkost ein, um uns vor den Zivilisationskrankheiten zu bewahren. Sie hatte diese im Kontakt mit Dr. Bruker, Lahnstein, kennen gelernt. Die Art der Ernährung ist sicher ein wichtiger Teil, der zum „mens sana in corpore sano" beiträgt. So propagierte schon Prof. Kollath das Frischkorn-Schrot-Frühstück mit Früchten und stellte „Die Ordnung unserer Nahrung" auf. Anhand von Versuchsreihen konnte er die Mesotrophie der Zivilisationskost nachweisen.

Prof. Dr. med. Lothar Wendt hat intensiv über das Verhalten von Eiweiß im menschlichen Körper geforscht. Er konnte beweisen, dass eine Mischung aus Pflanzen, deren inkomplette Aminosäurespektren sich optimal ergänzen, völlig ausreichend zur Deckung des menschlichen Eiweißbedarfs sind und zudem eine volle Leistungsfähigkeit gegeben ist. Insofern ist auch von zusätzlicher Einnahme von Eiweißpräparaten abzuraten.

Im Kraftsport werden jedoch häufig Eiweißpräparate eingesetzt. Dabei wird gerade bei der kurzzeitigen Belastung nur Muskelglykogen verbraucht. Der Ausdauersportler hat einen wesentlich höheren Eiweißbedarf als der Kraftsportler. Die Bedeutung der energieliefernden Prozesse für körperliche Aktivität bzw. die Anforderungen an die Ernährung vor, während und nach dem Sport sind abhängig von der Intensität und Dauer der Belastung sowie dem Trainingszustand. Bei Untrainierten steigt zum Beispiel der Glykogenverbrauch schon bei geringerer Belastung stärker an als bei Trainierten, und es ist schneller die anaerobe Schwelle erreicht.

Auch die genügende Flüssigkeitszufuhr unter Belastung ist wichtig. Bei Dehydrierung kommt es zur Zunahme der Körpertemperatur, das Herzminutenvolumen sinkt, und die Herzfrequenz steigt an. Ideal ist es, vor der Belastung 300–500 ml Flüssigkeit zu trinken und anschließend den Schweißverlust und den respiratorischen Flüssigkeitsverlust vollständig zu ersetzen. Dazu eignet sich am besten Quell- oder Leitungswasser. Bei längerer Belastung bietet es sich an, dem Wasser ein Drittel Süßmost zuzugeben, um gleichzeitig einen Energielieferanten zu sich zu nehmen.

Die Art der Ernährung ist sicher ein wichtiger Teil, der zum „mens sana in corpore sano" beiträgt.

Ebenso, wie die Ernährung zur Erhaltung der Gesundheit beiträgt, sind der regelmäßige Sport, ein gutes Arbeitsklima, das soziale Umfeld und die Freude am Leben mindestens genauso wichtig. Der Mensch besteht schließlich nicht nur aus Magen und Darm.

Gisela Picker

Rudermarathon

Gisela Picker

1977 lernte ich Dr. M. O. Bruker bei einem Vortrag in Düsseldorf kennen. Seitdem ernähre ich mich vitalstoffreich-vollwertig. Ab und zu esse ich auch Käse, ein Ei, Joghurt oder Quark, aber kein Fleisch und keinen Fisch.

1981 begann ich mit der Ausbildung zur Gesundheitsberaterin GGB. 1994 legte ich die Prüfung erfolgreich ab.

Die Teilnahme am Rudermarathon belegt, dass ich mit nunmehr 61 Jahren dank meiner Ernährung sogar im Wettkampf noch voll leistungsfähig bin. Unser Boot siegte in unserer Altersklasse und lag insgesamt auf einem guten Mittelplatz. Meine Mitruderinnen sind 10 bis 20 Jahre jünger als ich, winken aber ab, wenn ich ihnen etwas zu ihrer Ernährung sage.

1995 begann ich mit 54 Jahren mit dem Rudern in der örtlichen Ruder-Gesellschaft Benrath, in der mein Mann schon lange Mitglied war. Meine Vorurteile gegenüber dieser Sportart (breites Kreuz, dicke Oberarme) musste ich schnell revidieren, nachdem ich die Technik beherrschte. Ich stellte zudem fest, dass der Bewegungsablauf rhythmisch und rund ist, dass sich rechte und linke Körperhälfte parallel bewegen, dass nach Schwimmen das Rudern die meisten Muskeln bewegt.

Die Teilnahme am Rudermarathon belegt, dass ich mit nunmehr 61 Jahren dank meiner Ernährung sogar im Wettkampf noch voll leistungsfähig bin.

Schon als Anfängerin nahm ich 1995 das erste Mal am Marathonrudern von Leverkusen nach Düsseldorf (42,8 km) teil. Schon damals war ich die bei weitem älteste aktive Ruderin des Vereins.

Im letzten Jahr erhielt ich das goldene Fahrtenabzeichen des Deutschen Ruderverbands für die fünfmalige Erfüllung einer Jahreskilometerleistung von mindestens 600 km. Im Jahr 2002 ruderte ich 883 km, davon 410 km bei vier Wanderfahrten auf Weser, Neckar, Rhein, Spree und Havel.

Erika Richter

Ich fühle mich mit 69 leistungsfähiger als mit 29

Erika Richter

Als Kind und später als Schülerin habe ich mich schon immer lieber körperlich betätigt, als zu Hause zu sitzen. Im Sport brachte ich immer eine Eins nach Hause. Die anderen Fächer waren mir nicht so wichtig.

Meine Mutter brachte mir das Schwimmen bei, als ich ungefähr fünf Jahre alt war. Seitdem gehe ich regelmäßig einmal oder zweimal in der Woche schwimmen.

1950 trat ich in die DLRG (Deutsche Lebensrettungs-Gesellschaft) ein und machte dort den Grundschein, Leistungsschein und Lehrschein zur Ausbildung der Rettungsschwimmer. Ich wurde danach von der DLRG im Sommer am Rhein zur Rettung Ertrinkender eingesetzt.

Ich spielte außerdem Tischtennis (Kreismeister im Doppel) und war im Kanuverband aktiv. Wir unternahmen zahlreiche Faltbootreisen.

Zusätzlich zu diesen Sportarten forderte mich natürlich mein Beruf. Ich hatte keine Zeit, mir um gesunde Ernährung Gedanken zu machen – und schon waren die Krankheiten da, denn ich habe ja genauso herkömmlich gegessen wie alle anderen. Wandern, Gehen und Laufen war mir nur noch unter mächtigen Schmerzen möglich. An Sport war nicht mehr zu denken.

1989 bekam ich durch meinen Hausarzt ersten Kontakt mit Dr. Bruker.

Danach ging alles sehr schnell. Ich stellte meine Ernährung sofort auf vitalstoffreiche Vollwertkost um – tiereiweißfrei.

1990 besuchte ich das Grundlagenseminar der GGB in Lahnstein. 1991 folgte das Aufbauseminar und 1992 das Schluss-Seminar.

Ich hatte keine Zeit, mir um gesunde Ernährung Gedanken zu machen – und schon waren die Krankheiten da, denn ich habe ja genauso herkömmlich gegessen wie alle anderen.

Ich konnte zu dem Zeitpunkt bereits wieder ohne Schmerzen Sport ausüben.

1993 erwarb ich die Lizenz zum Ausbilder im Breiten- und Freizeitsport (Schwerpunkt Gymnastik). Im Winter begeisterte ich mich für Skilanglauf und Biathlon.

Zu meinen regelmäßigen sportlichen Betätigungen gehören heute Tennis, Schwimmen, Sauna, Gymnastik und Stepp-Aerobic. Wenn die jungen Frauen schon schlapp sind, stapfen meine Freundin und ich immer noch ohne Beschwerden. Und Spaß macht es auch.

Seit über zehn Jahren führe ich das ganze Jahr über Praxiskurse in der Lehrküche des „Dr.-Max-Otto-Bruker-Hauses“ in Lahnstein durch. Mein erlernter Beruf als Köchin und Kaltmamsell kommt mir da zugute. Manchmal stöhnen meine Teilnehmer, weil ihnen mein Arbeitspensum zu schaffen macht. Aber sie müssen mein Tempo ja nicht unbedingt mithalten.

Ich fühle mich mit 69 leistungsfähiger als mit 29 Jahren.

Manfred Riechers

Manfred Riechers

28 Mal das Goldene Sportabzeichen

Seit frühester Jugend betreibe ich (Jahrgang 1936) Sport. Über Fußball, Leichtathletik und Schwimmen bin ich mit 18 Jahren zum Rudern gekommen. Ernährt habe ich mich auch während des Betreibens von Hochleistungssport (Rennen, Wettbewerbe) zunächst „normal“.

Vor 20 Jahren hat meine Frau infolge der Seminare bei Herrn Dr. Bruker von einem auf den anderen Tag aus der Küche entfernt: weißes Mehl, Zucker und Industriefette. Die Ernährung wurde auf Vollwertkost umgestellt.

Nach wie vor betreibe ich Sport, mindestens zwei Mal in der Woche je 10 km Rudern und ein Mal in der Woche 9 km Joggen. Auch nehme ich noch an Langstreckenregatten (4500 m Bootsrennen) teil und habe 28 Mal das Goldene Sportabzeichen abgelegt.

Da ich seit Jahrzehnten keine Tabletten mehr nehme oder nehmen musste, bin ich davon überzeugt, dass die Vollwerternährung wesentlich dazu beigetragen hat, so gesund und leistungsfähig zu bleiben.

Meines Erachtens vertragen sich Vollwertkost und Sport in idealer Weise auch oder besonders bei Ausdauersportarten wie Rudern, Langlauf und Skilanglauf. Die Leistungsfähigkeit bleibt, auch wenn man älter wird, auf hohem Niveau und das Gewicht konstant. Neben dem Sport trägt die Vollwertkost zu allgemeinem Wohlbefinden bei, welches in der Familie, dem Beruf oder in ehrenamtlicher Tätigkeit zum Ausdruck kommt. Da ich seit Jahrzehnten keine Tabletten mehr nehme oder nehmen musste, bin ich davon überzeugt, dass die Vollwerternährung wesentlich dazu beigetragen hat, so gesund und leistungsfähig zu bleiben.

Erika Sauer

Weitsprung, Hochsprung, Kugelstoßen, Speerwurf

Erika Sauer

Ich bin Erika Sauer, Jahrgang 1940. Als zu Beginn der zweiten Lebenshälfte einige gesundheitliche Probleme auftauchten und die Behandlung mit Medikamenten sowie eine Kur keine Lösung brachten, begann ich mit sportlichen Aktivitäten. Es sollte keine „Krankheitskarriere" beginnen, wie man das aus dem Bekanntenkreis zur Genüge kennt. Mein Mann und ich entschieden uns, an den Lauftreffs für Anfänger teilzunehmen. Das Ergebnis war verblüffend: Nach Überwindung anfänglicher Strapazen stellten sich nach einigen Monaten richtig Spaß und eine wohltuende Ausgeglichenheit ein, durch diese regelmäßige Fitnessbewegung in unserer schönen, hügeligen und waldreichen Umgebung bei Leonberg.

Als Nächstes knüpfte ich an die in meiner Jugend regelmäßig absolvierten Übungen fürs Sportabzeichen an (mittlerweile wurden es schon 22). Als ich durch Bekannte erfuhr, dass es regelmäßig Leichtathletik-Wettkämpfe für Senioren auf höchsten Ebenen gab, packte mich vollends der Ehrgeiz und ich trainierte fleißig: Läufe von 100 bis 800 Metern, Hürden, Weitsprung, Hochsprung, Kugelstoßen, Speerwurf. Schon die ersten Wettkämpfe 1985 auf Kreis- und Landesebene belohnten durch vordere Plätze meine schweißtreibende Mühe, ja ich konnte trotz fortschreitendem Alter in den nächsten Jahren meine Leistungen sogar steigern; ich hatte noch körperliche Trainingsreserven. Es folgten erste Plätze bei Landes-, Deutschen-, Europa- und Weltmeisterschaften, sowohl in Einzel- wie auch in Mehrkampf-Disziplinen, zum Beispiel im Frauen-Siebenkampf. Von 1988 bis 2002 wurden mir 23 Medaillen bei Europa- und Weltmeisterschaften überreicht. Dieser Freizeitsport führte mich dabei in viele Länder und fast alle Kontinente, nach Skandinavien, Ungarn, Italien, nach USA, Südafrika, Australien. Derzeit freue ich mich auf die nächste Weltmeisterschaft in Carolina auf Puerto Rico. Bis zu 5 000 aktive Senioren nehmen an solchen Veranstaltungen teil.

Die Freude, immer wieder „alte Sportsfreunde" zu treffen, ist, neben der Motivation jedes Jahr erneut Plätze „auf dem Treppchen" zu erringen, die treibende Kraft, mich im Training fit zu halten. Dabei fällt mir mit zunehmenden Jahren auf, welche gesundheitlichen Probleme, zum Teil sehr ernsthafte, bei manchen Altersgenossinnen immer häufiger auftreten: schmerzhafte Gelenke, schlechtere Beweglichkeit, allgemeiner Leistungsabfall, häufige Arztbesuche, bis zur Aufgabe des geliebten Sports. Bei aller Anteilnahme stimmt mich das auch nachdenklich. Ich fühle große Dankbarkeit, dass ich noch so gut drauf bin. Mich beeindrucken aber auch 70- und 80-jährige Vorbilder, die es schaffen, durch regelmäßigen Sport gesund und fit zu bleiben.

Ein „Geheimnis“ ist seit langem meine Ernährung. Weg von Fleisch und Wurst, kein Weißbrot, keine Milch, dafür zuckerfreie Getränke, leicht verdauliche Kost mit viel gedünstetem Gemüse, Kartoffeln, mediterrane Pasta, Kräuter und Salate aus eigenem Garten, Vollkornbrot am liebsten mit leckerem Aufstrich, Quark und frischem Schnittlauch. Der Tag beginnt mit dem schmackhaften Frischkorngericht, zubereitet von meinem Mann, wie er es „bei Brukers“ gelernt hat. Doch manchmal muss es auch abends noch ein (oder zwei) Rippchen Schokolade oder nach einer Siegerehrung ein schönes leckeres Softeis sein …

Leider herrscht in Sportkreisen weitgehend Unkenntnis bis Skepsis gegenüber einer gesunden Vollwerternährung. Oft beobachte ich üppige Fleischgerichte (bringt Kraft!), Kaffee oder Cola (macht munter, putscht!) und diverse Leistungsdrinks. Bedauerlich ist auch, dass selten während der Sportveranstaltungen wertvolle Kost angeboten wird, meist der übliche Fritten-Würstchen-Imbiss, Kuchen und süße Gebäcke, zuckerhaltige eisgekühlte Drinks. Dann denke ich manchmal: Wie gut, dass ich mir das nicht auch noch antun muss.

Leider herrscht in Sportkreisen weitgehend Unkenntnis bis Skepsis gegenüber einer gesunden Vollwerternährung. Oft beobachte ich üppige Fleischgerichte (bringt Kraft!), Kaffee oder Cola (macht munter, putscht!) und diverse Leistungsdrinks.

Erika Sedlmair

Bergtouren ohne „Energiedrinks“

Erika Sedlmair

Ich bin Jahrgang 1932, habe drei Kinder und neun Enkel. Vor circa 20 Jahren bin ich auf Brukersche Vollwertkost umgestiegen, nachdem ich starke Rückenbeschwerden und häufig Migräne hatte. Ich betreibe, insbesondere seit die Kinder aus dem Hause sind, wieder intensiv Sport (keinen Leistungssport): Gymnastik, Joggen, Bergsteigen, Hochtouren, Skitouren und paar Mal im Sommer Klettern.

Seit etwa drei Jahren geht es beim Bergsteigen und Skitourengehen etwas langsamer. Auf Bergtouren komme ich natürlich ohne „Energiedrinks“ aus. In meiner Trinkflasche befindet sich nur Wasser oder Tee mit Zitrone und Honig. Ich habe bisher auch keine Beschwerden in Hüfte, Knie oder sonstigen Gelenken. Ich fühle mich trotz meines Alters noch sehr fit, hatte (seit der Nahrungsumstellung) bisher nie unter Grippe oder sonstigen Erkältungen zu leiden. Ich bin Herrn Dr. Bruker (eigentlich meiner Freundin, die mich damals auf die Bücher von Dr. Bruker hingewiesen hat) sehr dankbar.

Josef Schmutz

Ich liebe alle Sportarten

Meine Mutter besuchte 1967, auf Empfehlung unserer Wohnungsnachbarin Frau Gasteiger, den Vortrag von Herrn Dr. M. O. Bruker in Linz, veranstaltet von der Waerland-Bewegung in Oberösterreich. Im Jahr 1969 machte mich der Vorsitzende der Waerland-Bewegung, Herr Dr. tech. Erich Mutter, auf Grund meines Wissensdranges auf die Gesellschaft für Gesundheitskunde in St. Georgen im Schwarz-

Josef Schmutz

wald (unter Vorsitz von Dr. Bruker und Dr. Schnitzer) aufmerksam. Einen 3-tägigen Backkurs bei Dr. Schnitzer absolvierte ich im Jahr 1976.

Bis 1989 erwarb ich die ersten neun Bücher „Aus der Sprechstunde" von Dr. M. O. Bruker. Anschließend bezog ich die Gesundheitsliteratur von der Gesellschaft für Gesundheitsberatung GGB in Lahnstein. 1994 legte ich bei Dr. M. O. Bruker die Gesundheitsberater-Prüfung ab.

Beim Trampolinspringen vom Drei-Meter-Brett bekam ich im Sommer 1969 starke Beschwerden im Rücken. 1970 war ich wegen Bandscheibenproblemen sechs Wochen im Krankenhaus. Wieder schmerzfrei geworden, fuhr ich dann zu einem Chiropraktiker. Von da an lebe ich bis heute noch konsequenter mit vitalstoffreicher Vollwertkost.

Bis 1989 erwarb ich die ersten neun Bücher „Aus der Sprechstunde" von Dr. M. O. Bruker. Anschließend bezog ich die Gesundheitsliteratur von der Gesellschaft für Gesundheitsberatung GGB in Lahnstein. 1994 legte ich bei Dr. M. O. Bruker die Gesundheitsberater-Prüfung ab.

Jetzt zum Sport: Mit vier Jahren lernte ich Skifahren, ab dem 11. Jahr wurde ich ein leidenschaftlicher Schwimmer. Bergwandern, Radfahren, Laufen, Paddelbootfahren und Hobby-Fußball betrieb ich ab dem 16. Lebensjahr. Mit 45 Jahren fing ich noch das Skilanglaufen an. Meine besten Leistungen im Bergsteigen waren für mich die Gipfel der beiden Salzburger Sonnblicke, Großvenediger und Wildspitze in Tirol, Marmolata und Ortler in Südtirol.

Bis auf Laufen und Hobby-Fußball (in der Halle zog ich mir im Knie einen Kreuzbandriss zu) übe ich heute noch mit 63 Jahren alle Sportarten unter der Devise aus: Sport ist bei mir Freude an der Bewegung. Meine Frau, die auch zwei Kurse mit mir besuchte, verwöhnt mich und unseren Sohn mit gesundem Essen.

Petra Schneckner

Petra Schneckner

Gewicht halten? Vollwert und Sport!

Eigentlich war ich schon immer ein durchschnittlicher Sportler. Schulsport, zur Schule mit dem Fahrrad, Tischtennisverein, Schwimmverein und Ähnliches. Nach dem Studium bekam ich 1995 meine erste Tochter. Das Gewicht, was ich in der Schwangerschaft zunahm, ging nicht mehr weg. Wir lebten gut, der Sport lag flach, weil nur noch langsames Gehen mit dem Kind ging, keine 100-prozentige vollwertige Ernährung, viel Schnuckerei. Dann kam 1997 das zweite Kind. Nachdem dort das erste Stilljahr um war, sprach man davon, dass ich nun mein Ausgangsgewicht von 62 kg (bei 165 cm) haben sollte. Von wegen: Ich wog 84 kg, und das schleppte ich auch noch weitere zwei Jahre mit mir herum.

Vor drei Jahren begann ich dann mit 100-prozentiger konsequenter Vollwerternährung und Joggen. Eine Minute Gehen, eine Minute Joggen, welch eine Qual! Nun, drei Jahre später, habe ich meine 62 kg wieder. Ich fühle mich absolut wohl und gehe regelmäßig Joggen. Ich nahm erst schnell 10 kg ab, dann gab es eine lange Pause, wo ich mich aber schon viel wohler fühlte. Dann kamen die nächsten 10 kg usw.

Ich denke, das Schwierigste ist es auch, das Gewicht zu halten. Und das klappt nur mit Sport und drei Mal am Tag vollwertig satt essen. Doktor Bruker hatte Recht!

Katja Schultz

Sport war Mord

1996 betrat ich wieder ein Sportstudio. Das letzte, das ich besucht hatte, war nach drei Wochen pleite und hatte mein Taschengeld als Jahresvorleistung mitgenommen – meine Anzeige wurde ein Jahr später eingestellt.

Voll motiviert betrat ich das SWISS-Training in Berlin-Tempelhof – und machte auch sofort einen Monats-Vertrag, schließlich wollte ich

JETZT endlich schlank und fit werden! Zu jener Zeit stieg ich nicht mehr auf die Waage, schätze aber, dass ich damals bei 167 cm rund 75 kg gewogen habe. In meinem neuen Fitness-Tempel gab es Großraumfitness ohne wirkliche Betreuung. („Die Geräte sind so konzipiert, dass man gar nichts falsch machen KANN!!", war das Zitat eines Trainers). Der Fitnesssport wurde mir aber zu langweilig, außerdem hatte ich Angst, Muskeln aufzubauen.

Die Aerobic-Kurse haben mir großen Spaß gemacht, aber nach zwei Jahren Training, 2–3 × in der Woche – meist auch zwei Kurse hintereinander, wurde mein Körpergewicht nicht wirklich weniger.

Parallel zum Training nahm ich L-Carnitin (Der absolute Fett-Verbrenner! – laut Trainer) und Vitaminpräparate (Calcium ist gut für die Knochen!) ein, aß Lätta (ja, das Fett, das Fett!), trank Actimel (Sie wissen: wegen der Abwehr!), las FitForFun (für das Unterbewusstsein) und machte einen großen Bogen um Sahne und Fett. Nix passierte – ich sah genauso aus wie vorher und entschuldigte meine Esssüchte mit einem doppelten Sportkurs. Diäten und „Nach-18h-nichts-mehr-essen" half nur wenige Tage. Dazu wurde ich launisch. Dafür wurde mein Geld immer weniger – denn Halb-Fett, Low-Fett und Co. waren keine günstige Angelegenheit.

Meine Knie begannen zu schmerzen und fünf Jahre später hatte ich täglich Rückenschmerzen! Ich war gerade 26 Jahre alt! Mein Orthopäde verbot mir Joggen auf Asphalt, fragte mich aber nie nach meiner Ernährung. Die Röntgenaufnahme, die er machte, zeigte, dass mir ein halber Wirbel „fehlte" („Das muss ich schnell mal meiner Kollegin zeigen, Frau Schultz, das haben wir hier in der Praxis so selten!"). Und somit wurde die Behandlung auf Einlagen und guten Rat beschränkt: Nehmen Sie nicht zu (danke!) und hüpfen Sie nicht so viel herum! Das mit dem Wirbel ist einfach Pech! Kaufen Sie sich aber gute Laufschuhe! (Wissen Sie, was Laufschuhe kosten?) Was tut man nicht alles für seine Gesundheit! Die ersten („Oh je, bei welchem Orthopäden waren Sie denn vorher?") wie die zweiten Einlagen verschlimmerten meine Beschwerden im Rücken so sehr, dass ich anfing, meine Ärzte zu entmündigen und einfach wegzulassen.

Seit zwei Jahren ernähre ich mich vollwertig, seit einem Jahr tiereiweißfrei. Ich mache heute einmal wöchentlich Step-Aerobic – ohne dass mir meine Knie weh tun. Mein Rücken schmerzt nur noch sehr sehr selten und ausschließlich in Stresssituationen. Manchmal fällt mir abends auf, dass ich mich seit Wochen nicht mehr einrenken oder mich am Türrahmen ausbaumeln musste. (Zur Freude meines Freundes, es knackte immer ganz schön heftig und sah ziemlich merkwürdig aus!). Meine Erkältungen sind zurückgegangen und ich jogge im Wald. Zusatzpräparate nehme ich nicht mehr – auch keine Vitaminpräparate oder ähnliches Zeug.

Mir geht es mit der Vollwerternährung und meinem 3×wöchentlichen Sportpensum hervorragend. Nach dem Sport fühle ich mich fit und nicht so „erschlagen“ wie vorher. Da ich Cremes und Seifen auch weglasse, verbringe ich die meiste Zeit im Trainingsraum und nicht in der Umkleidekabine. Sauna erfreut mich und meine Haut.

Parallel zum Training nahm ich L-Carnitin und Vitaminpräparate ein, aß Lätta, trank Actimel, machte einen großen Bogen um Sahne und Fett.

Mit 10 Jahren war ich begeisterte Turnerin – hatte aber ständig Schmerzen im Handgelenk. Leichtathletik machte mir keinen Spaß und beim Laufen hatte ich immer Seitenstiche, Knie- und Rückenschmerzen. Mit 25 Jahren machte ich mir Sorgen, wie es mit mir wohl zehn Jahre später aussehen würde. Mit 35 wäre ich schmerztechnisch wahrscheinlich ein halber Krüppel gewesen!

Heute geht es mir besser als jemals zuvor.

Hartmut Schwarz

Sport muss Spaß machen

Ich bin 67 Jahre alt und kenne seit circa 20 Jahren Vollwertkost. Ich treibe seit 27 Jahren Sport (Laufen) und fühle mich dabei sehr wohl. Der Einstieg in die Vollwertkost war nicht abrupt, sondern allmählich. Ich habe Baustein für Baustein hinzugefügt.

Den Verzehr des Frischkornbreis habe ich auf abends verlegt. Zu Mittag besteht meine Mahlzeit ausschließlich aus Rohkostsalat, zu dem ich auch Wildkräuter wie zum Beispiel Brennnessel und Löwenzahn mit verwende. Das Frühstück besteht ausschließlich aus Obst. Der Rohkostanteil dürfte bei 90 Prozent liegen.

Durch das Lauftraining habe ich schon vor 27 Jahren meine immer wiederkehrenden Rückenschmerzen und Kniebeschwerden verloren. Ich laufe zwei- bis dreimal wöchentlich je 12 km in einer Stunde. Um den übrigen Körper zu trainieren, mache ich noch etwas Gymnastik mit Muskelaufbautraining, morgens nach dem Aufstehen mit Baligerät. Bücken (mit Handballen auf Boden), Füße festigen, liegen, aufrichten.

Als ich mit 40 Jahren mit dem Laufen begann, musste ich schon nach 100 m nach Luft ringen. Ganz allmählich habe ich die Laufstrecke erweitert. Meine Leistungsfähigkeit konnte ich bis zum 50. Lebensjahr steigern und bis heute konstant halten. Ich bin 1,71 m groß und wiege 60 kg. Meine Einstellung zum Sport: Sport, in meinem Fall das Laufen, muss Spaß machen. Wenn ich eine Überlastung spüre, reduziere ich oder lege eine Pause ein.

Meine Überzeugung: Ohne Vollwertkost und entsprechendes Trainung wäre die Leistung in meinem Fall nicht möglich.

Heidi Specht

Ein Geschenk, ohne Schmerzen leben zu dürfen

Heidi Specht

Seit ungefähr 25 Jahren ernähre ich mich vollwertig und ohne Tiereiweiß. Als ich auch das Käseessen ließ, legten sich meine Knieschmerzen, die vorher mit Medikamenten behandelt werden mussten. Es ist ein Geschenk, ohne Schmerzen leben zu dürfen. Dafür verzichte ich auch auf den leckersten Bio-Käse.

Ein Erlebnis, das mir half, das Essen von Tiereiweiß ganz aufzugeben, hatte ich nach einem Essen anlässlich des Geburtstags meines Mannes. Ich bestellte einen Salat, der leicht mit Käse überstreut war. Am nächsten Morgen fühlte ich mich wie gelähmt, kam nicht aus dem Bett, sämtliche Gelenke schmerzten. Es dauerte fast ein halbes Jahr, bis ich wieder in der Lage war, Sport zu treiben.

Meine sportlichen Tätigkeiten:

Tägliches Schwimmen 300 m. Täglich die fünf Tibeter. Vier- bis fünfmal in der Woche vier bis fünf Kilometer Joggen. Ein- bis zweimal im Jahr Skilaufen. Mit Freude und Schwung gebe ich als Gesundheitsberaterin GGB laufend Fastenkurse, Vorträge und auch Kochkurse. Besonders bei Jugendlichen kommt mein „Power-Drink" gut an – der tägliche Frischkornbrei sowieso! Hier das Rezept: Pro Person 3 Esslöffel Haferkörner eine Nacht einweichen. Am Morgen mit Bananen, Saft einer Zitrone, je 1 Teelöffel Quinoa, Sesam, Amaranth und Hirse sowie etwas Wasser und Zitronenmelisse mixen. Eventuell mit Bourbon-Vanille würzen. Köstlich!

Heute bin ich so dankbar, den Weg ins Bruker-Haus gefunden zu haben. Ich spüre einfach, dass es richtig ist, wofür Dr. Bruker gelebt hat.

Dr. med. Peter Stein

Gesundheit und Jogging

Dr. med. Peter Stein

Wie wir von Dr. M. O. Bruker gelernt haben, können Ernährungsfehler durch Sport nicht ausgeglichen werden. Wenn wir uns aber an die Regel „roh und ganz" halten, haben wir die besten Chancen, gesund, froh und sexy zu sein oder zu werden. Und wenn wir darüber hinaus noch Sport treiben, kommt eine sehr wohltuende Fitness hinzu. Man bewegt sich leichter und schneller, Spritzigkeit ist gegeben. Man ist freudiger und eben wesentlich „besser drauf". Beim Skilaufen einmal im Jahr für zwei Wochen brauchte ich früher ohne Vorbereitung fast diese zwei Wochen, um wieder an den Vorjahresstand anknüpfen zu können.

So entschloss ich mich vor 30 Jahren, jeweils drei Monate vorher zur Skigymnastik zu gehen und fuhr dann schon in den ersten drei Tagen die Schwarzen Pisten runter. Trotz eifrigen Tennisspielens fehlte mir die Gymnastik in den übrigen neun Monaten. Das Resultat war das Jahres-Abo bei der Gymnastik im Sportverein (ein toller Trainer, laute Musik, Weiblein und Männlein im Durchschnitt so circa 30 Jahre alt). Mein Wohlbefinden steigerte sich. Ich besorgte mir gute Laufschuhe und schloss mich einer Laufgruppe an, einmal pro Woche.

Allmählich lief ich alleine noch zwei Mal die Woche für jeweils eine Stunde zusätzlich. Ich merke nur noch streckenweise, dass ich renne. Ich bin voller Gedanken, die sich im Kopf herumdrehen und zu einer Ordnung streben. Schlechte sowie gute, vor allem Probleme, an deren Lösung die Gedanken quasi von alleine arbeiten.

Eines Tages sagte dann der Staat zu mir, dass ich die Zulassung zu den gesetzlichen Krankenkassen zurückzugeben hätte, da ich inzwischen 68 Jahre alt geworden sei. So war ich gezwungen, meine internistische Facharztpraxis zu schließen, behandele aber weiterhin privat. Ich kaufte mir ein Grundstück nahe einem Naturschutzgebiet, baute ein (sehr schönes) kleines Öko-Haus darauf, heiratete meine zweite Frau, besorgte mir eine zauberhafte blonde Hovaward-Hündin und renne mit ihr jeden Morgen bei Sonnenaufgang 75 Minuten mit einem Tempo von 10–11 km/h. Dabei mache ich allerdings auch meine eigenen Übungen: Hopserlauf, Seitwärtsgrätschen und 400 m rückwärts laufen. Jeden Morgen, das Wetter spielt keine Rolle. Selten komme ich quatschnass zurück. Ein- oder zweimal pro Woche reizt es mich, auch länger zu laufen. Dann werden es zwei oder drei oder maximal auch viereinhalb Stunden, die ich ohne Unterbrechung (lediglich zwei- bis dreimal Wasserlassen) zur Freude von „Zara" renne. Sie rennt als Alpha-Hund stets voraus. Nur beim Marathonlauf im April in Hamburg darf sie nicht mitrennen, sonst gibt es zu viel Gedränge bei meinen dortigen 25 000 Konkurrenten.

Meinem Hund und mir geht es sehr gut. Einen Pulsmesser haben wir nicht, Laktat- und Säurebestimmung und Cardio-Sonografie überlassen wir anderen. Wir brauchen keine Nahrungsergänzungsmittel, schon gar nicht die Flaschen oder Dosen zum Trinken.

Einschränkend sei allerdings darauf hingewiesen, dass der Blutdruck stimmen sollte, der Ruhepuls sollte niedrig sein, dass man nicht herzkrank (Herzgeräusche) sein darf und dass keine schwerwiegende sonstige Erkrankung (Diabetes, Blutkrankheit etc.) im Busch ist. Probleme mit der Atmung haben im Wesentlichen mit der Auswurfleistung des Herzens zu tun. Und um das Herz richtig zu trainieren, braucht es (je nach Alter) 3, 6, 12 oder 24 Monate bei stetiger Leistung. Und das setzt wiederum etwas anderes (selten Vorhandenes) voraus: Geduld! Nach dem Laufen freue ich mich auf meine Frischkornmahlzeit, später viel Obst, auch rohes Gemüse. Trinken tue ich selten.

Sina Stingl

Die Naturvölker sind auch ständig in Bewegung

Sina Stingl

Schon seit meiner Kindheit bin ich ein sehr sport- und naturverbundener Mensch. Mit drei Jahren machte ich die ersten Versuche mit Langlaufskiern und bin heute mit 36 Jahren diesem Sport immer noch stark verbunden. Von meinem 10. bis 20. Lebensjahr betrieb ich Skilanglauf als Leistungssport. In dieser Zeit spielte die Ernährung eine untergeordnete Rolle, so dass es natürlich auch nicht ausblieb, an den verschiedensten Dingen zu erkranken. Ich hatte häufig Probleme mit den Knien und den Schienbeinen. Dies war dann auch der Grund, dass ich die sportliche Laufbahn beendete. Mit 23 Jahren stellte ich dann meine Ernährung auf eine vitalstoffreiche Vollwerternährung um und wurde Vegetarierin. Ich esse heute wenig tierisches Eiweiß.

Dem Sport blieb ich weiterhin treu, da Bewegung für mich sehr wichtig ist und auch einhergeht mit körperlicher und geistiger Vitalität und Frische, Glück und Zufriedenheit sowie Entspannung. Die Naturvölker sind auch ständig in Bewegung. Probleme mit den Knien und den Schienbeinen habe ich nicht mehr, dank der vitalstoffreichen Vollwertkost.

Die Naturvölker sind auch ständig in Bewegung. Probleme mit den Knien und den Schienbeinen habe ich nicht mehr, dank der vitalstoffreichen Vollwertkost.

Was mache ich? Sportlich bin ich sehr vielseitig tätig. Seit 15 Jahren bin ich Übungsleiterin im Bereich Ski Nordisch (Langlauf) und Fitness- und Konditionsgymnastik. Neben diesen Übungsleiterstunden, die ich einmal in der Woche in einem Verein abhalte, gehe ich noch regelmäßig Laufen, Radfahren und im Winter Skifahren.

Ich fühle mich durch die gesunde Ernährung und den Sport körperlich fit und leistungsstark. Die Ausdauer ist enorm, der Bewegungsablauf ist koordiniert und die Körperhaltung zeugt von Spannung. Den Kursteilnehmern entgeht es nicht, so dass ich oft angesprochen werde, was ich außer Sport denn noch mache. Dadurch kam es schon zu mehreren privaten Beratungen und Kochkursen.

Sport und gesunde Ernährung können einen ganz erfüllen und lange gesund erhalten.

Manfred Sutor

Manfred Sutor

Ich kann mit anderen konkurrieren

Ich bin 67 Jahre alt, seit 20 Jahren Vollwertköstler und seit 15 Jahren Lacto-Vegetarier. Ab meinem 20. Lebensjahr, also zu Beginn der „fetten" fünfziger Jahre, war ich mit Übergewicht belastet. Bei einer Größe von 1,70 m brachte ich 84 kg auf die Waage. Jeder Festtag, ja jede Scheibe Brot setzte bei mir an. Vor mehr als 20 Jahren, durch merkwürdige Erkrankungen in der Familie, mussten wir uns mit gesunder Ernährung befassen. Wir kamen so zu Herrn Dr. Bruker, den wir bei verschiedenen Vorträgen erleben konnten. Es kann ohne Übertreibung gesagt werden, dass niemand unser Leben derartig weitreichend beeinflusst hat. Wir haben seine Bücher studiert und Zucker, Weißmehl, Süßigkeiten, Margarine usw. aus unserem Haus verbannt. Stattdessen schafften wir eine Getreidemühle an und verwenden vollwertige Lebensmittel.

Es kann ohne Übertreibung gesagt werden, dass niemand unser Leben derartig weitreichend beeinflusst hat wie Dr. Bruker

Schon seit Jahrzehnten machte ich ein bisschen Dauerlauf im Wald. War dann froh, wenn ich eine Laufzeit von 20 Minuten oder eine halbe Stunde schaffte. Seit meinem 59. Lebensjahr bin ich durch Anregungen zunächst Bergwanderer und später auch noch Läufer geworden. Habe bei meinem ersten Wettlauf über 10 km, beim Silvesterlauf 1998, festgestellt, dass ich durchaus konkurrieren kann mit den anderen. Seitdem laufe ich einige Wettkämpfe mit und habe mich weit über eine Halbmarathonstrecke hochtrainiert. Einige Laufergebnisse aus dem Jahre 2002 seien angeführt:

Matterhornlauf, 14 km, Hm – 1001 m, Zeit 2:09 Stunden. Drachenlauf Königswinter, 26 km, Hm = 980 m, Zeit 2:47 Stunden Mehrere 10 km-Läufe in einer Zeit von 51 bis 54 Minuten. Insgesamte Laufstrecke in 2002 (einschließlich der Trainingsläufe) 1200 km.

Daneben bin ich 2002 noch 4500 km mit dem Tourenrad durch die Gegend geradelt. In Tagesstrecken von circa 100 km habe ich den Neckarradweg und eine Tour durch Eifel, Hohes Venn, Belgien, Luxemburg gemacht.

Das alles mit guter Bruker-Vollwertkost, ohne Fleisch und ohne Nahrungsergänzungsmittel.

Marianne Tuschinski

Mit meinem Mann Hand in Hand durchs Ziel

Ich arbeite als Fitnesstrainerin in Mönchengladbach und bin begeisterte Langstreckenläuferin. Selbst sechs Marathons schrecken mich nicht.

Vor etwa sechs Jahren, im Alter von 44 Jahren, nahmen mein Mann und ich uns fest vor, regelmäßiges Lauftraining zu betreiben. Dies war jedoch besser gesagt als getan. Da mein Mann und ich etwas übergewichtig waren (mein Mann wog circa 108 kg bei 1,86 m Körpergröße und ich 75 kg bei einer Größe von 1,74 m), schafften wir gerade einmal 300 m. Dann im Wechsel mit Gehen und Laufen kamen wir auf 1,5 km. Doch wir gaben nicht auf, nach sechs Monaten schafften wir 4 km und steigerten so unsere Kilometerleistung langsam nach oben. So wurden wir begeisterte Hobbyläufer und konnten unser Gewicht reduzieren.

Ich hatte das Buch „Zucker, Zucker“ innerhalb von zwei Tagen ausgelesen und konnte nicht glauben, was da geschrieben stand.

Etwas Negatives hatte allerdings dieser Ausdauersport. Ich bekam eine Erkältung nach der anderen. Mein Interesse für Gesundheit und Ernährung wurde geweckt. Ich ging nun mehr im Bioladen einkaufen, interessierte mich für Lektüre, und wir ernährten uns viel bewusster. Als wir im Frühjahr 1998 nach Österreich zu einem biologischen Hotel in den Urlaub fuhren (um gleichzeitig für unseren ersten Marathon zu trainieren), fiel mir durch Zufall beim Durchstöbern in der Bibliothek des Hauses das Buch „Zucker, Zucker – krank durch Fabrikzucker“ in die Hände. Ich hatte das Buch innerhalb von zwei Tagen ausgelesen und konnte nicht glauben, was da geschrieben stand. Mein Interesse für weitere Bücher von Herrn Dr. Max Otto Bruker war geweckt. Ich kaufte mir von da an weitere Lektüren wie zum Beispiel „Unsere Nahrung – unser Schicksal“, und wir änderten Stück für Stück unsere Ernährung.

Wir liefen unseren ersten Marathon gemeinsam in Köln und überquerten überglücklich die Ziellinie Hand in Hand in 4 Std. 41 Minuten. Daraufhin folgten weitere Marathons in Enschede, Berlin, Paris, Florenz, Steinfort, Duisburg und Regensburg. Seitdem wir uns biologisch vollwertig ernähren, kennen wir auch keine Erkältungen mehr, wir fühlen uns gesund und fit. Da mein Mann und ich samt unserer beiden erwachsenen Kinder überzeugte Vollwertköstler geworden sind, habe ich mich entschlossen, Gesundheitsberaterin GGB zu werden.

Mein Mann ist mittlerweile Vegetarier. Ich ernähre mich tiereiweißfrei. Meinen besten Marathon lief ich in 4 Std. 20 Minuten – mein Mann läuft die Marathons in einer Zeit von circa 3 Std. 40 Minuten. Nur am Rande erwähnt – mein Mann hält ohne Probleme sein Körpergewicht bei etwa 82 kg und ich bei etwa 65 kg.

Peter Urban

Wandern ist leichter geworden

Von Kindesbeinen an war ich mit den Eltern fast jedes Wochenende irgendwo im Gebirge. Zuerst waren es die kleinen Chiemgauer Berge und später die großen Gipfel in Österreich und in der Schweiz. Durch den Beruf und meine eigene Familie wurde die Bergsteigerei immer weniger. Dazu kam noch, dass ich bei den gelegentlichen Touren hinterher immer fix und fertig war – einfach zum Wegschmeißen. Ich war wirklich geneigt, nicht mehr bergzusteigen.

Seit 1995 habe ich die Familientouren beim Skiclub übernommen, sie auszusuchen und zu führen (drei Mal im Sommerhalbjahr). Die schönen Stunden in der Natur und die zum Teil lustigen Begebenheiten mit den Teilnehmern haben mich bei der Stange gehalten – meine mangelnde Fitness plädierte fürs Aufhören.

Nachdem ich im Jahr 2000 im Februar das Grundlagenseminar der GGB gemacht hatte und von der Zeit an meine Ernährung auf vitalstoffreiche Vollwertkost umgestellt habe, machten mir diese Wanderungen wieder richtig Spaß. Ich habe festgestellt, dass ich am Abend zwar müde bin, aber keinesfalls mehr körperlich geschafft – ich komme nicht mehr auf dem Zahnfleisch daher.

Eine weitere sehr positive Feststellung habe ich mit der vitalstoffreichen Vollwertkost gemacht und zwar bleiben die Muskelkater aus. Vorher plagte mich der Muskelkater manchmal zwei bis drei

Tage. Am ersten Tag hin und wieder so schlimm, dass ich kaum die Treppen runtergehen konnte. Grundsätzlich fallen mir alle Arbeiten leichter als vor der Ernährungsumstellung. In der Einfachheit und Echtheit liegt der Grundstein für die Fitness im Leben. Weil es so einfach ist, kann und will es auch kaum einer glauben.

Rainer Völlmer

Marathon statt Hüftbeschwerden

Rainer Völlmer

Ich war bis zu meinem 30. Lebensjahr begeisterter aktiver Fußballspieler. Dann gab es immer öfter Probleme und Schmerzen in den Gelenken. Der Arzt erteilte den Ratschlag, vier Wochen mit dem Sport auszusetzen. Die Beschwerden wurden dabei, wohl durch die schwächer werdende Beinmuskulatur, eher schlimmer. Schließlich wurde eine bereits fortgeschrittene Arthrose der Hüftgelenke, rechts schlimmer als links, festgestellt. Ich lief von Arzt zu Arzt und auch in eine Fachklinik. Dort wurde mir empfohlen, einmal jährlich eine Kur zu machen. Wenn die Schmerzen schlimmer würden, sollte ich wiederkommen. Es gäbe heutzutage auch schon für junge Leute geeignete Hüftprothesen. Die Ursachen der Erkrankung konnte mir niemand zufriedenstellend erklären. Ich war ziemlich geschockt, machte mich auf und wälzte einschlägige Literatur. Es dauerte einige Zeit, bis ich auf die Bücher von Dr. M. O. Bruker aufmerksam wurde.

Dazu muss man wissen, dass ich mich bis zu diesem Zeitpunkt überwiegend von Süßigkeiten, Fleisch, Wurst, Käse, Fertiggerichten und süßen Getränken wie Kakao und Limonaden ernährte. Circa 15 kariöse Zähne sind bereits mit Plomben „repariert".

Ich ernähre mich jetzt seit 1995 vollwertig und streng tiereiweißfrei nach Dr. Bruker. Vor allem vom süßen Zucker loszukommen, war nicht einfach. In der Umstellungsphase habe ich mit dem Laufen begonnen. Zuerst kurze Strecken bis 5 km, dann regelmäßig circa 10 km. Die Hüftbeschwerden verschwanden zum Großteil mit der Zeit. Als Nebeneffekt bin ich heute auch von Heuschnupfen und lästigen Erkältungskrankheiten befreit.

Als im Jahr 2001 dann vor meiner Haustüre, in der wunderschönen Fränkischen Schweiz, der zweite Fränkische-Schweiz-Marathon stattfand, entschloss ich mich, diese Strecke zu bewältigen. Trotz gegenteiliger Ratschläge von manchen Laufexperten, die mir alle möglichen Aufbaumittelchen empfahlen, schaffte ich den ersten Marathonlauf meines Lebens, mit einer Portion Frischkornbrei als Grundlage und ansonsten nur reinem Wasser, in 4 Stunden 15 Minuten ohne große Probleme. Ein Jahr später folgte der zweite Marathon unter gleichen Voraussetzungen und mit ähnlichem Ergebnis.

Dazu muss man wissen, dass ich mich bis zu diesem Zeitpunkt überwiegend von Süßigkeiten, Fleisch, Wurst, Käse, Fertiggerichten und süßen Getränken wie Kakao und Limonaden ernährte. Circa 15 kariöse Zähne sind bereits mit Plomben „repariert".

Ansonsten laufe ich drei- bis viermal die Woche Strecken bis 10 km und nehme auch ab und zu an Volksläufen teil. Das Laufen innerhalb eines Wettbewerbs mit anfeuernden Zuschauern hat noch mal seinen eigenen Reiz.

Amanda Vohmann

Amanda Vohmann

Statt Kaffeekränzchen Walken und Vollwertküche

Ich walke jeden Sonntag regelmäßig (alleine) und Mittwoch nachmittags, wenn unser Bioladen geschlossen ist, fahre ich Rad oder walke noch mal. Ich fühle mich gesund und zufrieden mit fast 68 Jahren. Jeder bewundert mich – oder auch beneidet mich?

Mein Leben spielt sich vorwiegend in meiner Vollwertküche ab. Jeden Montag und Donnerstag koche ich ohne Pause von 6 Uhr morgens bis 14 Uhr. Manchmal ohne Pause geht es dann noch mit Kuchenbacken weiter. Die meisten Rezepte erfinde ich selbst.

Alles, was der Laden vom Vortag übrig hat, wird am nächsten Tag zu tollen Gerichten verarbeitet (von mir allein), wobei es mir an Kreativität nicht fehlt. Die meisten Kunden möchten die Rezepte der leckeren Gerichte und Kuchen, aber die gibt es nur in meinem Kopf, sowie ich das übrig gebliebene Gemüse vor Augen habe, wird mit Freude gezaubert. Ich habe über 20 Jahre Kochkurse für vitalstoffreiche Vollwertkost angeboten, doch vor vier Jahren aufgehört, weil kein Tag dafür mehr übrig war. Die Kunden betteln und quälen mich, wieder anzufangen. Jetzt werde ich im Winter ab und zu einen Kochkurs anbieten.

An Freizeit ist nicht zu denken. Aber es macht alles Freude und Spaß. Andere in meinem Alter sitzen nur in den Arztpraxen herum und machen Kaffeekränzchen. Ich bin froh und dankbar, eine der ersten Schülerinnen bei Dr. Bruker gewesen zu sein.

Adele Warga

Mit 91 Jahren wandere ich regelmäßig

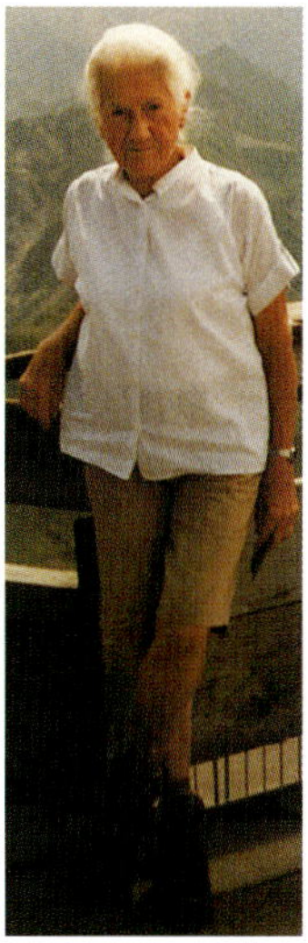
Adele Warga

Im September 1985 habe ich an der „Bio Kreuzfahrt" mit Herrn Dr. Bruker, rund um Europa herum, teilgenommen. Damals habe ich mir auch sein Buch „Unsere Nahrung – unser Schicksal" angeschafft und gelesen und halte mich daran. Meine Ernährung in der Jugend war nicht so gut. Es wurde viel mit erhitztem und verbranntem Schweinefett gekocht. Ich war blutarm und hatte oft Mandelentzündungen zu überstehen.

Gute Gymnastik in der Schule und sonntägliche Wanderungen waren ein hilfreicher Ausgleich zur Mangelernährung. Nachdem wir „Bircher-Benner-Kost" kennen lernten und auch anwandten, wurde ich viel widerstandsfähiger. Seitdem ich die „Vollwertkost" ständig verwende, bin ich meinen Altersgenossinnen an Gesundheit und Leistungsfähigkeit weit überlegen.

Mit meinen 91 Jahren wandere ich regelmäßig mit dem Schwäbischen Albverein mit 20–30 Jahre jüngeren Kolleginnen und Kollegen. Jeden Morgen mache ich meine Gymnastik: die fünf „Tibeter" und andere Übungen. Ich gehe jede Woche in die Gymnastikstunde mit 50- bis 70-jährigen Frauen.

Im Herbst mache ich die Wanderwoche der Veronica Carstens-Stiftung „Natur und Medizin" im Schwarzwald mit. Meinen Haushalt führe ich noch ganz alleine. Ich freue mich, wenn meine Kinder und Enkel einmal nach mir schauen. Gott danke ich alle Tage für alles, was er mir Gutes getan hat!

Sieglinde Walz

Kanarische Sonne, eigenes Gemüse, täglich schwimmen

Ich lebe schon seit dreizehn Jahren auf der kleinsten Kanarischen Insel El Hierro, dem absolut letzten Zipfel Europas. Ich fühle mich hier sehr glücklich, da alle Voraussetzungen für ein gesundes Leben gegeben sind.

Bin 63 Jahre und habe seit mehr als 25 Jahren meine Ernährung nach Dr. Bruker ausgerichtet. Für meinen Mann und mich bereite ich täglich den original Frischkornbrei zu. Zur Abwechslung schmeckt uns auch ein Reis- oder Hirsebrei zu Obstsalat. Auch frisch gemahlener Hafer in ein Obstmus eingerührt, bereichert vielfach unser Frühstück.

Seit circa 25 Jahren verwende ich weder weißen Zucker noch andere fabrikatorisch veränderte Zuckerstoffe, kein Weißmehl und keine Produkte daraus.

Seit circa 25 Jahren verwende ich weder weißen Zucker noch andere fabrikatorisch veränderte Zuckerstoffe, kein Weißmehl und keine Produkte daraus. Ich esse wenig tierisches Eiweiß, weil ich spüre, dass ich mich dadurch vitaler fühle. Fleisch aus der üblichen Massentierhaltung kann ich nicht unterstützen, deshalb esse ich kein Fleisch und keine Wurst von diesen Elendsgeschöpfen. Ich esse dafür als Eiweißversorgung Vollkorngetreide, Kartoffeln, Gemüse, Nüsse, Samen und vor allem zur besseren Sättigung Hülsenfrüchte aller Art.

Meine Ernährung besteht zum größten Teil aus Rohkost. Manchmal backe ich Vollkornbrötchen. Kräuterfladen, Pizza, Zwiebel- oder Spinatkuchen, Mehrkorn- und Buchweizen-Waffeln stehen auch öfter auf dem Speiseplan. Für meine Gäste backe ich auch mal einen leckeren Kuchen mit frischen Feigen aus Vollkornhefeteig. Käse, Butter, Olivenöl und Sahne sind eine schmackhafte Ergänzung meiner Vollwertgerichte. Viele Kräuter getrocknet, aber auch frische aus meinem Garten gehören regelmäßig dazu.

An Bewegung fehlt es mir nicht, allein schon durch meine Gartenarbeit. Natürlich verbrauche ich dafür nicht meine ganze Energie. Im nahe gelegenen Meeresschwimmbecken gehe ich fast täglich schwimmen. Im Winter ist die Flut so heftig, dass man nicht immer schwimmen kann. Wenn nicht gerade ein Sturm über die Insel fegt, verbringe ich ab und zu eine Yogastunde in einer kleinen Gruppe von Einheimischen an einem schönen Platz am Meer.

Auch auf den Tai-Chi-Unterricht freue ich mich schon immer jede Woche. Die spirituellen Übungen nach chinesischer New-Age-Musik bringen meinen Körper und Geist noch mehr in Einklang.

Mein Naturell entspricht nicht dem Leistungssport. Eher ist für mich Sport ein echtes Bedürfnis, niemals Zwang und Unterdrückung meines Selbst. Mir sagt mein Gefühl, was richtig ist.

Achim Weber

Ich fehle bei keinem Tennisspiel

Ich bin 57 Jahre alt und habe mit der vollwertigen Ernährung im Jahr 1985 angefangen. Bis heute bin ich dieser Ernährungsweise treu geblieben. Vor rund 18 Jahren haben mich Kniebeschwerden beim Tennisspielen stark behindert. Die Diagnose bei meinem Hausarzt lautete damals Arthrose im Frühstadium. Ich sollte die Tabletten Dona 200 … 3 × täglich einnehmen. Dazu kam noch eine Schilddrüsenüberfunktion, die ebenfalls mit Tabletten (Thyroxin LX) behandelt werden sollte.

Es waren die falschen Essgewohnheiten, die sich am Anfang langsam und, je mehr ich die Literatur von Herrn Dr. Bruker las, dann immer zügiger in die vollwertige Richtung umsetzen ließen.

In mir hat sich ein gesunder Widerstand gegen die tägliche Arzneidosis bemerkbar gemacht. Allein die Addition der täglichen Tabletten × 365 Tage im Jahr mitsamt ihren Nebenwirkungen ließen mich nachdenklich werden. Ich setzte im Jahr 1985 spontan alle Tabletten ab und habe seit dieser Zeit keinen Arztbesuch mehr absolviert. Durch einen glücklichen Zufall lernten wir die Gesundheitsberaterin GGB Irmela Richter in Karben über den Kindergarten kennen. Sie informierte meine Frau Elke erst einmal über Krankheitsursachen und falsche Lebensweise.

Es waren die falschen Essgewohnheiten, die sich am Anfang langsam und, je mehr ich die Literatur von Herrn Dr. Bruker las, dann immer zügiger in die vollwertige Richtung umsetzen ließen. Eine konsequente Einhaltung und Einsicht in die Zusammenhänge halfen mir, die vollwertige Ernährung täglich voll anzunehmen und den Frischkostanteil stetig zu erhöhen. Es hat über zehn Jahre gedauert, bis ich eine Linderung der Knieschmerzen bei bestimmten Drehungen des Kniegelenks auf dem Tennisplatz feststellte. Heute nach 18 Jahren vollwertiger Ernährung bin ich so weit, dass ich den Frischkostanteil als wesentlichen Heilfaktor noch höher einschätze. Die notwendige Erkenntnis konnte ich nur über die Fachliteratur von Dr. M. O. Bruker, erneut bestätigt von Dr. Andres Bircher, Le Pont/Schweiz, am 15. 3. 2002 in Lahnstein, erlangen.

Viele meiner Tennis-Kollegen leiden unter ähnlichen Symptomen der Gelenke und tragen lieber Bandagen um die Knie und Armgelenke. Doch von den Gewohnheiten ihrer falschen Ernährungsweise lassen sie nicht, denn dann müssten sie ja umdenken. So bleibe ich als vollwertiger Spieler mein eigenes Vorbild und fehle bei keinem Training und Punktspiel die letzten 18 Jahre. Ich bin froh, dass ich diese tiefe Erkenntnis noch frühzeitig erlangte und bin Dr. med. Max Otto Bruker und seinem Team täglich dankbar dafür.

Wolfgang Wedel

Wolfgang Wedel

Hüttentouren von zehn Stunden

Ich betreibe seit meinem 10. Lebensjahr durchgängig aktiv Sport. Zunächst circa 25 Jahre Fußball, ab meinem 35. Lebensjahr vermehrt Fahrradfahren (Urlaube, Touren und Arbeitsweg). Im Moment bereite ich mich, 51-jährig, gerade auf meinen ersten Marathon vor. Langstrecke laufe ich seit circa fünf Jahren aktiv.

Bereits während meiner aktiven Zeit als Fußballer habe ich zum Ende hin bemerkt, dass meine Leistungsfähigkeit trotz intensiven Trainings zurückging. Eine Erklärung schien mir, dass ich ja auch älter werde und eine Leistungsminderung doch normal ist. Dies befriedigte mich allerdings nicht. Ich dachte weiter darüber nach, was es noch für Gründe geben könnte. Neben den Allgemeinplätzen Lebensführung im globalen Sinne (Schlaf, Alkohol, fett essen usw.) passierte vermutlich ein Wunder. Ich kam durch irgendwelche „Zufälle“

an das Bruker-Buch „Unsere Nahrung – unser Schicksal". Ich las freudig das Buch leer und dachte mir dabei, „O Gott, was hast du in den bisherigen 30 Lebensjahren für einen Schrott in dich hineingestopft." Es war alles so klar beschrieben, dass es für mich überhaupt keine Frage mehr gab, wie mein Leistungseinbruch zustandekam.

Ich begann dann so nach und nach meine Ernährung umzustellen, hatte jedoch das Gefühl, dass sich nichts grundsätzlich änderte. Heute weiß ich warum. Ich nahm damals den Hinweis von Dr. Bruker „nur eine konsequente Nahrungsumstellung bringt Erfolg" nicht ernst genug. Ich besorgte mir dann noch andere Bücher und Schriften von ihm und stellte meine Ernährung vollkommen auf vitalstoffreiche Vollwertkost um. Und siehe da, die ersten Erfolge wurden spür- und sichtbar. Meine Sportfreunde stellten fest, dass ich immer „dünner" werde (bei vitalstoffreicher Vollwertkost stellt sich das Idealgewicht ohne zu hungern ein). Nachdem ich meine Sportrunde beruhigt hatte, keine schlimmere Krankheit, sondern „nur" meine Ernährung umgestellt zu haben, akzeptierten sie auch, dass ich bei Festen und sonstigen Essanlässen mich anders verhielt.

„O Gott, was hast du in den bisherigen 30 Lebensjahren für einen Schrott in dich hineingestopft."

Mir ging es von Mal zu Mal besser. Mich hat dieses einschneidende Erlebnis dann so stark beschäftigt, dass ich mich eines Tages entschloss, eine Ausbildung zum Gesundheitsberater GGB zu beginnen. Mir haben die GGB-Zeiten in Lahnstein, sehr, sehr viel gebracht, um gefestigt in die Welt hinauszugehen.

Seit 1996 bin ich Gesundheitsberater GGB. So etwa nach 10 Jahren Vollwertkost (mit wenigen Sündenfällen pro Jahr) habe ich gespürt, wie mein Körper so richtig frei wurde von dem ganzen Müll der vergangenen drei Jahrzehnte. Meine aktive Zeit, Sport zu treiben, hat dadurch nicht wie üblich ab circa 40 Jahren aufgehört, sondern erst so richtig begonnen. Wie gesagt, neben dem Radfahren (täglich zur Arbeit und zurück 30 km, sowie Urlaubsreisen) und drei- bis viermal eine Woche Dauerlauf. Ein bis zweieinhalb Stunden gehe ich auch gerne mit meinen vollwertig ernährten, topfitten Kindern und meiner Frau zum Wandern in die Berge. Hüttentouren mit Tagesetappen von bis zu 10 Stunden sind hier keine Seltenheit.

Fazit: Es lohnt sich, eine „richtige" Vollwertkost zu genießen. Das Leben wird dadurch „leichter" im wahrsten Sinne des Wortes.

Friderike Wiechel

Friderike Wiechel

Jeden Tag 20 km Rad fahren

Seit nun schon einigen Jahren mahlen tagtäglich die Getreidemühlen im Hause Wiechel, und von Zucchini-Grünkern-Auflauf bis zu herzhaften selbst gemachten Aufstrichen lassen wir uns die Vollwertkost so richtig schmecken. Ich bin die Einzige bei uns, die das Brothandwerk versteht und backe so ziemlich alles kreuz und quer. Dadurch, dass Mutti die Ausbildung zur Gesundheitsberaterin GGB bei Euch durchführt und sicherlich bald in die Endphase starten wird (kann ich mit meinen fast 18 Jahren die Ausbildung schon bald beginnen?), kennen wir nur allzu gut die Risiken in unserer heutigen Gesellschaft und deren augenblickliche Ernährungsweise.

Um 6 Uhr stehe ich auf und mache Frischkornbrei für die ganze Familie. Vitalstoffgetankt fahre ich um 7 Uhr mit meinem Fahrrad zur Schule, 10 km. Ich finde es so wichtig, sich auch körperlich fit zu halten und diese 25 Minuten am Morgen und Nachmittag lassen meinen Körper so richtig Sauerstoff tanken und fit werden.

Es gibt Tage, da regnet es und stürmt, nur dann setze ich mich in den Bus. Ich merke, wie mir meine morgendliche Runde dann jedoch fehlt. Es ist ein so schönes Gefühl, sich jeden Tag aufs Rad zu schwingen und loszuradeln, kreuz und quer, über Stock und Stein. Und manchmal denke ich, die Bäume winken mir zu, wenn ich so an ihnen vorbeifahre.

Nun sind es schon fast vier Jahre, dass ich diese 20 km jeden Tag fahre. Und ich bin dadurch ausgelassen wie nie. Nebenbei gehe ich noch dreimal in der Woche zum Schwimmtraining, um einfach einer anderen sportlichen Leidenschaft Zeit zu opfern. Schwimmen ist ein Sport für jeden. Ob nun richtiges Training oder einfach nur ein paar Bahnen mit seinen Freunden ziehen. Das Gefühl, im Wasser zu liegen und zu gleiten, ist eines der schönsten überhaupt.

Wenn ich dann am Abend nach Hause komme, mich an einen gedeckten Tisch setze, die leckersten Dinge zu mir nehme, die Harmonie in der Familie spüre, den Augenblick genieße und dabei sich die einzelnen Muskeln noch bemerkbar machen, die ich vorher so beansprucht habe, dann fühle ich mich wohl. Ich habe etwas für mich getan, für meinen Körper und meine Seele. Alle Energie, die ich verbraucht habe, hole ich mir wieder, durch die leckere Vollwertküche, mit Frischkornbrei, Salat, frischem Brot und anderen Köstlichkeiten. Besser kann es mir nicht gehen. Und schade für alle, die das Schöne nicht so leben können und wollen.

Ich habe etwas für mich getan, für meinen Körper und meine Seele. Alle Energie, die ich verbraucht habe, hole ich mir wieder, durch die leckere Vollwertküche, mit Frischkornbrei, Salat, frischem Brot und anderen Köstlichkeiten.

Irmgard Wimmer

Laufen, Joggen, Sporteln …

Sport war in meinen jungen Jahren mit Müh und Plag verbunden. An einem Wettkampf teilzunehmen, war für mich nicht vorstellbar. Ein Halbmarathon bedeutete fast Selbstmord – eine Hürde, die ich niemals schaffen würde! Doch es kam anders: 1990 lernte ich eine Gesundheitsberaterin GGB kennen – sie legte für mich den Grundstein! Bücher von Dr. med. M.O. Bruker wurden zur Pflichtlektüre!

Irmgard Wimmer stehend rechts

Im März 1996 machte ich meinen Abschluss zur Gesundheitsberaterin GGB. Vom Sport war ich aber noch immer weit entfernt! 1998 hatte ich einen Bandscheibenvorfall, wurde aber nicht operiert. Nachdem mein rechtes Bein nach wie vor Taubheitsgefühle aufwies, ich sehr oft umknöchelte, einen Bluterguss nach dem anderen sammelte, meinte mein Arzt: „Nur regelmäßiger Sport, wie Laufen oder Schwimmen, kann Ihnen helfen“.

Innerhalb von drei Monaten konnte ich mein Lauftraining von

20 Minuten auf eine Stunde steigern. Ich laufe hauptsächlich im Wald auf weichem Boden, täglich 10 km. Mein Knöchel ist seither stabil. Meine Lendenwirbel erfreuen sich an der regelmäßigen Durchblutung – es geht mir wieder gut! Mittlerweile bin ich auch ab und zu sehr ehrgeizig und nehme an Wettkämpfen, wie zum Beispiel am Frauenlauf in Wien (5 km in 24:23.16) oder am Halbmarathon in der Wachau (21,1 km in etwa 1 Stunde 50 Minuten), teil.

1990 lernte ich eine Gesundheitsberaterin GGB kennen – sie legte für mich den Grundstein!

Mit der gesunden, vitalstoffreichen vollwertigen Ernährung nach Dr. Bruker und der Bewegung an der frischen Luft habe ich mich zu einem Energiebündel entwickelt – Gewichtsprobleme sind passé! Nachdem ich mit Schülern arbeite, Ernährung/Haushalt unterrichte, ist die Vollwertigkeit in unseren Speisen selbstverständlich! Der Frischkornbrei hat sich zum Lieblingsgericht in unserer Schule entwickelt! Ich trainiere auch regelmäßig mit den Schülerinnen für den jährlichen Frauenlauf in Wien. Zur Belohnung gibt es anschließend ein Picknick im Wiener Prater mit Vollkornweckerl und Griechischem Salat.

Es ist für mich immer wieder ein Erlebnis, vital in der freien Natur unterwegs sein zu dürfen und auch andere dafür zu begeistern.

Christoph Zell

Lauffaul? Pummelig? Schnee von gestern!

Ich bin 40 Jahre alt, seit 15 Jahren glücklich verheiratet und Vater zweier Söhne (sechs und neun Jahre alt). Von Beruf bin ich Konditor und Bäckermeister, zu Hause auch noch begeisterter Hobbykoch. Seit 12 Jahren ernähre ich mich vegetarisch, und zwar nach dem Motto: „Iss nichts vom toten Tier“. Das heißt also zum Beispiel Eier, Milch und Käse nehme ich schon zu mir. Zu dieser Zeit habe ich auch die Bücher von Dr. Bruker kennen gelernt, die ich begeistert in mich aufnahm. So lernte ich die vitalstoffreiche Vollwertkost kennen. Bei uns steht oft Getreide auf dem Speiseplan (Getreidebratlinge oder -braten) mit Vollkornnudeln, Kartoffeln oder Reis. Dazu natürlich viel Salat. Auch Frischkornbrei oder frisch gequetschte Haferflocken mit Obst stehen oft auf dem Frühstückstisch. Einen „Tick“ habe ich mir angewöhnt: Ich esse, wenn möglich, jeden Tag eine Banane.

Seit acht Jahren arbeite ich in einer Vollkornbäckerei, daher gibt es bei uns nur Vollkornbrot zu essen. Da wir ein vielseitiges Sortiment an Vollkornbrot backen, ist für Abwechslung gesorgt. So ist dann etwa herzhaftes Roggensauerteigbrot oder milderes Haferbrot mit Backferment oder auch mal ein süßes Rosinenbrot auf dem Brotteller zu finden. Wir mahlen in der Backstube das Mehl jeden Tag frisch und verbacken es dann zu leckerem Brot, Brötchen und Kuchen.

Ich hatte das große Glück, Dr. Bruker persönlich kennen zu lernen, denn ich habe einige Male auch im Bruker-Haus in Lahnstein Brot gebacken.

Ich hatte das große Glück, Dr. Bruker persönlich kennen zu lernen, denn ich habe einige Male auch im Bruker-Haus in Lahnstein Brot gebacken.

Für mich gehören eine bewusste Ernährung und Sport auf jeden Fall zusammen. Ein Leben ohne Bewegung, ohne Sport, ist für mich eigentlich undenkbar. Mit regelmäßigem Lauftraining habe ich vor 17 Jahren begonnen. In meiner Kindheit war ich lauffaul, was auch damit zusammenhing, dass ich etwas „pummelig“ war. In der Jugend hat sich das geändert, dort schoss alles in die Höhe. Mit 16 Jahren war ich bereits 1,90 m groß. Im Alter von 20 Jahren wurde ich Fußballschiedsrichter, wo man ja schon eine Portion Fitness mitbringen sollte. So begann ich langsam mit dem Lauftraining. Ein Jahr später habe ich die Schiedsrichterpfeife an den Nagel gehängt, um mich nur noch dem Lauftraining zu widmen.

Am Anfang war das schon ein bisschen Quälerei, denn ich habe, wie so viele Anfänger, den Fehler gemacht und bin zu schnell losgelaufen. Ich kann mich noch gut daran erinnern, dass ich mir nicht vorstellen konnte, eine Strecke von 10 km zu laufen. Aber es gibt viel geeignete Literatur über das Laufen mit wertvollen Tipps, so dass ich bald dahinter kam, dass durch langsames Ausdauertrainung die Schnelligkeit von selbst eintritt.

Auch bei der Wahl der richtigen Laufschuhe fand ich mich schnell zurecht. Ich kaufe diese immer in einem Fachgeschäft mit kompetenter Beratung. Bei der Kleidung spare ich lieber etwas, aber bei den

Laufschuhen achte ich auf hohe Qualität, denn diese empfinde ich als wichtigstes Laufutensil. Ich habe immer mindestens zwei Paar zur Auswahl zu Hause stehen. Mit einem Paar Laufschuhe komme ich ungefähr 1500 km weit, dann sind sie „ausgelatscht“ und nur noch als Alltagsschuh zu benutzen. Das dauert bei mir knapp zwei Jahre. Ich achte beim Kauf immer auf Auslaufmodelle oder Sonderangebote, so dass Laufen ein relativ preiswertes Sportvergnügen ist.

Nach einigen Jahren regelmäßigem Lauftraining wurde dann bei mir der Wunsch laut, einmal die Krönung des Laufsports, einen Marathon, zu laufen. Man hört ja immer wieder die abenteuerlichsten Geschichten von Marathonläufern. Ein Mal wollte ich auch das Gefühl erleben, nach 42 km durchs Ziel zu laufen. Meine Frau sagte zu mir, wenn ich einmal einen Marathon überstanden hätte, wollte ich das bestimmt noch öfters tun. Schließlich sollte sie Recht behalten. Seit sechs Jahren nehme ich jedes Jahr an einem Marathonlauf teil.

Ich trainiere zwei- bis dreimal in der Woche, am liebsten auf Feld- und Waldwegen. Vor einem Marathon steigere ich den Trainingsumfang auf bis zu vier Einheiten pro Woche, so dass ich dann auf 60 bis 70 km in der Woche komme. Grundsätzlich lege ich nach jedem Lauftag einen Ruhetag zum Regenerieren ein. Ich habe keinen festen Trainingsplan. Wenn ich wirklich mal keine Lust zum Laufen habe oder das Wetter ganz miserabel ist, lasse ich die Laufschuhe stehen und verschiebe das Training auf den nächsten Tag. Denn ich bin der Meinung, Laufen soll Spaß machen und keinem Zwang unterliegen, so dass es nicht zur Quälerei wird. Im Winter kommt es auch schon mal vor, dass ich zwei oder drei Wochen gar nicht laufe.

Was ich bei den Volksläufen oft vermisse, ist eine vollwertige Verpflegung nach dem Wettkampf, denn meistens werden Würstchen oder Kuchen aus Weißmehl und Zucker angeboten.

Mittlerweile habe ich an 120 Wettkämpfen teilgenommen (Volkslauf über 5 km, 10 km, Halbmarathon bis hin zum Marathon). Das ist immer wieder etwas Besonderes, sich mit so viel Gleichgesinnten zu messen. Ich bin noch heute vor jedem Volkslauf nervös und kribbelig im Bauch. Bei fast allen Wettkämpfen fährt die ganze Familie mit, manchmal auch noch Freunde und Bekannte, so dass wir dies mit einem Ausflug verbinden. Es ist auch immer wieder eine schöne Erinnerung, in den Ordnern mit den Urkunden und Fotos zu blättern. Auch ein Karton mit Medaillen und ein Stapel T-Shirts hat sich mittlerweile angesammelt.

Wichtig für mich ist auch, immer wieder neue Strecken zu laufen, so dass es nicht zur Langeweile ausartet. Ich habe das Glück, dass ich vor der Haustür loslaufen kann und direkt in der Natur bin. Meistens laufe ich in langsamem Tempo, selten stehen Tempoläufe auf dem Programm. Bei den Volks- und Straßenläufen gebe ich dann meistens so richtig Gas, um einmal festzustellen, wie schnell ich laufen kann. Meine Bestzeiten stehen für 5 km: bei 19 Minuten, 10 km: 38,55 Minuten, Halbmarathon: 1:28.40 h, Marathon: 3:24.00 h. Bei einer Größe von 1,93 m wiege ich 80 kg, im Winter zwei Kilo mehr, vor einem Marathon bei intensiverem Training zwei Kilo weniger.

Mir kamen während des Laufens schon viele gute Ideen, ob es Lösungsvorschläge für anstehende wichtige Entscheidungen waren oder zum Beispiel neue Anregungen zum Backen oder Kochen. Auch dieser Bericht ist so in meinem Kopf entstanden.

Ich bezeichne mich als Hobbyläufer. Einen Volkslauf gewinnen werde ich aber sicher nie. Aber das will ich auch gar nicht, denn dann müsste ich viel mehr trainieren. Was ich bei den Volksläufen oft vermisse, ist eine vollwertige Verpflegung nach dem Wettkampf, denn meistens werden Würstchen oder Kuchen aus Weißmehl und Zucker angeboten. Das ist sicher nicht gerade das Richtige, um den Körper nach so einer Anstrengung wieder „aufzuladen“.

Bei meinen Wettkämpfen habe ich noch keinen „Einbruch“ erlebt, obwohl es manchmal sehr heiß war. Dann laufe ich eben etwas langsamer, aber ich führe dies auch auf die vitalstoffreiche Vollwertkost zurück. Auch nach jedem Marathonlauf bin ich relativ schnell erholt. Wenn andere Läufer sich beklagen, danach nur noch rückwärts die Treppe hochgehen zu können, habe ich gleich nach dem Duschen noch einen Stadtrundgang mit meiner Familie unternommen.

Während des Laufens denke ich oft, dass viel mehr Leute Sport treiben sollten, damit die ganzen Schadstoffe herausgeschwitzt werden und das Gehirn mit frischem Sauerstoff betankt wird. Mir kamen während des Laufens schon viele gute Ideen, ob es Lösungsvorschläge für anstehende wichtige Entscheidungen waren oder zum Beispiel neue Anregungen zum Backen oder Kochen. Auch dieser Bericht ist so in meinem Kopf entstanden. Es ist schon ein tolles Gefühl, nach einem Marathonlauf oder aber auch nach einem 10-km-Volkslauf das Ziel zu erreichen. Mir ging es zum Beispiel so beim 1. Köln-Marathon 1997, inmitten von 13 000 Läufern zu laufen und von einer halben Million Zuschauer gefeiert zu werden. Man fühlt sich dann wie gedopt, aber eben auf natürliche Weise, ohne Alkohol oder Drogen. Obwohl ich mir manchmal im Sommer nach einem Hitze-Trainingslauf auch einmal ein Bierchen gönne.

Verletzungen hatte ich in den ganzen Jahren durchs Laufen so gut wie nie. Einmal bin ich bei einem Waldlauf umgeknicht, so dass ich vier Wochen pausieren musste. Ansonsten habe ich keine Beschwerden beim Laufen, was mir sagt, dass ich doch wohl vieles richtig mache. Für mich selbstverständlich ist das Streching vor und nach jedem Trainingslauf. Auch Krankheitstage kommen bei mir sehr selten vor. Ich kann diese, seit ich in der Vollkornbäckerei arbeite, an einer Hand abzählen. Obwohl mein Beruf eine körperliche Belastung darstellt, habe ich überhaupt keine Beschwerden.

Zusätzlich zu meinem Lauftraining fahre ich noch etwas Fahrrad, zum Beispiel fast jeden Morgen zur Arbeit (5 km). Oder besser gesagt jede Nacht, denn mein Dienst in der Backstube fängt um 2.30 Uhr an. Außerdem mache ich, außer im Winter, ungefähr einmal im Monat eine längere Radtour (40–50 km).

Ich kann Laufanfängern nur raten, am Anfang nicht zu schnell zu laufen, denn sonst ist die Gefahr groß, dass die Lust am Laufen schnell wieder verloren geht. So hoffe ich, dass ich auch mit 70 Jahren noch laufen werde!

Ilse Gutjahr

REZEPTE

Sport treiben mit
Augenmaß …

… und sich
wohl fühlen
mit einer vollwertigen
Ernährung!

Frischkorngericht für einen guten Start in den Tag

Bewährtes Standardrezept – für jeden bekömmlich

Das tägliche Frischkorngericht wird aus Roggen, Weizen oder einer anderen Getreideart (auch Getreidemischung) hergestellt. Dazu werden 3 Esslöffel (etwa 50 g) Getreide in einer Getreidemühle, in einem Mixapparat oder einer Kaffeemühle grob geschrotet. Das Mahlen muss jedes Mal frisch vor der Zubereitung vorgenommen werden. Nicht auf Vorrat mahlen!

Dabei spielt es keine Rolle, ob die Getreidemühle mit Mahlsteinen oder einem Stahlmahlwerk arbeitet.

Das gemahlene Getreide wird mit ungekochtem, kalten Leitungswasser zu einem Brei gerührt und 5–12 Stunden bei Zimmertemperatur stehen gelassen (nicht in den Kühlschrank stellen!). Die Wassermenge ist so berechnet, dass nach der Quellung nichts weggegossen zu werden braucht. Nach 5–12 Stunden wird dieser Brei tischfertig gemacht durch Zusatz von frischem Obst (je nach Jahreszeit), Saft einer halben Zitrone , 1 Esslöffel Sahne (oder mehr) und geriebenen Nüssen.

Solange verfügbar, sollte man immer einen Apfel hineinreiben und sogleich untermischen, bevor er braun wird. Der geriebene Apfel macht den Frischkornbrei luftig und wohlschmeckend.

Es ist ohne Belang, zu welcher Tageszeit dieses Gericht gegessen wird.

Bitte nicht mit Milch, Joghurt oder Sauermilch anrichten. Magen-Darm-Empfindliche können darauf mit Unbekömmlichkeit reagieren.

Frischkorngericht mit gekeimtem Getreide

Auch diese Zubereitungsart ist zu empfehlen. Dafür werden 3 Esslöffel Getreide über Nacht (etwa 12 Stunden) mit ungekochtem Wasser eingeweicht. Am Morgen werden die Körner in einem Sieb mit frischem Wasser gespült. Tagsüber bleiben sie trocken stehen. In der zweiten Nacht noch einmal einweichen, am nächsten Morgen wieder spülen. Dieser Vorgang wird so lange fortgesetzt (im Durchschnitt drei Tage), bis die Körner keimen und die Keimlinge ca. 2–3 mm lang sind.

In der Keimzeit soll das Getreide bei Zimmertemperatur stehen, also nicht zu kalt und nicht zu warm.

Das gekeimte Getreide kann, wie beim Frischkorngericht angegeben, mit frischem Obst, Sahne und Nüssen zubereitet werden.

Es sollten keine Getreidesorten gemischt werden, weil sie unterschiedlich lange Keimzeiten haben.

Getreide einweichen oder nicht?
Oft werden wir gefragt, ob das geschrotete Getreide unbedingt eingeweicht werden muss.

Das Schroten und Einweichen empfiehlt sich, weil die meisten Menschen keine gesunden Zähne mehr haben. Das eingeweichte (also weich gewordene) Getreide kommt dem entgegen. Es findet außerdem eine enzymatische Veränderung statt – eigentlich eine Vorstufe des Sauerteigs.

Wer noch gründlich kauen kann und dies auch tut, kann auf das Einweichen verzichten. Aber wer hat noch 32 gesunde Zähne? Und wer nimmt sich die Zeit, so gründlich zu kauen?

Wer eine Flockenquetsche hat, kann das Getreide unmittelbar vor dem Verzehr quetschen und mit Obst, Sahne, Nüssen zubereiten. Hafer eignet sich dafür besonders gut.

Es ist aber ein Ammenmärchen, dass gequetschte Flocken oder mit Mahlsteinen gemahlenes Getreide gesünder seien als mit Stahlmahlwerk zubereitetes. Aus Werbegründen für diese oder jene Mühle finden sich manchmal derartige Aussagen.

Die Qualität des Getreides hängt vom biologischen Anbau ab und – ganz wichtig! – von der Keimfähigkeit. Nur das lebendige, keimfähige Korn enthält noch alle biologischen Wirkstoffe (Vitalstoffe).

Frischkost-Fantasien

Bei Frischkost können Sie nach Herzenslust fantasieren, komponieren, kombinieren. Probieren Sie einmal:

- Möhren mit Ananas und Apfel
- Möhren und Zucchini mit Apfel
- Steckrübensalat, pikant oder süß
- Paprika und Orange mit Zwiebeln
- Radicchio mit Banane, Birne, Trauben, Walnusskernen
- Weißkohl mit Apfel und frischen Kräutern
- Schwarzer Rettich mit Pfeffer und Salz
- Avocado mit Zitronensaft
- Avocado mit Radicchio
- Chicorée mit Orange
- Kressesalat
- Chinakohl mit Mandarinen
- Feldsalat mit gebratenen Pfifferlingen
- Blumenkohl mit Currysoße
- Tomaten, Champignons, Auberginen
- Tomaten, Zwiebeln, Basilikum
- Sellerie mit Aprikosen
- Schwarzwurzeln mit Hasel- oder Walnüssen
- Fenchel mit Kiwi
- Paprika, Orangen, Kiwi
- Rotkohl, Apfel, Orange
- Grünkohl, fein geschnitten mit Orangen

...und dazu natürlich Zitronensaft oder Essig, kalt gepresstes Öl, Gewürze, Kräuter oder eine Sahnesoße und was Ihnen sonst noch so ein- und auffällt.

Hit im Salatmarkt ist Rucola. Die Italiener kennen ihn schon lange, den herb schmeckenden Blattsalat. Wegen seines eigenwilligen, fast strengen Geschmacks, sollte er sparsam als Beilage, als Gewürz, verwendet werden. Ein Salat nur aus Rucola ist mir persönlich zu streng. Aber probieren Sie es aus! Auch als Gewürz zu warmen Gemüsegerichten schmeckt er.

Frische Gemüsesuppe

Zutaten für 2 Personen:

1	kleiner Kohlrabi
1	mittelgroße Mohrrübe
1	mittelgroße Tomate
1	mittelgroße Kartoffel
	Selleriegrün (Stiel und Blatt) oder
1	Stangensellerie
1	kleine Zwiebel
1 l	Gemüsebrühe oder Wasser
1 TL	Kräutersalz
5 EL	Olivenöl
	frisch gehackte Kräuter zum Bestreuen

Zubereitung:

Kohlrabi schälen und würfeln. Alle anderen Gemüse putzen und in kleine Würfel schneiden. In etwa 1 l leicht gesalzenem Wasser oder Gemüsebrühe ca. 10 bis 15 Minuten köcheln, so dass das Gemüse noch Biss und Farbe behält. Eventuell etwas Wasser nachfüllen.

Öl zugeben, mit frisch gemahlenem Pfeffer und Kräutern bestreuen.

Die ganze „Kunst" besteht darin, nichts zu zerkochen und die Wassermenge so zu bemessen, dass die Flüssigkeit nicht übersteht, sondern das Gemüse knapp bedeckt.

Spaghetti mit Kräuterpesto

Zutaten:
Pro Person 100–150 g Spaghetti
Vollmeersalz
Zutaten Kräuterpesto:

1	Tasse Olivenöl
	Saft einer halben Zitrone
150 g	Pinienkerne
3	Knoblauchzehen
$1^1/_2$	Bund Petersilie. Blätter und zarte Stiele verwenden (ca. 30 g)
2	Bund Basilikum. Blätter und zarte Stiele verwenden (ca. 40 g)
	Kräutersalz
	Pfeffer

Zubereitung:
Spaghetti in Salzwasser knapp garen, so dass sie noch Biss haben (etwa 5 Minuten).

Pesto: Olivenöl und Zitronensaft mit dem Schneebesen cremig schlagen.

Pinienkerne und Knoblauch im Mörser zerreiben. Klein geschnittene Basilikumblätter einarbeiten, zum Schluss gehackte Petersilienblätter.

Alle Zutaten zusammenrühren und würzen.

Schmeckt sehr gut, passt zu Spaghetti und Nudeln – aber auch als Brotaufstrich und zu Salaten.

Pesto in sauberes Schraubglas füllen, mit Olivenöl auffüllen, so dass es davon bedeckt ist. Hält sich im Kühlschrank wochenlang.

Nudeln mit dem Spaghettischöpfer aus dem Wasser nehmen, abtropfen lassen, auf den (tiefen) Teller legen. In die Mitte eine Mulde drücken und nicht zu knapp bemessen Kräuterpesto hineingeben.

Zwiebelbutter

Zutaten:

125 g	Butter zeitig aus dem Kühlschrank nehmen, so dass sie weich ist. Schaumig schlagen.
2 EL	Butter extra
1	mittelgroße Zwiebel (ca. 80 g) sehr fein würfeln und in wenig Butter goldbraun braten.
$^1/_2$ TL	Kräutersalz
	schwarzer Pfeffer
	Delicata
	Curcuma

Die abgekühlte Zwiebelmasse mit der weichen Butter und den Gewürzen gut vermengen.

Der Aufstrich hält sich einige Tage im Kühlschrank.

Semmelknödel mit Apfel-Lauch-Soße

Zutaten Semmelknödel:

500 g	Vollkornbrötchen oder Vollkornbrot, altbacken
$^{1}/_{4}$ l	Sahne
1	Zwiebel, groß
50 g	Butter
1	Ei
1	Bund Petersilie
	Pfeffer
	Kräutersalz
	Muskat
	Eventuell 1–2 EL Hartweizenmehl

Zubereitung:
Brötchen in kleine Würfel schneiden.

Mit Flüssigkeit begießen, ca. 20 Minuten weichen lassen.

Inzwischen Zwiebel würfeln, in Butter glasig dünsten.

Mit allen anderen Zutaten, einschließlich Ei, gehackter Petersilie und Gewürzen verkneten.

Mit nassen Händen Knödel formen.

In reichlich siedendem Salzwasser oder Gemüsebrühe ziehen lassen.

Wenn sie nach oben kommen, sind sie gar.

Mit in Butter gebräunten Semmelbröseln servieren.

Tipp:
Einen Probekloß ins Wasser geben.

Scheint der Teig zu locker (zerfällt der Kloß), Hartweizenmehl unter den Teig kneten.

Pikante Lauchsoße mit Äpfeln

Zutaten:

2	Zwiebeln
30 g	Butter
3	Stangen Lauch
$^1/_4$ l	Gemüsebrühe
$^1/_4$ l	Sahne
3	Äpfel
2 TL	Kräutersalz
2 MS	Muskat
$^1/_2$	Bund Petersilie
	Pfeffer aus der Mühle

Zubereitung:
Zwiebeln fein würfeln, in Butter andünsten.
Lauch in feine Ringe schneiden, zu den Zwiebeln geben. Mit Gemüsebrühe auffüllen, 5–7 Minuten garen.
Sahne dazugießen, einmal aufkochen.
Äpfel würfeln, dazugeben, nicht mehr kochen! Würzen!

Bildnachweis:

Umschlag und Inhalt hemera-Photoobjekts; MEV-Fotoarchiv; photoDisc; emu-Verlag; Privat.

Ein Verlag, ein Haus, eine Philosophie.

Millionen Bundesbürger kennen den kämpferischen Ganzheitsarzt Dr. Max Otto Bruker (1909–2001) aus dem Fernsehen, aus Vorträgen, durch den „Mundfunk" überzeugter Patienten. Vor allem lesen sie aber die rund 30 Bücher des schwäbischen Humanisten und Seelenarztes. Mit einer Gesamtauflage von über drei Millionen Exemplaren ist Max Otto Bruker der wohl bedeutendste medizinische Erfolgsautor im deutschsprachigen Raum. Der – in der Nachfolge des Schweizer Reformarztes Bircher-Benner scherzhaft „Deutschlands Vollwertpapst" genannte – Massenaufklärer, langjährige Klinikchef und Ernährungsspezialist lehrt zwei fundamentale Erkenntnisse Patienten wie Gesunden: Der Mensch wird krank, weil er sich falsch ernährt. Der Mensch wird krank, weil er falsch lebt.

Hinter den Erfolgstiteln des emu-Verlages steht ein bedeutender Forscher und Arzt, eine Bewegung, ein Haus und tausende Schülerinnen und Schüler. 1994 wurde das „Dr.-Max-Otto-Bruker-Haus", das Zentrum für Gesundheit und ganzheitliche Lebensweise, auf der Lahnhöhe in Lahnstein bei Koblenz bezogen. Es stellt die äußere Krönung des Brukerschen Lebenswerkes dar: Der lichte Bau mit seinem Grasdach, den Sonnenkollektoren, seinen Seminarräumen, dem Foyer mit der Glaskuppel, dem liebevollen Biogarten, dem „Raum der Stille"und der Kneippanlage ist als Treffpunkt für all jene konzipiert, denen körperliche und seelische Gesundheit, ökologische und spirituelle Harmonie Herzensbedürfnis und Sehnsucht sind.

Hinter dem eleganten Halbmondkorpus mit dem markanten Grasdach verbirgt sich eine Begegnungsstätte für Gesundheitsbewusste, Seminarteilnehmer, Trost-, Ruhe- und Anregungsbedürftige.

Feste Termine

Jeden Montag, 19.00 Uhr: Gesprächskreis Lebensberatung mit Dipl.-Psych. Hassan El Khomri

Jeden Dienstag, 18.30 Uhr: Vortrag Dr. phil. Mathias Jung (Lebenshilfe und Philosophie)

Jeden Mittwoch, 10.30 Uhr: Fragestunde mit Dr. med. Jürgen Birmanns (Ärztlicher Rat aus ganzheitlicher Sicht)

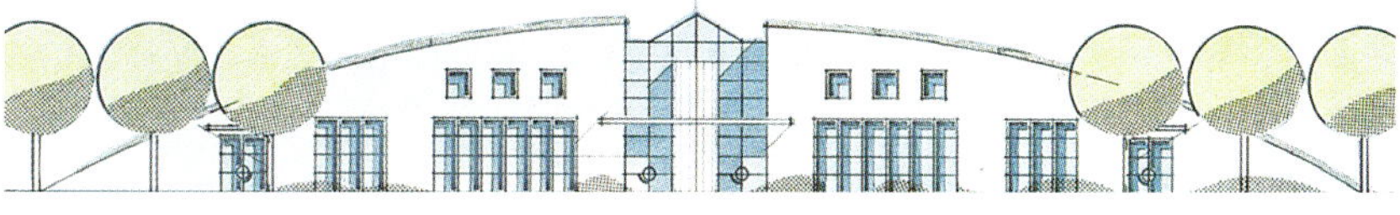

Das Dr.-Max-Otto-Bruker-Haus

Ausbildung Gesundheitsberater/in GGB
Lebensberatung/Frauen-, Männer- und Paargruppen

Die vitalstoffreiche Vollwertkost hat ihre Verbreitung, auch im klinischen Bereich, durch die unermüdliche Information und praktische Durchführung von Dr. M. O. Bruker gefunden. Um die Erkenntnisse gesunder Lebensführung und die durch falsche Ernährung provozierte Krankheitslawine ins öffentliche Bewusstsein zu rücken, bildet die von ihm 1978 gegründete „Gesellschaft für Gesundheitsberatung GGB e.V." ärztlich geprüfte Gesundheitsberaterinnen und Gesundheitsberater GGB aus. Über 5000 Frauen und Männer haben bislang die berufsbegleitende Ausbildung bestanden. Sie wirken in Volkshochschulen, Bioläden, Lehrküchen, Krankenhäusern, ärztlichen Praxen, Krankenversicherungen und ähnlichen Bereichen.

Auf der Lahnhöhe erhalten sie durch das GGB-Expertenteam nicht nur eine sorgfältige Grundlagenausbildung über die vitalstoffreiche Vollwerternährung und den Krankmacher der „entnatürlichten" (denaturierten) Zivilisationsernährung (raffinierter Fabrikzucker, Auszugsmehle, fabrikatorische Öle und Fette, usw.), sondern gewinnen auch Einblick in die leibseelischen Zusammenhänge der Krankheiten.

Praxisseminare/Kochkurse

Das Dr.-Max-Otto-Bruker-Haus verfügt über eine Lehrküche sowie einen großen Kräutergarten. Hier werden zahlreiche vegetarische Koch- und Backkurse für eine moderne vitalstoffreiche Vollwertkost angeboten. Der Schwerpunkt liegt auf einer „alltagstauglichen", aber dennoch fantasievollen, gesunden Ernährung.

Das Programm umfasst Einführungskurse in die vitalstoffreiche Vollwertkost, Brotbackkurse, Männerkochkurse, Weihnachtsbäckerei, einen Kurs „Kaltes Büfett" und seit 2011 auch Wildkräuterseminare (incl. Zubereitung von Wildkräutergerichten).

Anfragen zur Gesundheitsberater-Ausbildung wie zu allen weiteren Seminaren, den Selbsterfahrungsgruppen, Lebensberatung, Gestalt- und Paartherapie bei Dr. Mathias Jung und weiteren Tages- und Wochenendseminaren sowie Einzelberatung sind zu richten an die Gesellschaft für Gesundheitsberatung GGB e.V., Dr.-Max-Otto-Bruker-Str. 3, 56112 Lahnstein
(Tel.: 02621/917010, 917017, 917018, Fax: 02621/917033).
E-Mail: seminare@ggb-lahnstein.de
Internet: www.ggb-lahnstein.de

Fordern Sie ebenfalls ein kostenloses Probe-Exemplar der Zeitschrift „Der Gesundheitsberater" an.

Der Langzeit-Bestseller
aus dem emu-Verlag

47. Auflage

Dr. med. M. O. Bruker
Unsere Nahrung – unser Schicksal
ISBN 978-3-89189-003-5

Empfehlenswerte Bücher zum Thema Ernährung aus dem emu-Verlag

Waltraud Becker
Lust ohne Reue
ISBN 978-3-89189-068-4

Ilse Gutjahr
Das große Dr. M. O. Bruker Ernährungsbuch
ISBN 978-3-89189-065-3

Ilse Gutjahr · Erika Richter
Streicheleinheiten
ISBN 978-3-89189-063-9

Ilse Gutjahr
...einfach raffiniert
ISBN 978-3-89189-099-8

Ilse Gutjahr
Iss, mein Kind
ISBN 978-3-89189-064-6

Waltraud Becker
Korngesund
ISBN 978-3-89189-105-6

---

emu Verlags- und Vertriebs-GmbH · Dr.-Max-Otto-Bruker-Str. 3 · 56112 Lahnstein
Tel. 02621-917010 u. -12 · Fax 02621-917033 · info@emu-verlag.de